阅读 你的生活

数字大时代 01

数字
Culture numérique
文化

公共空间、平台与算法

［法］多米尼克·卡尔东 著
（Dominique Cardon）

马爱芳 译

中国人民大学出版社
·北京·

国家社会科学基金青年项目
"价值体系对人工智能监管模式的影响机制和影响效果比较研究"
（编号：24CXW048）阶段性成果

中文版序

随着数字世界日新月异的发展,人类社会从未像现在一样如此依赖技术系统。自20世纪50年代初以来,数字技术对世界的重塑首先以慢节奏展开,随后节奏越来越快。数字技术对人类社会的渗透是前所未有的,甚至15世纪印刷术的传播都不能与其相媲美。二进制运算、互联信息技术的发展、重要通信基础设施的互联互通、移动互联网的传播以及人工智能的铺开,构成了社会数字化转型的几个重要阶段。我们目前经历的数字化转型至关重要,我们必须对其建立起清晰的认识,并理解其中的关键点,因此本书系统回顾了20世纪80年代互联网和万维网普及以来人类经历的技术变革中的重要事件。然而,这并非本书的主要目标。这本数字文化入门书希望与读者分享的是以下观点:技术变革首先是社会、文化和政治的变革。我们身处的技术环境之所以发生变化，是因为社会学意义上的根本变化（尤其是社会的个性化）鼓励技术成功和技术普及，从而使每个个体都能够获取信息，特别是能够在不经过把关人过滤的情况下生产信息。

这本书是以我教授的"数字文化"这门课为基础写成的，该课程希望实现科学技术社会学的双重目标。首先，它旨在使人文社会科学专业的学生对技术的运行培养起浓厚的兴趣；其次，它旨在激发自然科学专业的学生密切关注并思考信息技术创新如何引发社会和文化变革。这门课面向巴黎政治大学本科二年级的所有学生，希望改变人文社会科学对技术类话题敬而远之的现状。目前涌现出来的诸多政治和经济问题都与人们做出的一系列技术选择有着密不可分的关系，而人文社会科学和自然科学的隔阂使人们无法全面地、充分地认识数字技术引发的变革。因此，本书的重要学术贡献就在于它将抹去横亘在人文社会科学和自然科学之间的界线。

自从本书的法文版面世以来，数字世界又迎来了诸多新变化。技术高速迭代本是数字经济的本质特征。然而，我们应避免将技术永恒迭代的说法不加区分地应用到所有数字服务领域。诚然，在短短几年内，脸书（Facebook，2021年改称Meta）已不再是西方国家的年轻人钟爱的社交媒体，Instagram和抖音（TikTok）成了年轻人的新宠。然而，数字社交媒体受欢迎度的快速变化仅仅是数字技术引发的缓慢的结构性社会转型中一个相对不起眼的方面。谷歌（Google）在搜索领域的主导地位或亚马逊（Amazon）在电商行业的主导地位都比社交媒体引发的"时髦"现象更稳定、更持久。因此我们有时候有必要与"时髦"保持距离，避免被数字经济激发的、一味追求新事物的文化冲昏头脑。本书描绘的社会和技术变革比数字技术带来的"时髦"现象要深刻得多。正如本书不同章节所探讨的，数字技术的传播引起并加速了多个重要的社会转型过程，其中包括：在网络空间的社交（这类社交服从持续性逻辑，没有任何因素可以使其停止）；数字经济中随处可见的去中介化；信息和政治节奏的加快；可供消费的文化产品的富足。这些问题连同其他问题一起，构成了本书不同章节的核心。

2019年以来，人工智能领域的技术创新尤其引人注目。本书第六章详细讲述了浴火重生的人工智能的曲折历史。它特别指出，长期受到轻视的神经网络结构和深度学习如何在21世纪初迎来第二春。"联结主义"人工智能的重生以及该技术流派大获成功的事实表明，技术创新和技术进步并不是直线式的。本书十分详细地讲述了这段历史。然而，本书未能将新近发展起来的类似ChatGPT这样的大语言模型包含在内。ChatGPT出现以来，人工智能成了一种交谈工具。得益于根据数以十亿计的大量素材的训练，人工智能越来越能够以可信、恰当的方式回答问题。它现在可以帮助用户撰写文本、生成图片，这为机器的推理过程赋予了崭新的表达形式。我们目前尚处在这项技术的起步阶段，然而不可否认的是，曾在很长时期内运转不良的人工智能工具现在获得了极大的发展，正逐步渗透进大众的实践和惯习之中。随着时间的推移，我们或许会逐渐意识到最近出现的技术创新存在多种局限性，这是因为人工智能主要使用统计的方法来工作。然而，正如本书所指出的那样，已经有70年历史的人工智能正在步入更积极、更大众化的新发展阶段。

数字文化

最后，有一种新现象值得关注，因为这一现象的影响很可能在未来持续加强。正如本书前两章指出的，那些引领数字技术创新的人尽管不是边缘人物，但并非来自已经颇具影响力的企业或久负盛名的研究所。最具决定性的数字技术创新实际上是"大众创新"的结果，"大众创新"一词最早由埃里克·冯·希普尔（Eric von Hippel）提出。数字技术的重要创新是由学生而不是他们的博导实现的，是由那些懂得变通且敢于冒险的小企业而不是巨无霸企业实现的。从苹果（Apple）到脸书再到维基百科，那些成功地把自己的想法付诸实施并实现商业化的发明家们起初并不具备充足的资源。然而这种情况随着人工智能的到来已经不存在了。毕业于名牌大学的高才生得到了工业帝国的巨额投资。在微软（Microsoft）的扶持下发展起来的OpenAI就是这一现象的典型代表，它表明技术创新重新回到了具有市场主导地位的大企业手中。由于人工智能技术创新需要巨额投资，那些独立的、富有冒险精神的小企业或小企业家已经很难获得施展才华的空间，尽管他们在20世纪初主导了数字经济的发展。我们可以把这种趋势看作数字世界"正常化"的第n种表现。数字革命对人类社会的改造深度和强度前所未有。如果说数字革命以前象征着与传统社会的决裂、对传统秩序的颠覆，那么如今它正在建立起新的帝国。

多米尼克·卡尔东
巴黎政治大学媒体实验室社会学教授
2024年12月9日

译者序

"生活在别处": 从乌托邦到反乌托邦的数字文化之旅

作为第四次工业革命的基石,互联网引发的社会、经济、文化和政治变革的深度、广度和速度是此前任何技术发明都难以比拟的。20世纪90年代以来,互联网深刻改变了人类社会的面貌,改变了人们参与政治生活、经济生活、社会生活和文化生活的方式。鉴于互联网起飞的时代正值经济全球化的推进如火如荼,这两种力量的叠加加深了互联网对社会原有秩序的冲击。互联网在诞生之初自带光环,被视为塑造普遍互联、无差别赋权的国际社会的利器。1990年,《数字化生存》的作者、麻省理工学院媒体实验室主席和共同创办人尼古拉斯·尼葛洛庞帝(Nicholas Negroponte)无比兴奋地宣告:"数字世界没有中心,因此也没有边缘!"电子边界基金会创始人约翰·佩里·巴洛(John Perry Barlow)于1996年在达沃斯演讲时,面对台下一众政界领袖和商业巨鳄,自豪地扬言:"工业世界的政府在我们聚集的赛博空间里没有主权可言。"可以说,互联网先驱们倡导的自由、分享、协作、去中心化的主张深刻镌刻在互联网文化之中,成为全球互联网文化的底色。

然而,人们对互联网的态度随着数字平台的出现发生了翻天覆地的变化。尽管互联网是平台和平台经济得以运行的基础设施,但"互联网"和"平台"触发了公众截然相反的情感。提到"互联网",人们更多想到的是公民赋权、免费信息、开源软件、维基百科社区、穿着连帽衫在车库中忙着编程的年轻企业家等正面字眼。"平台"则让人们联想到完全相反的东西:攫取公民信息、数字劳工、算法规训、监控资本主义、扼杀式收购、大数据"杀熟"。随着数字经济的负面影响不断释放出来,越来越多的人意识到由数字技术支撑的平台社会与实体社会并没有根本差别,围绕在互联网周围的光环逐渐暗淡无光,互联网引发的关于赋权、自由和平等的想象愈发被证实只是一些怀着美好憧憬的人一厢情愿的空想。伦敦政治经济学院媒介与传播学院教授罗宾·曼塞尔(Robin Mansell)在其著作中指出,权力内嵌于人们采纳和消费媒介技术、媒介产品的一切活动,线下世界的权力斗争和权力不平等也会在线上世界重演。这正是我们目前正在经历的情况。

数字技术引发的问题层出不穷。如今恐怕再也没有人像当初的巴洛那样底气十足、义正词严地主张政府不要监管互联网了。

译者序

北京大学新闻与传播学院胡泳教授指出，技术总是以乌托邦开始，以反乌托邦结束。互联网也不例外。然而，反乌托邦时代的降临并不是坏事，因为它表明人们对以互联网为代表的数字技术的认知变得更成熟、更理性、更全面。德国法兰克福学派的先锋学者赫伯特·马尔库塞（Herbert Marcuse）在其名著《单向度的人》中坦言："以技术的进步作为手段，人附属于机器这种意义上的不自由，在多种自由的舒适生活中得到了巩固和加强。"可以说，人在数字时代的自由是建立在清醒认识技术的正面和负面效应的基础上的：没有清醒的认识，就没有自由可言。数字技术的发展进入反乌托邦时代标志着数字技术和人正在形成一种新的关系：人不再盲目相信数字技术会自发地改善人和社会，或者数字技术天然是一股"善"的力量；相反，人们发挥个体能动性，一方面努力建立起对数字技术的影响的全面认知，接受数字技术"恶"的一面，另一方面设计出行之有效的监管措施，遏制数字技术的负面外部性，惩其"恶"扬其"善"。在反乌托邦时代，人在与数字技术的关系中将占据更加主动的地位，人会因为对数字技术认识得更清楚而减少那些不切实际的幼稚或过分乐观的想法。反乌托邦时代的来临不仅是不可避免的，而且对人类社会的长远发展是有裨益的。

法国巴黎政治大学多米尼克·卡尔东教授的这本专著就是在数字技术的反乌托邦时代与读者见面的。它代表了一位优秀的法国学者对数字技术的深刻反思。卡尔东教授本人一开始是一名社会学学者，致力于研究公民在传统媒体上的表达形式；21世纪初以来转入对数字技术的研究，关注维基百科的治理、网民在博客上的自我表达、网络耻感文化,是法国最早关注互联网现象的学者之一。2016年,他接替法国著名的社会学家和人类学家布鲁诺·拉图尔(Bruno Latour),出任巴黎政治大学媒体实验室主任一职,先后出版《互联网民主》《何为数字劳工》《算法的梦想》等多部力作。《数字文化》是卡尔东教授的新作,2019年由法国知名的巴黎政治大学出版社出版,甫一出版即好评如潮。

2022年11月,OpenAI推出了ChatGPT-3.5。自此,以生成式人工智能为代表的新一代数字技术创新一日千里。同时,人工智能引发的技术、伦理、法律等风险正在全面铺开,在各国引发了一股治理热潮和对治理规则的竞争。在这个特殊的时期,把《数字文化》这部优秀作品译介到我国十分有必要,因为这本书所呈现的,是一名社会学、政治学兼传播学学者对数字文化前世今生的冷静审视和批判性思考,可以有效起到对数字技术祛魅的奇效。

这本书的独特性主要有三点:

第一,本书是现有研究中不可多得的以社会学视角探究互联网文化的著作,作者以一名社会学家的细腻眼光洞察了光怪陆离的数字世界。作者从互联网的军事起源(美苏冷战时期,美国国防部高级研究计划局研发计算机的最初目的是计算炸弹的弹道)写起,指出自由和管控从一开始就同时内嵌于互联网文化基因之中。作者细致地分析了互联网时代公共表达空间的扩大(从最初的专业人士谈论名人演变成普通人也可以在公共空间谈论普通人),分析了四种算法不同的运行机制以及这些机制如何影响网民的行为模式。在这本书的结尾,作者分析了数字技术造成的监控问题,即数字技术的

译者序

进步反而使更多类型的主体对公民的监控成为可能：公民同时受到来自市场、他者和国家三类主体的监控。作者指出，数字技术对监控者的赋能正在将人类社会转变成英国功利主义哲学家杰里米·边沁（Jeremy Bentham）设想的环形监狱——公民看不见监控者，但却深知自己上网的行为时刻被看见，这使数字时代的公民自己规训自己，反而变得不自由起来。

第二，本书列举的大量实例有很多来自法国网民的互联网实践，为我国读者提供了了解法国互联网的宝贵机会。囿于语言的隔阂，我国大多数学者和读者更熟悉英国、美国、澳大利亚等英语国家的数字技术发展和治理问题，对法国等非英语国家的数字实践了解不深。对这本译著的阅读可以有效弥补这一缺憾，因为这本译著可以使我国读者了解法国这个领土面积只有我国十七分之一的国家生动有趣、多姿多彩的数字实践，了解法国数字治理的地标性法律法规和相关治理机构，了解法国公民如何在重大政治、社会事件中巧妙利用数字技术与政府周旋，促使政府践行对公民的"社会契约"。当前，中国和美国这两大数字经济强国的技术竞争吸引了全世界的目光。在这种背景下，把注意力暂时移向别处必要且有益，它能使读者了解到除了中美，世界上其他地方的数字文化也同样引人入胜。19世纪法国著名诗人兰波（Arthur Rimbaud）提出了"生活在别处"的口号。兰波一生出走多次，从小镇到巴黎，从法国到非洲，而且据说身上从不带钱。"生活在别处"同样适用于对多姿多彩的数字文化的探寻。我国读者对中国和大多数英语国家的数字文化已经如数家珍，是时候到别处（如法国）的数字文化中撷英拾萃、一览风光了。

第三，本书是卡尔东教授以多年来在巴黎政治大学、巴黎第一大学、巴黎第二大学教授的课程为基础写成的。鉴于授课对象是青年学生，本书在语言风格和内容设计上深入浅出，幽默风趣，可读性极强，特别适合学生和广大读者朋友。与目前读者所能接触到的大多数同类书籍相比，本书对互联网历史的讲述辅以大量生动鲜活的案例，读起来十分顺畅，毫无枯燥感。为方便读者理解本书中的理论性内容，本书配了较多数量的插图，同时在每一小节的结尾处，卡尔东教授还提供了丰富的补充性参考文献和音视频资料，有助于读者了解更多相同主题的材料，更好地掌握每一章节的内容。在巴黎政治大学读书期间，译者有幸担任过卡尔东教授的助教，得以在课堂上聆听他的教诲。卡尔东教授对学生的关切令译者印象深刻，至今十分感恩。在翻译《数字文化》这部专著时，译者感怀于卡尔东教授对读者做出的如此周到的设计，像极了老师对学生的关心，遂联想起在巴黎求学时，有一次向卡尔东教授请教问题，他拿出一张白纸，不厌其烦地画图，一边画图一边讲解的感人情形。

在翻译本书的过程中，译者得到了多位前辈的鼎力支持，在此一一谢过。作为国内外新闻传播学领域的泰斗级学者，卡尔东教授、胡泳教授、杨国斌教授、彭兰教授和许建教授给译者提供了无私的指导。中国人民大学出版社多位资深编辑的帮助至关重要。翟江虹编辑对于确立译著的选题、斟酌译著的书名提出了十分有益的建议，她是最早鼓励译者把卡尔东教授的著作译介给中国读者的人，因此译者十分感谢她的知遇之恩。翟老师待人谦和，让人有如

译者序

沐春风之感,她对编辑工作数十年如一日的热爱和执着令人钦佩。从选题最初确立到译著最终定稿,周莹编辑一直提供细致入微的服务,像关心宝宝是否按时睡觉、吃饭一样关心译著的完成情况,周末或晚上给周老师发微信,也总是能够得到及时回复。可以说如果没有周老师在译者和出版社之间的来回协调,这本译著恐怕很难按期完成。黄超编辑细致严谨地校对了三遍译稿,确保译稿语言自然流畅,保证读者的阅读质量,她的专业和工作效率让人十分敬佩。如果没有黄老师和其他编辑老师倾注的心血,我们不会有这样一部流畅的译著,在此对编辑老师们表达深深的感谢。另外也要感谢刘静编辑,感谢他在 2023 年的春天接了我打给人大社的电话,并把我推荐给翟江虹老师,开启了我和人大社的这一段愉快的合作旅程。

谨以此书致敬数字乌托邦渐行渐远的身影。

马爱芳
2025 年 2 月 12 日于北大燕园

目 录

引 言 /1

　　本书所讨论的是数字大转型的宏观层面。数字技术降临后，人们常常将其与工业革命中蒸汽机或电的发明引发的重大技术突破相提并论。不过，更为恰当的做法是把数字革命与15世纪印刷术的发明做比较，正如印刷术改变了人们的思考方式、储存或流通信息的方式，引发的变化是智力的、心理的，也是经济的或政治的。数字革命引发的变化也是包罗万象的。

　　数字技术将把我们带向何方还不得而知。一派预言数字技术将带来美好时光，另一派则预言数字技术将造成大灾难。本书试图表明，技术导致的结果从来都不取决于简单的技术资源，而取决于社会通过做出选择、部署战略和发展这种或那种实践来适应这些新资源的方式。

编码和解码 /2

第一章　互联网家谱学 /9

　　科学技术史告诉我们，一项发明不能只用技术来解释，它还包含了当时的社会、文化和政治背景。技术的选择、行为主体间的联盟、定义技术用途的方式都与社会、文化和政治背景密切相关。互联网一开始就是管控和自由的结合体。信息技术的发明与美国军队的战略密不可分，但互联网设计者们的精神指导却是 20 世纪 70 年代的自由和合作精神。这种原始的张力将一直存在于数字文化之中，永远不会停止发挥其影响。互联网的先驱们把精神、价值观和政治镌刻在技术中，它们恒久地定义了互联网的身份。

信息技术的诞生 /11
ARPA 和去中心化的网络 /18
合作与黑客 /27
数字文化的嬉皮士起源 /33
最早的网络社群 /41
互联网先驱留下的政治教训 /47

第二章　公共财富：网络 /57

　　网络继承了互联网的自由主义精神。创建网站的每个网民都获得了一种权力，他们可以按照自身意愿，把自己的网站与其他网站链接起来。这种权力是网络群体自治的源泉，是自下而上创新驱动力的源泉，是那些生产共同物品的网民社群团结互助的源泉，是集体智慧的源泉——简而言之，是网络根本价值的源泉。

目 录

　　由超文本链接构成的网络本身就是共同物品。正面外部性是网络的一个核心特征,是以互联网用户自愿生产内容为特点的非商业网络和由电子交易商构成的商业网络之间联系的核心。人们通常用蜜蜂和传粉的比喻来描述网络的正面外部性。为了酿制蜂蜜,蜜蜂收集花粉,在此过程中,它们传递花粉,帮助植物繁殖——它们的辛勤工作对生态系统产生了积极的外部效应。集体智慧就是互联网用户的活动所产生的正面外部性之一。

蒂姆·伯纳斯-李和超文本链接的发明 /59

新经济泡沫 /69

自下而上的创新 /76

"信息渴望自由":免费软件和通用软件 /84

维基百科和自发组织 /93

介于市场和公共资源之间的网络 /102

第三章　参与式文化和社交媒体 /109

　　网络的诞生标志着公共领域的深刻转变。谁有权在公共场合表达自己的观点?表达什么和对谁表达?网络颠覆了传统公共空间的大部分标准,在传统的公共空间中,只有一小部分发言人可以表达观点,而观众则处于沉默状态。在网络上发表言论,是社会学上的一项重大创新。数字社交网络以前所未有的方式使我们的谈话、社交、兴趣爱好和选择可以在公共场所公开展示和分享。

　　有了数字社交媒体,公民接收信息的行为具有了公共性和某种程度上的集体性。信息提供者和信息接收者之间的界线已经不再像从前那样清晰。传统公共空间那些默默接收信息的人们，现在彼此建立了联系，相互交谈，有时他们的讨论会达到十分热烈的程度，以至于先前从高高在上的讲台上向他们讲话的人们（如媒体、专家、政客等），其发言已经无法被听到了。

公共空间的数字化转型 /113

网络空间社交媒体的分类 /117

网络社交媒体的特征 /127

网络身份 /137

网络创新活动 /147

监管问题 /159

第四章　数字公共空间 /169

有了社交媒体，网络就"下沉"到了社会之中，使公民能够各抒己见，获取各种不同的信息，并彼此连接起来。这种情况在30年前并不存在，也没有任何人曾设想过它会出现。网络和数字社交媒体提供了一种用于交流的基础设施，不受传统公共空间的把关人的控制。

现在，由于人们的口袋里就装着交互式媒体，所以人们的决策方式和设置媒体议程的方式都和以前不一样了。游戏规则并没有发生根本性转变，但形势已经大不相同：我们目前所处的社会是一个互联、生动、活跃的社会，社交媒体已经成为表达意见、组织活动和提出倡议的源泉。

民主和数字技术：一种分析框架 /171

互联网的政治形式 /176

代议制民主和参与式民主 /184

目 录

数字革命下的媒体 /193

假新闻恐慌：信息流通的新途径 /204

公民科技：民主的民主化 /217

第五章　平台经济 /229

  数字技术彻底改变了经济的各个组成部分：工作组织方式、市场形式、做生意的方式、提供服务的方式、广告模式。通过协作，通过把个人智慧汇聚起来，人与人之间的联系有利于产生集体智慧，其价值远远大于各部分的总和。经济变革源自数字技术，经济变革带来的核心问题是如何重新分配网络化所创造的价值。

  "平台服务之所以是免费的，是因为你是产品。"这句话的背后，蕴含着对平台经济的批判，因为平台经济以剥削网民的数字劳动即让网民"免费工作"为基础：所有免费使用平台服务的人实际上都在为平台打工，因为平台从用户的活动中提取价值。这个论点很简单，但却具有颠覆性。当网民在网络空间的活动产生的正面外部性不是被用来产生更多价值，而是被提取掉时，它们就会成为数字经济下企业谋利和谋求市场优势地位的根源。这就是"监控资本主义"的观点：在利用土地和劳动力致富之后，资本主义正在对公民进行商品化，将其转化为数据流，以增加利润。

GAFA 的力量 /230

共享经济和平台经济 /236

网络广告 /243

评分和信任经济 /252

开放数据和平台国家 /258

数字劳工 /266

第六章　大数据和算法 /275

如果没有解读大数据的工具，如果没有将数据转化为知识的工具，大数据就什么也不是。面对海量数据，我们需要算法。算法在以下领域已经变得不可或缺：在搜索引擎上对信息进行分类；准确了解用户行为，然后进行个性化的广告展示；推荐符合我们审美观的文化产品；通过全球定位系统，帮助我们选择最佳路线……

2010年，只有计算机科学家使用"算法"这个词。如今"算法"在公共讨论中无处不在，但它的名声并不好。它反映了技术力量的隐蔽性，以及大公司在数字世界微妙而阴险的主导地位。算法已经成为新的信息守门人。

算法并不中立，它们包含着编程人员和给编程人员发薪水的大型科技公司的价值观。

在网络闹市中找到方向 /278

受欢迎度和权威性 /283

声誉和预测 /293

人工智能 /302

算法审计 /312

数字监控 /321

资料来源和版权 /331

引 言

编码和解码

数字技术的降临，常常被与工业革命中蒸汽机或电的发明引发的重大技术突破相提并论，即我们似乎已进入一个新生产力时代，信息、通信和计算成为这一新时代的主要驱动力。简言之，互联网时代成为继火车和汽车时代之后的新时代。事实上，与工业革命相比，互联网造成的技术变革更深刻，其影响更广泛。更为恰当的做法是把数字革命与15世纪印刷术的发明做比较，因为数字革命首先是人类社会生产、分享和应用知识的方式的变革。尽管印刷术甫一出现就迅速产生影响（这首先表现为文本复制和传播的数量增多，速度变快），但是数字革命触发了其他一系列更微妙的变化，包括人们的思考方式、质疑既有知识的方式、储存或流通信息的方式。正如伊丽莎白·艾森斯坦（Elisabeth Eisenstein）在《印刷革命》一书中所指出的那样，印刷是宗教改革、自由意志和市场发展的起点。这些变化是智力的、宗教的、心理的，也是经济的或政治的。这就是为什么说"数字是一种文化"是有意义的。"数字文化"这个词可能有点包罗万象，但这本书所讨论的恰恰是数字大转型的宏观层面。

在城市中，在国家和城市的组织中，在社会关系中，在政治承诺中，在情侣选择和旅行中，在市场交易中，在个人身份和集体记忆的构建中，数字信息无处不在。在每一种情形下，我们拥有的专业知识、行动手段和互动可能性都是前所未见的。如果说印刷术的

引 言

出现对个人的赋权作用、对宗教改革的促进作用是众所周知的,那么数字技术将把我们带向何方还不得而知。数字技术的影响是两派观点反复辩论的核心:一派是预言数字技术带来美好时光的先知,另一派则是预言数字技术造成大灾难的卡珊德拉(Cassandra)。这两种立场都与简单的技术决定论一道,把技术与我们这个时代的期冀和恐惧直接联系在一起。在这本书中,我们将试图表明,技术导致的结果从来都不取决于简单的技术资源,而取决于社会适应这些新资源的方式,具体通过社会做出的选择、部署的策略和发展的不同实践。因此,数字化社会的前景如何是很难预料的。即便如此,我们仍将在本书中探讨数字化社会转型的三条主线。

一是借助数字技术,个人权利获得增长。在互联的环境下,每个个体行动的可能性增强了,这些新的表达和交流能力的效果在不同领域已经可以被观察到,包括社交、政治或创新。二是无论是在自我组织的社区,还是在绕开传统市场的交流平台,都出现了新的集体组织形式。三是权力和价值的重新分配。数字生态系统将社会的重心转移到联网的个人和对社交网络有控制权的平台身上。这些重要变化激发了关于人类未来社会的诸多讨论,特别是在信息、经济和个人数据保护领域。

以这三条主线为指引,我们将试图了解数字技术对社会的影响,以及我们如何使用数字技术,更好地理解数字技术在用途和创新上的多样性,研究它的运作,审视它引发的问题。最重要的是,我们试图与那些关于数字技术的肤浅讨论保持距离。这就是这本数字文化入门书的目的。我们试图表明,在日常关于手机、约会网站、脸书或地理定位的好处或坏处的那些喋喋不休背后，数字世界有它的历史、地理、社会学，有它的经济、法律和政治。要破译我们正在经历但却尚未完全理解的转型，我们需要运用所有的人文科学和社会科学的知识。我们正进入一个新的世界，数字技术丰富了这个世界，改变了这个世界，并对其进行监控。我们需要具备多样的、跨学科的知识，才能灵活和谨慎地在这个数字世界中生存，这是因为如果说我们创造了数字技术，那么数字也在创造着我们。这就是为什么我们必须发展一种数字文化，这是每个人都在倡导的事情。无论在何处，人们都在呼吁小学、中学或大学都要传授数字技术。然而，有两个计划相互矛盾：一些人说"必须编码"，另一些人则反驳说"必须解码"。前者希望传授编程，后者则希望传授所谓的"数字素养"。实际上，两者都是需要学习的，因为数字技术十分强调互动性实践，需要人们在操作中理解它，又在理解中操作它。学习的这两方面从来没有像在数字技术中这样如此紧密地联系在一起。解码是我们在这本书中要做的事，但它也邀请读者同时发展出对数字技术的实践能力，这种实践不限于单纯使用数字界面，无论使用方式多么敏捷。解码数字技术应该使我们对以计算机编程为语言的新工具具体的、技术的、实际的运行感到好奇。

我们将在六个主题章节中一步步解码数字文化。我们将按照时间顺序，从互联网的诞生讲到人工智能（它越来越多地被人们称为AI）的未来挑战，同时辅以具体例子，包括20世纪60年代斯坦福大学的道格拉斯·恩格尔巴特（Douglas Engelbart）实验室、维基

引　言

百科的治理系统、自拍中的不同身份、商业网站上的评分和反馈、谷歌算法的运作等等。我们将调用多个学科视角——历史学、经济学、政治学、科学和技术研究——对各种解读、案例和理论进行交叉，使数字文化的主要问题得到揭示。然而，这本入门书既不能涵盖所有的领域，也不能对数字文化的各种问题进行完全深入的探讨。它所提供的是对数字文化大量关键领域的系统性梳理，这和跟团旅游类似。但是正如跟团旅游中经常出现的情况一样，游客的首要愿望是跳下大巴，自己去探索。这种好奇心是数字文化的一个典型特征。因此，为了帮助你付诸实践，每一节的结尾都有一个栏目（"看·听·读"），它将为你打开一扇大门，让你发现一系列书籍、文章、文件或视频，使你深入了解各个主题。

最后，本书是我多年来教授的一门课程的书面版本，这门课程在很大程度上得益于那些与我一起授课的出色的同事。首先，克里斯托夫·阿吉东（Christophe Aguiton）是一个不可缺少的人物，这门课程是我们在巴黎第一大学和巴黎第二大学共同授课时构思的。还有许多其他同事和朋友对这门课程提供了启发：托马斯·博维萨热（Thomas Beauvisage）、比莱尔·本布齐德（Bilel Benbouzid）、让-萨米埃尔·伯斯卡尔（Jean-Samuel Beuscart）、蒂埃里·邦宗（Thierry Bonzon）、凯文·梅莱（Kevin Mellet）、安妮-西尔维·法拉博（Anne-Sylvie Pharabod）、西尔万·帕拉西（Sylvain Parasie）和兹比格涅夫·斯莫达（Zbigniew Smoreda）。马克西姆·克雷佩尔（Maxime Crépel）在版面设计方面提供了宝贵的帮助。由于这门课程以MOOC的形式为巴黎政治大学的本科生录制下来，所以它的音频被保留。为了出版需要，我对音频版本做了轻微改写。

【看·听·读】

● 关于印刷术的出现和影响，可参见：Élisabeth Eisentein, *La Révolution de l'imprimé à l'aube de l'Europe modern*, Paris, La Découverte, 1991.

● 关于数字素养及其对阅读、知识生产和教学的影响，可参见：Katherine Hayles, *How We Think. Digital Media and Contemporary Technogenesis*, Chicago(Ill.), University of Chicago Press, 2012.

以下几本关于数字文化的法语通识教材，从多个角度对数字素养问题做了全景分析：

● Dominique Boullier, *Sociologie du numérique*, Paris: Armand Colin, 2014.

● Jean-Samuel Beuscart, Éric Dagiral, Sylvain Parasie, *Sociologie d'internet*, Paris: Armand Colin, 2016.

有关数字文化更专业的方面，其他补充性教材如下：

● Gérôme Guibert, Franck Rebillard, Fabrice Rochelandet, *Médias, culture et numérique. Approches socioéconomiques*, Paris, Armand Colin, 2016.

● Christine Barats(dir.), *Manuel d'analyse du web*, Paris, Armand Colin, 2017[2e éd].

● Pierre Mercklé, *Sociologie des réseaux sociaux*, Paris, La Découverte, «Reperes», 2011.

我们将避免在本书中给出过多的数字，但如果读者想找到关于数字技术的一些统计数据来源，可参考以下几个重要文献：

● 关于法国，参考《数字技术晴雨表》(Le Baromètre du numérique)，它

引　言

每年由法国生活条件学习观察研究中心制定，服务对象包括数字技术署、电子通信和邮政监管局、经济总局，参见 2017 年版：https：//www.arcep.fr/uploads/tx_gspublication/barometre_du_numerique-2017－271117.pdf

- 关于美国，参见皮尤研究中心的调查：http://www.pewinternet.org
- 关于网络新闻的数据，参见路透社每年发布的权威调查 *Digital New Report*：http：//www.digitalnewsreport.org
- 法国国家信息和自由委员会创新实验室发布了很多非常有用的前沿信息、分析、报告：https：//linc.cnil.fr/
- 法国国家数字委员会具有应对数字转型挑战的专业知识，由法国主管数字事务的国务秘书管辖，该机构已经发布了多个重要报告：https：//cnnumerique.fr
- 要进入数字文化，没有什么比格扎维埃·德·拉波特（Xavier de La Porte）在 France Culture 网站上发布的纪事更生动、更有智慧的了，这些纪事被收集在：Xavier de La Porte, *La Tête dans la toile*. *Chronqieus*, Paris, C&F Éditions, 2016.
- 1996 年以来，于贝尔·吉约（Hubert Guillaud）的网站一直是关于数字技术最好的信息来源之一：Internet.actu

第一章

互联网家谱学

16　　电视剧《硅谷》有一个简短场景：雄心勃勃、热情洋溢的年轻书呆子们走上舞台，在三分钟内向一群潜在的投资者介绍他们的创新（见图1-1）。在讲完两分钟的技术术语之后——例如，"我们开发了一种编解码器，可以将图像的压缩率降低3%"——每个初创公司的创始人都以宣称"我们将使世界变得更美好！"来结束演讲！

怎么会有人敢声称一个计算机程序可以改变社会？图像压缩率如何能改善地球的命运？这幕场景精辟地总结了硅谷精神：创新既是一个技术解决方案，也是一个政治方案。在欧洲，我们可能已经不再相信技术进步和人类进步会相向而行，但硅谷的公司并非如此。

如果我们想解码数字文化，我们就必须首先了解这种信念的基础，为了做到这一点，我们要追溯计算机起源时那些将人类社会的命运与计算机创新联系起来的事件。

图1-1 我们将使世界变得更美好！

在电视剧《硅谷》的"概念证明"一集中，年轻的初创企业轮流介绍他们的创新，他们都说各自的创新将使世界变得更美好，这"得益于扩展、容错且可以处理ACID交易的数据库"。

17　　科学技术史告诉我们，一项发明不能只用技术原因来解释，它还与当时的社会、文化和政治背景有关。技术的选择、行为主体间的联盟、定义技术用途的方式都与社会、文化和政治背景密切相关。就互联网而言，这种社会学解释尤其重要。我们只有通过探究其起源，才能真正理解似乎永远面向未来的伟大的数字转型。

信息技术的诞生

今天，我们用"数字"这个词，或者它的英文对应词 digital，来宽泛地指代与通信、互联网、软件和相关服务有关的一切。但是，在数字的背后，在我们使用的屏幕、界面和服务的背后，能感知到的现实是信息技术。我们现在已经越来越少使用"信息技术"这个专业化术语，然而，我们在本书中所说的"数字文化"实际上是计算机技术的普及对我们社会所产生的影响的总和。

简单地说，计算就是我们委托给机器的计算，这已经不是什么新鲜事了。在众多试图制造计算机的科学家中，有三个名字值得铭记：法国人布莱兹·帕斯卡尔（Blaise Pascal），他在 1642 年发明了第一台计算机器——滚轮式加法器；英国人查尔斯·巴贝奇（Charles Babbage），他在 1834 年设计了一台可编程的计算机，但没能成功，后来他与阿达·洛夫莱斯（Ada Lovelace）合作设计了这种计算机，洛夫莱斯被后世认为是第一个女计算机程序员（可以说是黑客之母）；最后是英国人乔治·布尔（George Boole），他在 1854 年发明了以他的名字命名的布尔逻辑，其三大原则包括分离（或）、结合（和）和否定（否）（见图 1-2）。逻辑是计算的语言：

在计算机处理器中，这三个基本函数 and、or 和 not 是硅电路所能理解的唯一语言。正是借助这种最简单的语言，我们才有可能使机器做任何事情（或几乎任何事情）。

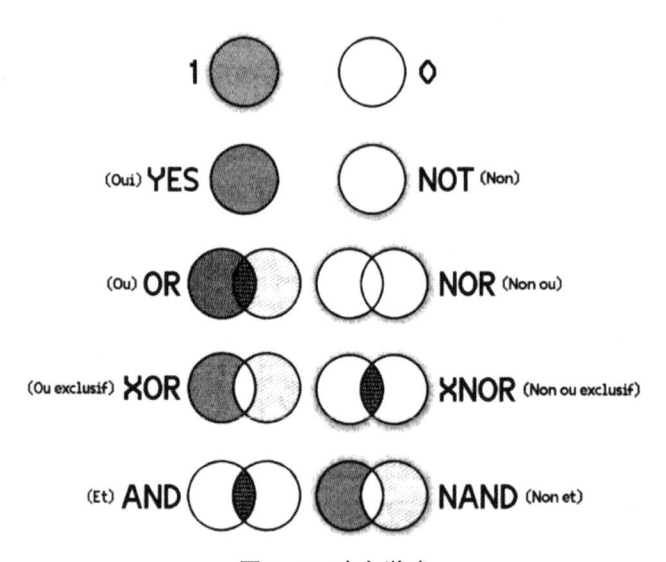

图 1-2 布尔游戏

由乔治·布尔开发的布尔逻辑或曰布尔代数，它适用于二进制的语言（0，1），只有三个运算符：分离（OR）、结合（AND）和否定（NOT）。

关于计算的历史就讲到帕斯卡尔、巴贝奇和布尔这里。但是英国数学家艾伦·图灵（Alan Turing）才被认为是真正的计算之父。在1936年发表的一篇开创性的论文中，他通过把信息分解成0和1两个值，奠定了万能计算机器的理论基础，0和1将构成基于二进制的计算语言。为此他想象出一个自动系统，在这个系统中，光标中包含一个由0和1组成的无限长的带子，这个带子只能做三件事：改变数字、向前或向后移动（见图1-3）。图灵证明，有了这

第一章 互联网家谱学

个程序，也只有这个程序，才有可能实现布尔逻辑的所有操作；所有可计算的问题都可以得到解决。

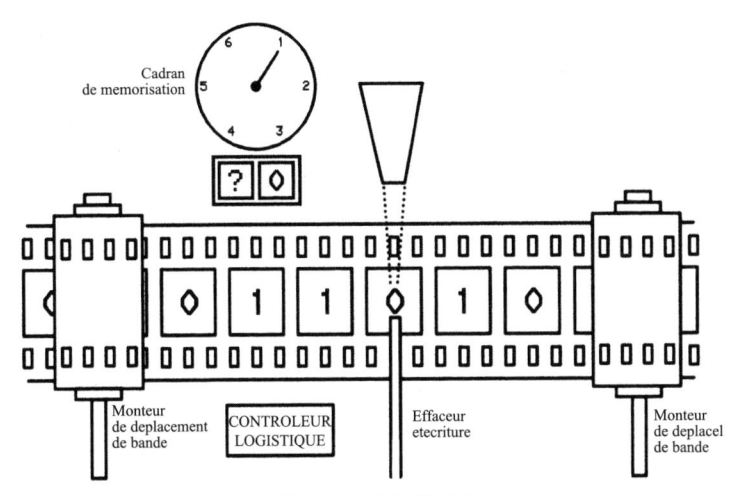

图 1-3 图灵机器

图灵设想出来的机器是第一批计算机的基础。它应用布尔逻辑，将所有信息分解为只有两个值（0 和 1）。只需进行三种操作（改变数字、向前或向后移动），它就可以执行任何一个程序。工作指令和数据都在同一个色带中。

图灵的论文是电脑诞生的基石，电脑是以 0 和 1 为基础的逻辑机器。1945 年由约翰·普雷斯珀·埃克特（John Presper Eckert）和约翰·莫奇利（John Mauchly）制造的电子数字积分器和计算机（electronic numerical integrator and computer，ENIAC）被普遍认为是世界上第一台计算机。它是为美国军方设计的，用于计算炸弹弹道，重 30 吨，占地 167 平方米，每秒可进行 10 万次加法或 357 次乘法。其他机器可能也会争夺"世界上第一台计算机"的头衔，但历史学家对此有分歧，因为这些计算机有不少并不完全是数字化的，仍然保留了一些模拟世界的元素。

我们要记住所有计算机都遵循同样的原则：它们把内存和计算单元分开，并且根据图灵的论文，计算机把数据和程序都放在其内存中。换句话说，它们将信息和用来计算信息的指令存放在同一个地方。只要你改变指令，计算机就会计算出别的东西。这样的机器可以被称为通用的，这是因为它能够使用不同类型的程序。这就是至今为止所有计算机系统的结构。它被称为"冯·诺伊曼结构"，以信息技术史中最杰出的数学家之一、匈牙利裔美国人约瑟夫·冯·诺伊曼（Joseph von Neumann）的名字命名。他于1945年在普林斯顿大学设计了另一台可以争夺"世界上第一台计算机"殊荣的机器——电子离散变量自动计算机（electronic discrete variable automatic computer，EDVAC），它于1951年开始运行。

22   让我们回到0和1的问题上。我们生活、写作和说话的世界本质上是模拟的。模拟信号专属于手写、银幕摄影和声音，它具有连续性，在最小值和最大值之间波动。而数字信号是不连续的，只能有两个值：0或1。为了计算它，它必须被离散化，换句话说，必须把文本、图像和声音转换成0和1。因此，当图像被转化为像素，每个像素被赋予分解三原色（红、绿、蓝）的值时，它就成了数字。

23   从模拟到数字的转变是决定性的（见图1-4）。模拟信号在每个传输阶段都会减弱，与此相反，数字数据不会改变，数字技术传输的数字不会改变。拷贝录音带或纸质文件可能会造成信息丢失，而DVD或文件的复制品则是完全忠实的。用数字传输的信息比模拟信号更容易储存和复制，也更便宜。

第一章 互联网家谱学

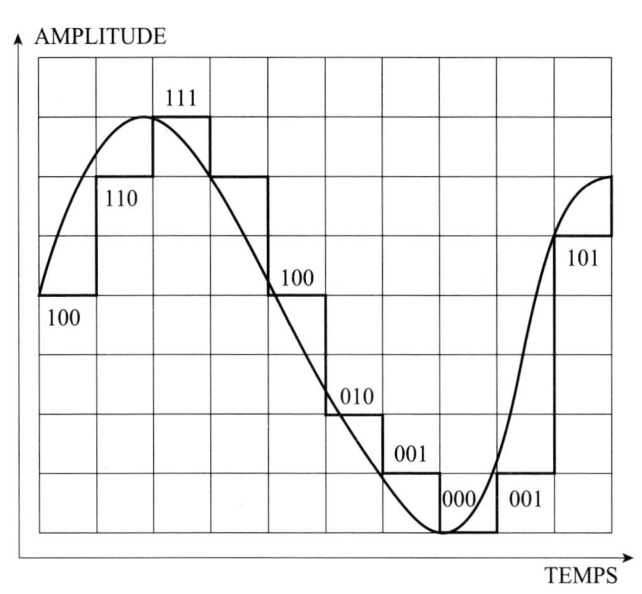

图 1-4 从模拟信号到数字信号

计算机语言就是通过只使用两个值,即 0 和 1,将模拟(连续)信号转换为数字信号。这一过程尽可能接近模拟曲线的演变。

然而,计算机编码的神奇之处就在于,一旦信息被转化为数字,就可以对其开展所有操作,这些操作也是数字革命的基础:首先,数据可以被存储和存档在文件中;其次,它们可以被移动和交换,从而促进远程通信和合作;最后,它们可以以无限多的方式进行计算和转化。计算机技术和电脑是促成这些转变的中介。

有一个基本事实值得注意:20 世纪 40 年代计算机最初的发展几乎完全由军方的投资支持。第一批计算机是为计算炸弹的弹道而设计出来的。在 60 年代,美国军方开发了一个重要项目:半自动地面环境(semi-atomatic ground environment,SAGE)。SAGE 项目受控制论影响(这个学派诞生于冷战期间,它研究生物和机器之间的通信和控制机制),其目的是创建反导弹盾牌,以保护美国不受苏联的攻击。尽管后来出现了其他动机,但我们也不应忘记,军事控制和军事指挥逻辑一直是信息技术发展的驱动力。正如我们将看到的,正是美国国防部的资金资助了计算机的诞生。

我们已经大致回顾了什么是计算技术以及第一批计算机是如何被发明的,现在我们可以讲述互联网的传奇故事了。这段故事涉及许多人、技术和实验室,但只有少数几个值得记住,我们将会强调它们的作用。相反,重要的是我们要理解1960年至1990年间逐渐成形的技术、政治和文化的集合体所具有的特殊性质,因为正是这一集合体催生了我们将称之为互联网的东西。这段历史是独特的,因为它从一开始就是管控和自由的结合体。信息技术的发明与美国军队的战略密不可分,但互联网设计者们的精神指导却是20世纪70年代的自由和合作精神,这也是当时反主流文化的精神内涵。这种原始的张力将一直存在于数字文化之中,它永远不会停止发挥其影响。互联网的先驱们把精神、价值观和政治镌刻在技术中,它们恒久地定义了互联网的身份。这一切可能看起来已经是老掉牙的事了,但互联网的特殊起源——既与军事用途有关,又与自由有关——继续影响着当下的诸多辩论,这些辩论事关言论自由、知识产权、自我组织、网络中立性、互联网的政治效应,以及共享经济和平台经济之间的紧张关系。

【看·听·读】

● 请参见电视剧《硅谷》中的一段视频:«Silicon Valley: Making the

第一章　互联网家谱学

World a Better Place»（1′5），https://www.youtube.com/watch?v=fRUAJVKlUZQ

● 关于计算机科学的奠基性文章，请参见：Alan Turing, «On Computable Numbers, with an Application to the Entscheidungsproblem», *Proceedings of the London Mathematical Society*, London Mathematical Society, 1937, https://www.cs.virginia.edu/~robins/Turing_Paper_1936.pdf

另见法国国家科学研究中心关于艾伦·图灵的一部纪录片：«Le modèle informatique d'Alan Turing»（29′），https://www.youtube.com/watch?v=hSn7CZ2Tdow

● 这是一本读起来像小说的大众书籍，它讲述了信息技术的传奇故事：Walter Isaacson, *Les Innovateurs. Comment un groupe de genies*, hackers et geeks a fait larévolution numérique, Paris, Lattès, 2015 [*The Innovators*, New York(N. Y.), Simon & Shuster, 2014].

● 叶夫根尼·莫罗佐夫（Evgeny Morozov）对硅谷文化中技术和政治的关系做了批判性解读。他警告我们要当心"技术解决主义"（solutionnisme technologique）：*Pour tout résoudre, cliquez ici. L'aberration du solutionnisme technologique*, Paris, FYP Éditions, 2014 [*To Save Everything, Click Here: Technology, Solutionism, and the Urge to Fix Problems that Don't Exist*, Londres, Allen Lane, 2013].

● 这是一本引人入胜的有关控制论的书。控制论与计算机科学的历史密不可分，受数学家诺伯特·维纳（Norbert Wiener）的推动，控制论于1947年诞生于美国，它得益于当时著名的"梅西讲座"（conférences Macy，1947—1953），该讲座汇集了数学家、生物学家、心理学家和经济学家的作品：Mathieu Thiclot, La constitution de la notion d'information, Paris, Champ Vallon, 2008.

26 另见这部经典作品：Steve J. Heims, *Joseph von Neumann and Norbert Wiener. From Mathematics to the Technologies of Life and Death*. Cambridge (Mass.), The MIT Press, 1991.

● 这本质量很高的书讨论的是信息技术和军事利益之间的融合，它对控制论和计算机科学如何在冷战的背景下建立起来，并围绕这些新技术系统实现"世界关闭"提供了精湛的诠释：Paul N. Edwards, *The Closed World. Computers and the Politics of Discourses in Cold War America*, Cambridge(Mass.), The MIT Press, 1996.

● code.org 的 YouTube 频道推出了一系列关于信息技术历史和互联网历史的精彩视频，标题分别是 How Computers Work 和 How The Internet Works，并由温顿·瑟夫（Vinton Cerf）本人进行解释。我们可以在其中找到一些简单有趣的讲解，包括互联网的基础设施、互联网中的分组路由以及微处理器的运作。

● 对有利于互联网诞生的历史背景的分析可参见：Paul Ceruzzi, «Aux origines américaines de l'internet: projets militaires, intérêts commerciaux, désirs de communautés» *Le Temps des médias*, 18, printemps 2012, p. 15-28.

ARPA 和去中心化的网络

27

人们经常把互联网（internet）和网络（web）混为一谈，但正如下图（见图1-5）幽默地显示的那样，二者并不相同。互联网是一种叫作 TCP/IP 的通信协议：TCP 代表传输控制协议（transmission control protocol），IP 代表互联网协议（internet protocol）。这个协议使不同计算机之间的通信成为可能，尽管这些电脑使用的网络基础设施不同：电视电缆、电话系统、卫星等等。协议的诞生可追溯到 20 世纪 60 年代，在 1983 年最终成型。美国工程师温顿·瑟夫和另一位工程师罗伯特·卡恩（Robert Kahn）是协议的主要设计师之一。

网络是晚一些才有的。它是由英国计算机科学家蒂姆·伯纳斯-李（Tim Berners-Lee）在 1990 年发明的。伯纳斯-李当时在瑞士的欧洲核子研究中心（Conseil Européen pour la Recherche Nucléaire，CERN）工作，那里的物理学家当时在一个巨大的粒子加速器的环上做实验。网络是一种通信协议，它通过现在被大家熟知的寻址系统（http：//www）将网页链接在一起。由蓝色链接连接起来的网页就是网络，我们将在第二章中讲述它的历史。

图 1-5　被发明的发明家
数字革命的两位关键人物蒂姆·伯纳斯-李（左）和温顿·瑟夫（右）幽默地提醒我们，不应该将互联网与网络混淆。他们的 T 恤上分别写有 I didn't invent the Internet 和 I didn't invent the Web。

在计算机科学家的行话中，网络是一个高层级的东西，它通过使用低层级的东西，即互联网的 TCP/IP 协议来开展工作。网络包含在互联网之中，但互联网除了网络之外还包含许多其他东西。许多数字服务都使用互联网的低层级。例如，SMTP 是允许网民通过电子邮件进行交流的协议，FTP是允许发送大型文件的协议，IRC是允许人们聊天的协议，等等。所有这些系统之所以能够工作，是因为它们利用了这个最基础的基础设施，即TCP/IP，也就是互联网。

20世纪50年代的计算机是一台台巨大的机器，被称为主机。它们非常昂贵，只能进行小规模的计算。只有政府、研究中心和大公司才拥有它们（见图1-6）。当时没有人想到计算机会发展成个人计算机，会进入家庭，并且以智能手机的形式，在我们的口袋和包里占据一席之地。

图1-6　20世纪50年代的庞然大物

第一批计算机是巨大的机器（主机），它们占据的面积十分庞大。该图显示的是计算机PDP-1的安装，它是数字设备公司（Digital Equipment Corporation, DEC）于1959年推出的。麻省理工学院的计算机科学家们通过这台机器催生了黑客文化。

图中的一位是美国心理学家和计算机科学家约瑟夫·利克莱德（Joseph Licklider）。他的名字值得被铭记的原因有两个。首先，在1962年，利克莱德被任命为IPTO的负责人，IPTO隶属

第一章 互联网家谱学

于美国国防部高级研究计划局（Advanced Research Project Agency，ARPA），后者负责协调和资助与互联网诞生有关的研究工作。让我们回顾一下背景：1957年，当苏联人在冷战如火如荼的时期首次将一个生命体（即狗Laïka）送上太空的时候，艾森豪威尔治下的美国感受到了一种强烈的被羞辱的感觉。

由于担心苏联的研究超过西方，美国政府在次年就做出了反应，成立了两个机构：负责征服太空的美国国家航空航天局（National Aeronautics and Space Administration，NASA）和负责军事研究的高级研究计划局［后改名为国防高级研究计划局（Defense Advanced Research Project Agency，DARPA）］。美国投入的资金是巨大的。尽管ARPA是军事性机构，但实际上ARPA支持了多个领域的基础研究，且没有提出将研究成果马上落地实施的要求。因此，对于多所大学而言，ARPA成了它们为大量无直接军事用途的研究项目寻求资金的银行。

其次，约瑟夫·利克莱德对人和计算机的关系有非常新颖的理解——他认为这是一种共生关系。他想象，信息技术将进入人们的生活。通过允许人们交流、沟通和对世界采取行动，信息技术将提高人们的技能。他预见了计算技术的未来，那时计算机将以协作的方式开展工作。这个想法在今天平淡无奇，但在当时却是革命性的。在罗伯特·泰勒（Robert Taylor）和拉里·罗伯茨（Larry Roberts）等计算机科学家的帮助下，他在ARPA-IPTO开始建立计算机对计算机的通信网络，这一建设过程持续了约30年。

把机器相连并非一个全新的想法，因为在美国，国家电话运营商 AT&T 已经把它付诸实践。电话之间的连接是模拟的，需要通过一根铜线；只要将信号数字化，就可以让计算机利用同样的原理相互通信。然而，ARPA-IPTO 项目的真正创新性在于其他方面：计算机网络的设计方式与电话网络的设计方式截然不同。

这是互联网的独特之处。互联网的具体形式可以追溯到 1962 年保罗·巴兰（Paul Baran）写的一份备忘录，当时他是兰德公司的顾问，兰德公司是一家主要为美国军队服务的咨询公司。这份题为"论分布式通信网络"的文件附有一张图纸（见图 1-7），这张图显示了新的雄心：用分布式网络取代集中式网络。

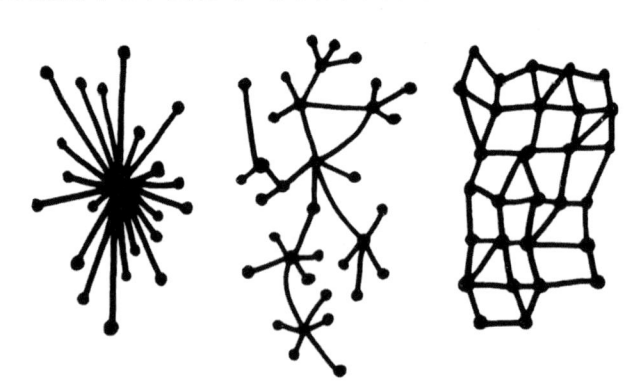

（A）集中式网络　　（B）去中心化网络　　（C）分布式网络

图 1-7　保罗·巴兰设想的三种网络形式

除了集中式网络（A）和分布式网络（C）这两种对立的形式外，还有一种中间形式，即去中心化网络（B），其中某些节点比其他节点更重要。去中心化网络是最终与互联网的运行相吻合的一种形式。

在集中式网络中，要连接节点 A 和节点 B，必须系统地通过中心。一个集中式的网络在中心是智能的，在外围是愚蠢的。如果我们以电话网络为例，那么固定电话终端实际上是愚蠢的，几乎不给

第一章 互联网家谱学

用户任何自由；相反，中央交通监管是高度智能的，一切都取决于其效率。

集中式网络有三个特性：

- 它很稳健，提供了一个高质量的通信系统。
- 它属于国家所有。网络的边界取决于网络节点所在的国家，运营商是国有或半国有性质的，如美国的 AT&T 或法国的 France Télécom。
- 通信可以被货币化。由于每次通信都要通过中心，因此所有信息都可以被索引，以便建立一个计费系统。20 世纪 70 年代末，随着 minitel 的建立，这种类型的系统在法国得到了实施。

保罗·巴兰设想的分布式网络颠覆了集中式网络，在分布式网络中，网络中心是愚蠢的，边缘则是智能的。信息可以通过不同的路线到达目的地。这被称为"分组通信"，这一运行方式成为 TCP/IP 规则的核心。我们需要还唐纳德·戴维斯（Donald Davies）以公道，他是英国国家物理实验室的研究员，在同一时间有了同样的想法。我们也要还美国计算机科学家伦纳德·克莱因洛克（Leonard Kleinrock）以公道，因为分组通信的直觉得益于他。在技术发明喷涌而出的时期，特别是在互联网领域，同一个想法通常会由几个人提出，要确定谁是第一个提出这个想法的人相当困难，也徒劳无益。

分组通信后来成为互联网的通信协议。它的特殊性在于将最初的信息分包，并在每个包周围加上一个信封，信封内包含了该信息目的地的地址。然后，包通过网络发送，根据节点的饱和度，它们

34 会采取不同的路线。一旦到达目的地,这些包会被重新排序,从而将信息传达给收件人(见图1-8)。

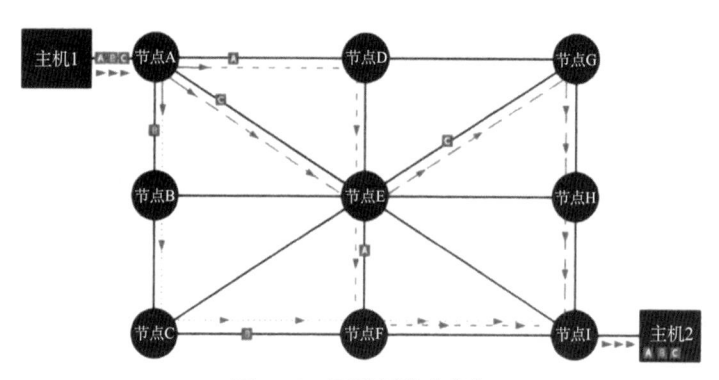

图1-8 互联网的小分包

在保罗·巴兰设计的分组通信系统,即后来互联网使用的分组通信中,一条信息被分解成几个包,它们在网络中各自采取不同的路径,然后在目的地重新组合以传递信息。

当这个想法在 20 世纪 60 年代初出现时,许多电信网络专家认为它不切实际。然而,因为有足够多的人相信,因此测试被启动,设备被安装,多种原型被探索,互联网的发展开始了。

分布式网络也有三个特性:

● 传播质量不如集中式网络。用户无法确定是否所有信息包都能及时到达目的地,所有经历过互联网和网络早期阶段的人都还记得它们变化无常的特点。

● 该网络不属于国家所有,它没有边界。通信可以通过不同类型的基础设施、电缆、电话网络、海底网络或卫星网络进行。民族国家的边界限制对该系统不起作用。

● 由于没有监督中心可以监测节点间传递的所有信息,所以很难对该网络上的通信实行收费。免费上网的问题部分是由互联网创始人所选择的基础设施类型造成的。

一直以来有一种说法，即美国军方对保罗·巴兰的想法十分感兴趣，认为分布式网络在遭到核攻击时更具耐久性，而集中式网络则无法抵御那些瞄准了控制中心的炸弹。互联网历史学家一致认为，这个说法并非像人们宣传的那么重要。然而，值得强调的是这两种网络的一个根本区别：如果一个网络的智能集中在边缘地带，那么该网络上每个节点都有创新的可能。这和电话等固定设备相反，在电话网络中，智能集中在网络的中心地带，只有中央运营商及其研究中心可以对网络开展创新（这正是法国 minitel 的发明所引发的情形）。在类似互联网这样的系统中，网络上的每个节点都是一台可以自我编程的计算机。每个联网用户，特别是在软件可以免费使用的情况下，都可以进行创新，创新成果通过网络传播并为其他人所用（我们在第二章将再次讨论"自下而上创新"的原则）。互联网的基础设施将创新能力从网络中心转移到网络外围，为用户赋权，这源于 ARPA 的技术选择，即允许多台计算机在分布式网络中交流。

后来，我们使用的互联网更多地采用了保罗·巴兰描绘的去中心化网络（见图 1-7），该网络上的一些节点比其他节点更重要。

【看·听·读】

● 保罗·巴兰（Paul Baren）于 1962 年关于分包通信系统和分布式网络的备忘录参见：«On Distributed Communication Networks», https://www.rand.

org/pubs/papers/P2626.html

● 约瑟夫·利克莱德有两篇奠基性文章，第一篇是：«Man-Computer Symbiosis», *IRE Transactions on Human Factors in Electronics*, HFE 1, 1960, p. 4 – 11. 这篇文章定义了什么是人机共生。第二篇是利克莱德与罗伯特·泰勒一起写的，提出了把计算机作为通信工具的新观点：Joseph C. R. Licklider, and Robert Taylor, «The Computer as a Communication Device», *Science and Technology*, 1968, http://memex.org/licklider.pdf

● 多米尼克·布利耶（Dominique Boullier）的一段视频对比了电路通信（电话）和分包通信（互联网）：«Principes d'internet. Paquets et réseau distribué»(2'44), https://www.youtube.com/watch?v=ZPo8eIhnYvk

● 要想清楚快捷地了解导致互联网诞生的各种社会学因素、技术因素和文化因素，请参见这本书的第一章和第二章：Manuel Castells, *La Galaxie internet*, Paris, Fayard, 2001, p. 18 – 81 [*The Internet Galaxy. Reflections on the Internet, Business, and Society*, Oxford, Oxford University Press, 2001].

● 这是关于互联网历史的最好的书，非常完整，尤其是关于互联网技术的部分，而且文笔生动：Janet Abbate, *Inventing the Internet*, Cambridge (Mass.), The MIT Press, 1999.

● 安德鲁·布卢姆（Andrew Blum）的 TED 演讲描述了那些数量庞大的物理基础设施（电缆、服务器、路由器等），有了它们，互联网才能在幕后工作：«Andrew Blum: What is the Internet, Really?»(11'59), *TED Talks*, septembre 19, 2012, https://www.youtube.com/watch?v=XE_FPEFpHt4&t=7s

补充性阅读：Andrew Blum, *Tubes: A Journey to the Center of the Internet*, New York(N. Y.), HarperCollins, 2013.

● 同一时期还出版了一本关于法国网络技术历史的书：Valérie Schafer, *La France en réseaux, années* 1960—1980, Paris, Nuvis, 2012.

第一章　互联网家谱学

合作与黑客

如果不加上合作这个基本的人为因素，我们就无法解释互联网的诞生。合作赋予了互联网一种特殊的精神。互联网是用来合作的工具，它是以合作的方式被发明的。例证就是，我们无法准确地说出是谁发明了互联网，甚至无法说出它是在哪里和什么时候被发明的。除了刚才提到的与分包通信和分布式网络有关的几个名字外，我们或许还得加上几十个，甚至上百个人。互联网不仅是技术组合的结果，也是创新过程中的一项发明。它促进了集体智慧的发展，因为它本身就是集体智慧的结晶。

为使互联网正常运行，我们必须把一些不同的技术构件组合在一起：网络、路由器、通信协议、计算机、电缆、软件、人机界面，以及论坛、消息和聊天等通信工具。所有这些组成部分都是由不同团队在不同地方和不同时间设计出来的，它们逐渐组合起来，才形成了我们现在所说的互联网。实际上，互联网的最初用途和最早使用互联网的用户一起促成了这个组合过程。军人、学者、企业研究人员、嬉皮士和计算机爱好者（即未来的黑客）虽然没有在一起工作，但他们以一种合作、协调的方式共同开发出了多种技术。这一时期的计算机创新以密切的交流、分享和合作为特征。当然，该时期也不乏各类参与者互相竞争、使绊子，以及强行用一种解决方案取代另一种解决方案的标准之争。在 TCP/IP 成为计算机通信协议之前，也有许多其他互不兼容的协议曾一决高下。但是，这一时期合作方式的独特性仍然使历史学家们感到震惊，它使所有行为主体都参与网络建设并使网络运转。在《互联网魅影》一书中，帕特里斯·弗利希（Patrice Flichy）强调，这些人当时并不是在为他人、为公众或为客户建立互联网，他们建立互联网首先是为了自己，为自己所用。

在军方的资助下，在 ARPA-IPTO 的指导下，学者们集体开发出了计算机通信协议，他们本着学术共同体的精神投入工作，这个共同体像一个名副其实的"计算机科学家共和国"。1969 年 4 月 7 日，加利福尼亚大学的研究员史蒂夫·克罗克（Steve Crocker）把一份标题为"征求意见稿"（Request for Comments）的文件和他的同事们分享，即 RFC 1 号，这份文件阐述了阿帕网的基本组成元素。RFC 系列文件从那时起开始流传，成为将来定义互联网通信协议的主要载体。RFC 文件四处扩散，任何人都可以贡献自己的想法，然后社区讨论并通过协商一致的方式做出决定，最后给文本分配一个编号定稿。这个过程是公开的，允许所有工程师参与提意见。这类交流从 1969 年持续到 1983 年，最后才促成了 TCP/IP。但互联网工程任务组（Internet Engineering Task Force，IETF）（这个社区汇集了所有计算机科学家）还在继续通过 RFC 系列文件对互联网进行技术标准化。1999 年，题为"RFC 30 年"的 RFC 2555 号被发表出来。2018 年，RFC 系列文件的编号超过了 8000 号。需要指出的是，这种通过社群合力推动知识进步的渐进方式，主要是受到自然科学所使用的工作方法的启发。

开放合作的原则将产生两个结果：一方面，它促进了免费软件

第一章 互联网家谱学

概念的发展；另一方面，它滋长了互联网特有的自我规制的治理形式。

在20世纪60年代，计算机依赖程序员编写的程序运行，程序是计算机用来执行特定类型操作的一系列指令，后来被称为软件。那时还没人试图用专利或知识产权来保护这些写满指令的文件。研究人员交流各自的程序，完善其他人的程序，然后与社群分享改善措施。程序是一个开放的、共享的文本，它广泛流传，象征着共同体希望改善共享工具的集体意愿。20世纪80年代时，一些公司或研究中心明白了"计算机指令"（即程序）具有的价值，开始用专利权来限制它们的使用，并向用户收费。出于对计算机起始阶段自由精神的坚守，一部分计算机科学家动员起来，为争取软件的免费性和开放性而战。我们将在第二章再来讨论软件开放的问题，这在数字文化中是至关重要的。

我们需要记住的是互联网是使用免费软件建成的，因为用来传输信息的服务器所使用的程序就是免费软件。软件由几个人设计并共享，每个人都努力为社群提供最好的技术解决方案，这种理念将催生一种特殊的计算机文化——黑客（它来自英语单词hack，意为修修补补）。黑客文化在20世纪70年代末诞生于麻省理工学院，它鼓励与计算机代码建立一种亲密、精致和富有创造性的关系。黑客是数字文化中最前沿的人物，能想出巧妙的解决方案，努力使自己超过别人。记者史蒂文·莱维（Steven Levy）完美地将黑客伦理观概括为五点：

● 黑客首先是一个充满好奇心的人。如果有人阻止他了解技术工具如何运转，他就会觉得茫然无措。他希望能够探索和操纵技术工具。

- 黑客相信信息应该是自由的。这个信条是网络信息自由主义的核心：信息流动不受到任何阻挠，公民可以在没有任何审查的情况下获取所有信息。"没有知识开放就没有合作"的理念使信息自由成为这种先锋文化的核心主张之一。这个理念还在继续激发有关数据开放的辩论，我们将在第五章讨论数据开放的问题。
- 黑客不信任权威，总是支持去中心化。他自己决定他想做的事，即便在一个集体中也是如此。他不接受别人发号施令。
- 评价黑客的标准应该是他的行为，而不是学历、年龄、种族或社会地位等虚假标准，这符合数字世界中人们十分关注的才能的概念。
- 受科技决定论影响，黑客认为计算机不仅可以改善生活，而且可以产生优美和符合审美标准的东西。黑客是一种艺术。

黑客伦理的伟大之处在于他们极重视自由，这与黑客遭受的曲解大相径庭——他们被认为是蓄意破坏计算机系统，并散播病毒的剽窃者，其实有这些行为的人应被称为捣乱者。我们有必要强调黑客文化的如下特点：它是由才能卓越的人组成的贵族群体，才能是其核心价值，即通过个人能力赢得声誉，获得认可。

由协作产生的互联网，产生了另一个重要影响，即网络管理，特别是对其技术标准的管理，不是由国家或公司决定的，而是由一个开放和自治的集体决定的。发明互联网的人同时也是定义互联网组织方式的人。20世纪80年代见证了多个集体机构的诞生。今天，这些机构还在定义着数字世界的技术发展。鲜为人知的是它们如今构成了互联网监管的核心。以下是三个主要机构：

● 互联网工程任务组是名副其实的属于互联网先驱和工程师的社区。今天，它由互联网协会这一非营利组织管理，负责管理基础设施和网络的底层结构。该机构是 RFC 文件的设计者。

● 互联网名称与数字地址分配机构（Internet Corporation for Assigned Names and Numbers，ICANN）在域名（如 ".fr" ".com" ".net"）管理方面起决定作用，并负责处理与网址有关的纠纷。它是一个非营利机构，为公共利益服务。它扮演着重要的政治角色，因为它有权关闭整个国家的互联网。ICANN 的治理是国际组织内被长期争论的话题，这些争论导致美国对 ICANN 的法律监督权在 2016 年被取消。

● 万维网联盟（World Wide Web Consortium，W3C）是由网络之父伯纳斯-李创建的联盟，负责处理网络的上层结构，特别是超文本标记语言（hypertext markup language，HTML）的技术标准规范，我们将在第二章讨论 HTML。作为定义网络标准的机构，W3C 建立了透明的治理程序，并采用协商一致的决策方式。今天，它面临着重要的经济问题，特别是因为主要的网络参与者（谷歌、脸书、微软等）可以避开 W3C 的国际标准化程序，强行设立标准。

这些技术联盟向所有人开放，无论是个人、协会还是公司。虽然协商一致制定决策是这些机构治理的基础，但实际上，只有那些能力卓越的人才能发出自己的声音。有些机构的自主性受到质疑，有时甚至受损：例如，尽管美国对 ICANN 的托管中止了，但美国仍被怀疑对 ICANN 施压。大型互联网公司的影响力如此之大，以至于 W3C 的决策必须始终将它们的影响考虑在内，这造成了很多争议。也许 IETF 是最忠实于先锋精神的机构。通过互联网协会，它继续践行以下理念：政府或公司不享有定义互联网这一集体基础设施的特权，它是工程界的特权。

【看·听·读】

● 关于黑客文化的诞生和发展，可以阅读：Steven Levy, *L'Éthique des hackers*, Paris, Globe, 2013 [*Hackers: Heroes of the Computer Revolution*, Garden City(N. Y.), Doubleday, 1984].

● 自由软件之父里查德·斯托曼（Richard Stallman）是一个奇特的、富有魅力又喜欢挑衅的人，他在自由软件社群备受崇拜。可以观看他的 TED 演讲：Richard Stallman, «Free Software, Free Society: Richard Stallman at TEDxGeneva 2014», https://www.youtube.com/watch?v=Ag1AKIl_2GM&t=4s

这本传记也能帮助读者深入了解里查德·斯托曼的思想：Sam Williams, *Richard Stallman et la revolution du logiciel libre*, Paris, Eyrolles, 2013 [*Free as in Freedom. Richard Stallman Crusade for Free Software*, Newton (Mass.), O'Reilly Media, 2002].

● 关于互联网发明时期学者的合作，可参见：Patrice Flichy, *L'Imaginaire d'internet* Paris La Découverte, 2001.

● 关于互联网治理，有两本重要的书。比较通识的一本把互联网监管放在政府监管其他通信网络（电话、广播、电视）的大背景下进行考察：Jack L. Goldsmith et Tim Wu, *Who Controls the Internet? Illusions of a Borderless World*, Oxford: Oxford University Press, 2006. 另一本书偏技术性，重点关注互联网治理机构（如 IETF、ICANN）：Laura DeNardis, *The Global War for*

第一章　互联网家谱学

Internet Governance, New Haven(Conn.), Yale University Press, 2014.

● 这本书分析了互联网监管的权力问题，提出了"谁统治互联网？"的问题：Pierre Mounier, *Qui dirige Internet?* Pierre Mounier, Les Maîtres du réseau: les enjeux politiques d'internet, Paris, La Découverte, 2002.

● 这本歌颂海盗文化的书影响力不大，它赞美小社群内部发生的逃跑、流放和自我重塑。这些小社群就像海盗盘踞的那些小岛（temporary autonomous zone，TAZ，意为临时自治区）。该书激发了对黑客的想象，激发了对包括扎吉德运动在内的许多当代社会运动的想象：Hakim Bey, *TAZ*, Paris, Éditions de l'Éclat, 1992.

● 这本书收录了有关黑客文化和自由分享知识的奠基性文章：Florent Latrive et Olivier Bondeau, *Libres enfants du savoir numérique*, Paris, Éclat, 2000.

而接下来这本书完整分析了网络表达形式：Olivier Blondeau, avec Laurence Allard, *Devenir Média. L'activisme sur internet, entre défection et experimentation*, Paris, Éditions Amsterdam, 2007.

数字文化的嬉皮士起源

1968年12月9日见证了计算机历史上的一个传奇事件。那一天，在斯坦福研究所（Stanford Research Institute，SRI）[①]，增强研究中心实验室的主任兼创始人正在做"示范"，被示范的是oN-Line-System（NLS）。

做示范的这个人是道格拉斯·恩格尔巴特，他是个有远见的

[①] 该研究所坐落在斯坦福大学内部，而斯坦福大学后来成为硅谷生态圈的智力引擎。

人，他的这场示范后被称为"一切示范之母"（见图1-9）。"示范"代表发明家向世界展示其发明的那个魔幻时刻，发明家努力使人们相信，他借助零碎的电线使之神奇运转起来的东西是稳健的，是可以投入使用的。

图1-9 一切示范之母

1968年12月9日，道格拉斯·恩格尔巴特演示了位于不同地点的两台计算机如何开展文件合作。同时，他首次演示了计算机鼠标的使用（右），也开始使用日后被人们称为超文本链接的东西。

和ARPA-IPTO的负责人约瑟夫·利克莱德一样，道格拉斯·恩格尔巴特将新兴信息技术设想为一种能增强人类能力的假肢。在同一时期，约翰·麦卡锡（John McCarthy）正在斯坦福大学的另一个实验室开发人工智能项目（我们将在第六章讨论它）。与麦卡锡相反，恩格尔巴特并不想设计智能的机器，而是想借助机器使人类更加智能。恩格尔巴特认为，借助计算机的记忆力、信息传递能力以及集成电路的计算能力，计算机可以通过使用简单的对话界面，同时增强个人、组织和集体的智慧。

这里的核心思想是"增强"。恩格尔巴特的实验室，即增强研究中心，也以此得名。从某种意义上说，增强是整个数字技术历史的根本。当然，"赋权"这个词在今天比"增强"更受欢迎，但二者遵循的原则相同：技术工具使知识、交流和合作成为可能。技术工具使个人获得行动的力量，这种力量有特殊的政治意义：技术使个体更有自主性，把他们从20世纪60年代福特社会异常沉重的社会约束中解放出来，使地理意义上的距离被推倒。恩格尔巴特在其1968年著名的示范中提出的正是以上这个愿景。该愿景完美浓缩了那些将在未来十年影响个人计算机发展的技术创新成果。起初，它只是计算机远程连接的首次示范。当时只有旧金山的两个研究中心被连接起来。到了第二年，斯坦福大学、犹他大学和加利福尼亚大学洛杉矶分校之间首次实现了网络连接。恩格尔巴特的示范还展示了第一个用户可操纵的图形界面：他操纵计算机鼠标以改变窗口大小或在远程机器的屏幕上书写。他还示范了协同工作（在同一文件上一起写作）、视频会议和超文本链接——所有这些想法都是在斯坦福研究所孵化出来的。

2018年时，人们庆祝恩格尔巴特示范50周年。这个示范一直很有名气，因为它蕴含了当时一些新概念的雏形：人与屏幕乃至人与人通过积极的、图像式的交互方式开展互动。斯坦福研究所开发的系统不是简单地将机器相连，而是通过技术把远程的人连接起来。那时个人计算机的历史才刚刚开始。今天，这一历史仍在继续，其标志之一就是触屏智能手机越来越多，它们融合了用户的动作和性格。

一个叫斯图尔特·布兰德（Stewart Brand）的人对"一切示范之母"的展示过程拍了录像，这个视频现在还能在YouTube上看到。通过为布兰德这个令人着迷的人物作传，历史学家弗雷德·特纳（Fred Turner）在《数字乌托邦》一书中讲述了个人电脑、互联网和硅谷精神的整个历史，该书是关于数字文化起源最具启发意义的著作之一。当斯图尔特·布兰德不在恩格尔巴特实验室上班的时候，他热衷于参加嬉皮士运动，后者是在 1967 年旧金山的"爱之夏"风潮中诞生的。尽管嬉皮士反对 60 年代的封闭社会，但他们与当时的左派团体不同，他们并不寻求组织政治运动。他们的目标是改变公民个人，改变生存模式，释放人的主体性。他们想"在不夺取权力的情况下改变社会"——可以说这句口号揭示了未来互联网政治文化的大部分主张。这种新文化最明显的表现之一在于创建社群（社群可以被理解为以真实性和平等性为价值基础的小微社会），以摆脱使人产生异化的家庭、大学和工作场所。20 世纪 70 年代初，有 75 万美国年轻人选择来到美国东海岸加利福尼亚州的森林和嬉皮士营地，在流浪的社群中生活。

当时有很多社群纷纷在旧金山周边成立，斯图尔特·布兰德是其中一个社群的主要组织者之一。他创建了一个特别的东西，即《完整地球目录》（见图 1-10）。1968 年至 1972 年间，该书每年出版一次，收录了很多新奇的东西、奇思妙想，以及一些窍门。该目录绝非名不见经传的小出版物，1971 年时它的发行量达到了 100 万，那一年《完整地球目录》还获得了美国国家图书奖的殊荣。

《完整地球目录》是美国反主流文化中一件迷人的艺术品，它常被认为以书面的形式预示了先锋互联网的到来。它由各种不同的条目拼凑而成：科学书籍的摘要，生活指南，素食烹饪食谱，印度教、佛教或新时代神秘主义者的年鉴，DIY 技术目录，环保建议，等等。所有条目都源自读者，其他读者在下一版中对上一版的条目进行评论。该书反映了嬉皮士社群关切的主题，但斯图尔特·布兰德也在其中加入了很多有关科学、技术和理论的内容。这本书堪称嬉皮士们的圣经，非常值得一看，因为令人惊讶的是，正是在它的书页中，有关个人电脑这项新技术发明的想法出现了，并且引发了讨论和联想。

图 1-10 嬉皮士们的圣经

1969年出版的《完整地球目录》的封面和内页。该书通常被认为以纸质方式宣告了先锋互联网的到来。

当时，只有企业和大学里的研究中心才能使用大型计算机，也称主机。数字设备公司当时是一家地位显赫的计算机公司，其总裁甚至宣称，他认为没有任何理由让计算机进入美国家庭。

就在那时，计算机的创新之路出现了一个决定性转折。当时反主流文化群体对业界提出了一个十分前卫的要求：计算机应该是个人的，每个人都应该能制造它，修补它，为它编程。嬉皮士们并不敌视技术，他们的敌人是"技性科学观"（是指权力和科学的联盟，它之前导致了原子弹的产生）。但嬉皮士们相信，科学和技术必须为个体服务,作为可以增强公民能力的资源,科学和技术必须被个性化,被探索,被利用起来。他们的座右铭"自己动手"也将把业余爱好者、朋克和所有现在被称为创客的人聚集在一起。

这正是当时在旧金山郊区的门罗帕克发生的事情,门罗帕克市毗邻斯坦福大学,它当时形成了一个生态系统,汇集了反主流文化的黑客、来自像恩格尔巴特实验室等的工程师、极客群体——总之,是一群自称"业余爱好者"的人。他们成立了多个制造计算机的俱乐部——这些俱乐部用今天的术语说就是 fablabs。其中最著名的是"自产自用计算机俱乐部",其目标是为普通人制造一台计算机。另一家俱乐部名叫"人民计算机俱乐部",它的目标也是如此。比尔·盖茨当时是"自产自用计算机俱乐部"的成员。最重要的是,名叫史蒂夫·沃兹尼亚克(Steve Wozniak)和史蒂夫·乔布斯(Steve Jobs)的两个年轻人正是来此俱乐部介绍第一台苹果个人电脑的。在这两个史蒂夫中,沃兹尼亚克是名副其实的黑客,而乔布斯"只是"推销员。然而,正是乔布斯完美地实现了反主流文化和计算机的结合。他在印度进行了为期 7 个月的入会旅行,回来后住在一个社区里,在那里他体验了一把 LSD 致幻剂,他说这是他生命中最重要的一次体验。面对各电脑俱乐部欣欣向荣的场景,乔布斯理解了恩格尔巴特的增强项目的意义,并把它变成苹果电脑的广告语:"电脑是心灵的自行车"。

20 世纪 70 年代中期,在旧金山周边的小地区,即现在的硅谷,起源于业余计算机俱乐部的反主流文化异常兴盛。控制论的预言、交互界面,以及嬉皮士的遐想,一个共同的想法将这些迥然不同的

第一章 互联网家谱学

事物贯通起来，那就是用计算机技术增强人们的智力。

道格拉斯·恩格尔巴特希望通过联网的计算机增强人类的能力。嬉皮士们希望解放个人，把他们从泰勒化工作和专制家庭的约束性规范中解放出来，把他们从越南的帝国主义战争中解放出来。个人电脑将成为这两种设想的交汇点，例如，恩格尔巴特和嬉皮士们都强调电脑应用于增强个人，而不是国家或企业。

个人计算机在 20 世纪 70 年代中期开始起飞。道格拉斯·恩格尔巴特的实验室影响了整个地区。斯坦福研究所最优秀的工程师把他们的想法带到同样位于门罗帕克的施乐帕克（Xerox Park）研究中心。1973 年，施乐帕克研究中心见证了世界上最早具有图形界面的个人电脑之一 Alto 的诞生。不久之后，史蒂夫·乔布斯去施乐帕克参观，学到了许多新想法，使他能够在 1984 年推出第一台 Macintosh，正是这个商业系列使苹果大获成功。曾执导过电影《异形》和《银翼杀手》的导演雷德利·斯科特（Ridley Scott）拍摄了推出 Macintosh 时的商业广告片。在这部广告片中，Macintosh 自始至终都没有出现，相反，广告片描绘了一个奥威尔式的反乌托邦世界。一群人在听独裁者讲话，他们无精打采，动作划一，独裁者的形象出现在屏幕上。当他宣称"我们将统治一切"时，一个年轻的运动员向屏幕扔了一把锤子。然后广告片里有声音自豪地宣布："你们将明白为什么我们的 1984 年不会像《1984》（小说）那样。"公民个人终于有了一种武器，可以把自己从强权的桎梏中解放出来，表达自己的独特性。如果个人电脑能给个人赋权，那么连接了互联网的电脑将做得更好：它们将给社群赋权。

【看·听·读】

● 道格拉斯·恩格尔巴特于 1968 年 12 月 9 日在斯坦福研究所开展的 "一切示范之母"研究可参见：https：//www.youtube.com/watch?v=yJDv-zdhzMY

● 恩格尔巴特的这篇文章将计算机的程序文本视为一种能力的"增强"：Doug Engelbart, «Augmenting Human Intellect: A Conceptual Framework», octobre 1962, http://www.dougengelbart.org/pubs/augment-3906.html

● 这部纪录片讲述了个人计算机诞生的传奇故事："History of Personal Computers»(77′), https://www.youtube.com/watch?v=AIBr-kPgYu

● 这本书是斯坦福大学传媒史教授弗雷德·特纳的重要著作，它还原了引领个人电脑发展的先驱们的文化和政治价值，是对 20 世纪 90 年代先驱文化向市场转型的最贴切的分析之一：Fred Turner, *From Counterculture to Cyberculture: Steward Brand, the Whole Earth Network, and the Rise of Digital Utopianism*, Chicago(Ill), University of Chicago Press, 2006.

● 以下几本书是由记者撰写的，资料翔实，讲述了 20 世纪 70 年代个人电脑的发展历程，以及个人电脑与反主流文化浪潮的联系：John Markoff, *What the Dormouse Said: How the 60s Counter-culture Shaped the Personal Computer Industry*, New York(N.Y.), Penguin, 2005. Katie Hafneret Matthew Lyon, *Where Wizards Stay up Late: The Origins of the Internet*, New York(N.Y.), Simon &. Shuster, 1999. Michael Hiltzik, *Dealers of Lightning: Xerox Parc and the Dawn of Computer Age*, New York(N.Y.), HarperCollins, 1999.

● 这本关于电脑历史的参考书很全面，也很详细：Paul Ceruzzi, *A History of Modern Computing*, Cambridge(Mass.), The MIT Press, 1998.

● 这本关于道格拉斯·恩格尔巴特的书比较复杂，偏理论性，但令人着迷：Thierry Bardini, *Bootstrapping: Douglas Engelbart, Coevolution and the*

第一章　互联网家谱学

Origins of Personal Computing, Redwood City (Calif.), Stanford University Press, 2000.

最早的网络社群

20世纪60年代初新的去中心化网络的基础被奠定，60年代末第一批电脑联网已经实现，漫长而动荡的互联网历史就开始了。

首先，让我们回顾一下科技史上的这条重要公理：在任何创新过程中，技术和社会的共同演进会通过不同的路径实现，这些路径有可能和"社会技术"体系不同。例如，虽然电信运营商的集中式管理似乎更简单、更有效，但去中心化的通信网络最后占了上风。我们需要理解的是，一项创新从来不会仅仅因为技术实体需要它就被人接受。它之所以被接受，也是因为它成功地将当时的社会和文化特质与它的发展联系在一起，这些特质对一项技术创新的成功而言不可或缺，这就是为什么我们把这些特质称为"社会技术"特质。

作为ARPA-IPTO的负责人，约瑟夫·利克莱德对互联网的发展提供了最初的动力。在他之后，计算机科学家罗伯特·泰勒和拉里·罗伯茨开始了一个漫长的过程，获得了多个研究实验室的支持和资助，以构建电脑间的通信网络。这一通信网络逐渐扩大。它延伸出新的节点，并开始变得国际化。在那个时期，工程师、计算机科学家和政府官员之间的讨论十分密切，目的是根据伦纳德·克莱因洛克、保罗·巴兰和唐纳德·戴维斯的最初设想，制定统一的通信协议。

然而，使计算机能真正实现通信的协议在20世纪70年代末时才出现，计算机通信协议TCP/IP直到1983年才得以确立。尽管温顿·瑟夫和罗伯特·卡恩是计算机通信协议的主要设计师，但是，如前所述，计算机通信协议的确立是集体工作的结晶，凝聚了许多其他参与者的智慧。把计算机通信协议最终确立下来的是第1122号《征求意见稿》（RFC 1122）。类似"数字世界中的一切都来得太快"这样的说法是不准确的，因为人们花了整整二十年的时间，起草了数不清的《征求意见稿》，才使去中心化通信网络的想法成为现实。

在网络覆盖范围不断扩大的同时，对网络的使用也在兴起。对互联网的最初使用以及使用它的方式将在很大程度上决定后来互联网的特征，某些人的使用和某些使用方式比另一些人的使用和另一些使用方式更能起到决定性作用。20世纪80年代初，有三个群体开始使用连上互联网的计算机：军队（他们不是最活跃的使用者，他们很谨慎）、发明了互联网的研究所（他们使用互联网很密集，在早期网络上非常活跃），以及一些爱好者、自由主义者、黑客和嬉皮士。那时黑客和嬉皮士们年岁渐长，但仍然满怀用技术解放人类的梦想。

在互联网的传奇历史中，最早的网络社群是20世纪70年代初反主流文化社群的延伸，其中一个社群以斯图尔特·布兰德《完整地球目录》的在线版本"电子连接"（别称The Well）命名。The Well是1985年由布兰德和曾是"养猪场"成员的拉里·布里连特（Larry Brilliant）创建的，"养猪场"的成员们认为他们是一群"思

第一章　互联网家谱学

想上的裸体主义者"。The Well 是一个讨论计算机的论坛，这个论坛最初围绕《完整地球目录》的内容组织活动。记者、电脑开发者、社会活动家、艺术家和各类怪人在这个活泼、喧闹和富有想象力的微小空间聚会。从那时起，互联网有了用户。

早期在论坛上交流信息的做法与今天使用类似 Messenger 这种美观的可触界面完全不同。发明了互联网的工程师们主要光顾的论坛叫 Usenet。它使用起来很复杂，需要使用者具备良好的计算机技能。尽管如此，它还是成了人们谈论各种话题的场所，人们在这里讨论技术、政治、文化、他们自身，以及许多其他主题。The Well 也是一种论坛，或者说电子公告板（bulletin board system, BBS），因为这些讨论界面当时就被称为 BBS。The Well 被认为是第一个虚拟社区，因为其通过生动活泼的讨论，成功地扩大了互联网的受众范围，使其超出了由互联网先驱者们组成的军事、技术和学术圈子。

最后发生了什么呢？20 世纪 70 年代那些反主流文化的社群对个人微型计算机的产生起了决定性的助推作用。然而，他们在争吵、逃避和拉帮结伙的影响下，很快就失去了动力。众望所归的个人解放并没有发生。在大多数社群中，性别主义、家长制、不平等和富有魅惑作用的权威重新出现。许多嬉皮士带着痛苦的挫败感回家了。

关于这个话题，弗雷德·特纳提出了一个大胆但有据可查的假设。在他看来，随着个人电脑的发展和 20 世纪 80 年代初第一批联网电脑的出现，The Well 所象征的那些电子社区就变成了避难所，用来收容 70 年代那些破灭了的希望。确实，那些创立了 The Well

社群并主导其讨论的往往是同一批人。这些人包括斯图尔特·布兰德和加利福尼亚州反主流文化社群之前的成员。他们对这个虚拟世界有同样的关切，即再造社会联结的纽带。嬉皮士们把他们流放和重生的梦想寄托在数字交流中。

"虚拟社群"这个词也是伴随着 The Well 而出现的。利克莱德和泰勒等互联网先驱在他们的某些著作中已经开始使用"虚拟社群"这个词，但它最终在 1987 年被人们熟知，则要归功于一个堪称"万事通"的嬉皮士记者霍华德·莱因戈尔德（Howard Rheingold）。基于他自己在 The Well 社群中的经验，他使用了"虚拟社群"这个词。这个词非常成功，以至于该社群的相关词汇继续渗透到有关互联网政治文化的讨论中。

那么，我们所说的虚拟社群是什么意思？首先，它意味着现实和虚拟之间的分离、割裂。The Well 社群的参与者以他们自由、活泼、幽默和好奇的精神为荣，尽管这些精神特质在网上盛行，但在真正的嬉皮士社区中却无法得到释放。在网上，问题和答案彼此相融，无私、团结和互助的精神影响着所有参与者。早期的互联网社群开创了这种将"线上"与"线下"世界分离的想法，他们认为虚拟世界比现实生活更丰富、更真实、更有意义，而不是像今天的批评家们所指出的那样，虚拟世界一无是处、充满陷阱和危险。他们认为虚拟空间是一个能更好地重塑社会关系的空间。

其次，虚拟社群被认为是一种对世界的完全开放，它颠覆了社会和文化造成的隔阂。互联网先驱们认为，如果现实和虚拟必须被分开，那么正是为了消除人与人之间的差异。网民们可以在虚拟世

第一章 互联网家谱学

界中改变他们的性别、年龄或国籍，可以体验各种各样的身份。虚拟边界被看作重组社会世界，使其更完整、更开放的一种方式。但是，这种愿景仍是乌托邦式的，因为在现实中，The Well 社群的参与者在社会、文化和政治上具有令人难以置信的相似性。他们是白人，住在加利福尼亚州，受过教育，且绝大多数是男性。他们有相同的文化价值观、相同的成长史。他们经常一起体验社区生活，尽管这并不妨碍他们鼓励探究未知事物，隐藏个人社会地位，以在网络世界中转变身份为乐。他们梦想着拥有一个非典型的、去地域化的、开放的社区。这正是联网计算机为他们提供的体验。事后看来，这些美好愿望与社群参与者在社会和文化背景上的相似性之间存在一定的差距。这个差距在很大程度上解释了当时新生的信息和通信社会所具有的意识形态盲目性，特别是当这个新生的社会宣称它将废除文化和社会资源不平等分配所产生的影响时。在现实中，人们很快就会发现，现实世界和虚拟世界之间的界线并不那么牢不可破，互联网用户之间的社会和文化资源的不平等也存在于网络空间。

62

然而，"社群"这个词已经融入关于数字世界的话语体系之中。今天，所有在网络空间活动的群体从不会说他们面向某些公众、客户、观众或某个市场，而总是宣称他们面向一个社群。这项被所有人要求继承的遗产有时并不符合先驱者的自由主义精神，它可能是累赘的。在当时，"社群"一词是指网上自发组织的讨论和协作活动。数字世界当时被视为独立的领土，允许人们在不同的条件下重塑比现实生活中更真实、更平等的社会关系。今天，这种"社群"

63 精神还在鼓舞着网络游戏、开源软件或维基百科上的参与者。然而，随着大型商业平台的兴起和匿名网络的终结，随着网络的大规模使用，以及平台获取用户行为数据的愿望不断加强，要维持现实和虚拟、在线世界和离线世界的分离已经越来越困难。一般来说，与其说社群是想象的和独立的领地，不如说它是普通社会关系在数字世界的延伸。当然，总有例外情况存在，因为网络的多样性是无限的。

【看·听·读】

● 要了解最早的网络社群，可以阅读下面这篇资料翔实且文笔生动的文章，它专门描述了 The Well: Katie Hafner, «The Epic Saga of The Well», *Wired*, 5 janvier 1997, https://www.wired.com/1997/05/ff-well/

另一篇文章则包含了一段采访霍华德·莱茵戈尔德（Howard Rheingold）的视频的文字记录: «What The WELL's Rise and Fall Tell Us About Online Community» (8'10), *The Atlantic*, 6 juillet 2012, https://www.theatlantic.com/technology/archive/2012/07/what-the-wells-rise-and-fall-tell-us-about-online-community/259504/

● 这篇文章是关于"网络社群"概念的奠基性文章之一: Barry Wellman et Milena Gulia, «Net surfers don't ride alone: Virtual communities as communities», dans Barry Wellman. (ed.), *Networks in the Global Village*, Boulder (Colo.), WestviewNetworks, 1999.

● 关于"虚拟社群"的最早的经验总结以及霍华德·莱茵戈尔德对这一概念的定义可参见: Howard Rheingold, *The Virtual Community: Homesteading on the Electronic Frontier*, 1993, http://www.rheingold.com/vc/book/int

第一章　互联网家谱学

ro. html

- 关于"虚拟社群"概念的演变史，可参见：Guillaume Latzkho-Toht et Serge Proulx, «Le Virtuel au pluriel. Cartographie d'une notion ambiguë», dans Serge Proulx, Louise Poissant et Michel Sénécal (dir.), *Communautés virtuelles. Penser et agir en réseau*, Québec, Presses de l'Université Laval, 2006, p. 57 - 76.

- 当下面这本文集出版时，网络社群是研究数字世界的学者热衷研究的话题：Marc A. Smith et Peter Kollock(eds), *Communities in Cyberspace*, Londres, Routledge, 1999. 特别推荐阅读朱迪斯·多纳瑟（Judith Donath）、伊丽莎白·瑞德（Elizabeth Reid）、马克·A. 史密斯（Marc A. Smith）和彼得·凯洛格（Peter Kollock）撰写的章节。

- 这本书全面而详细，它将互联网的发展历程与信息自由主义的价值观紧密结合，讨论互联网的灰色地带：Benjamin Loveluck, *Réseaux, libertés et contrôle. Une généalogie politique d'internet*, Paris, Armand Colin, 2015.

- "虚拟"一词含义众多，有时甚至互相矛盾，它的含义包括虚构、人工、想象、欺骗性、非物质、不真实、难以捉摸、不可见、神秘等，要分析其各种含义，请参见：Marcello Vitali-Rosati, *S'orienter dans le virtuel*, Paris, Hermann, 2012.

- 这本书是关于数字世界地理的一本很好的入门书，可以弥补本书的不足：Boris Beaude, *Internet, changer l'espace, changer la société*, Paris, FYP Éditions, 2012.

互联网先驱留下的政治教训

互联网的发展历程告诉了我们什么呢？我们可以认为互联网先

驱的时代在 1996 年 2 月 8 日这一天落下帷幕，尽管对这个日期的选择有可能不准确。然而，1996 年又恰好是大众网络开始发展的一年。正如我们将在第二章中看到的那样，网络的出现与互联网的出现是两个不同的故事。

1996 年 2 月 8 日这天，约翰·佩里·巴洛在达沃斯发表演讲，他的演讲同被载入史册的宪法一样重要。这篇题为"网络空间独立宣言"的演讲让人不禁联想到西方征服者的姿态。巴洛是互联网历史上的标志性人物之一：他是加利福尼亚州著名摇滚乐队"感恩死亡"的作词人。20 世纪 70 年代初他曾生活在嬉皮士社群，是 The Well 社群的积极成员，创立了电子前沿基金会（Electronic Frontier Foundation，EFF），该基金会以捍卫网民自由为己任，直到今天依然在美国社会中保卫互联网先驱们的价值观。2018 年 2 月，当巴洛去世时，许多评论家感慨万千，他们意识到，互联网历史中旧的一页已经翻过去了，新的时代被斯诺登事件、脸书的集中垄断、算法管理和市场合理化等新现象填满。

约翰·佩里·巴洛在 1996 年说了什么？他说他来自一个不同的世界，这个世界不为国家元首和公司高管（他那天的听众就是这些人）所熟知。借用那个时代的表述，国家元首和公司高管是"实体世界"的主人，这个实体世界包含着各类机构、工厂和产品。他郑重地解释说，他来自一个非物质的世界，即网络社群。一群背景各异的人们创造并征服了这个世界，他们是网络群体、工程师、技术开发人员、黑客、嬉皮士和业余爱好者。这块自由的领土只属于它的创造者，他们为这块领土制造出工具。他们无须参考市场或国家规则，为这块领土定义了属于它自己的规则。

巴洛的意图十分明确：他要求人们不要妄想对这个新的、非物质的空间强加规则，因为这些规则对这个空间而言并不适用。他坚持认为数字世界自己发明了自己，尽管他这么说表明他有些健忘。当时，为保护知识产权、打击网络盗版，美国国会正准备干预网络，而巴洛不希望网络被市场和国家的烦琐规定约束。之后，我们将解释这种对数字世界激进的、脱离实际的想法有哪些幼稚和错误的地方：这种想法认为数字世界是一个独立的世界，是一个虚拟的流放地。首先，我们来了解一下催生了这个乌托邦式想法的政治计划，因为它在某种程度上是互联网先驱们的遗产。这个政治计划可以被概括为五点：

● 互联网首先是个人的事情。面对20世纪60年代封闭社会的守旧主义，互联网的出现使人们看到了个体解放的希望。互联网是把权力和自由归还给人们的工具。

● 然而，这种个人主义不应该被理解为自我封闭，它并非一种个人的自私行为。相反，互联网重视社群，重视交流，人们可以自行选择社群，而不是将自己封闭在家庭、工作、政党或宗教等象征个人归属或社会地位的圈子里。通过随意变更自己的身份、使用与自己的性格或多或少吻合的头像，人们可以与现实生活拉开一段距离。在匿名化的掩盖下，人们可以释放自己的表达能力，不必总是扮演社会指定的角色，可以更自由地选择自己希望加入的社区。今天备受谴责的网络匿名在当时被互联网先驱们视为解放的工具。

● 社会变革是通过彼此互联的个人发生的，而不是通过中央、政治机构、政党或国家的决定而发生的。社会运动先驱们"不夺取政权,但要改变社会"的口号鼓舞了 21 世纪头十年的许多社会运动。数字文化的政治内涵基于以下想法:彼此相连的互联网用户,即连接了互联网的个人,可以像传统政治机构一样改变社会,甚至可以比这些机构更容易、更好地改变社会。

● 虽然互联网先驱们对国家和政治机构存在不信任和敌意,但他们对市场的不信任要少得多,他们后来的发展历程证实了这一点。在 20 世纪 90 年代,自由主义文化和市场经济的价值观走到了一起:这种意外的结合产生了一种新的资本主义形式。今天的 GAFA(它是谷歌、苹果、脸书和亚马逊四大巨头的缩写,有时在包括微软的情况下扩展为 GAFAM)和平台经济〔优步(Uber)、Airbnb 等〕是这种新资本主义形式的典型代表。许多互联网先驱在 20 世纪 80 年代和 90 年代毫不犹豫地创建了公司,其中一些人在经济问题上的立场十分自由。例如斯图尔特·布兰德和埃丝特·戴森(Esther Dyson)支持罗纳德·里根(Ronald Reagan)的去监管政策。数字文化在自由主义价值观和市场之间不断摇摆,这解释了为什么现在硅谷一些大亨仍表现出明显的自由主义意识形态。

● 技术被赋予了可以变革社会的神奇力量。数字创新被认为可以推翻等级制,使传统机构失灵,并撼动传统的社会秩序。技术真正被认为是政治行动的工具。硅谷公司成为一种象征,象征着数字技术成了一种拯救的力量。依靠社交网络、大数据、移动应用、算法和人工智能等技术可以解决世界上的难题。人们从来没有像今天

第一章 互联网家谱学

这样坚定地认可这个想法。

互联网先驱们的价值观培育了硅谷的特有精神,它将创造力、技术和创业精神融合在一起。尽管遍布美国各地的多所大学都对互联网的发明做出了贡献,但这种创新性集中汇聚在一个较小的范围内,那就是连接旧金山和圣何塞的70公里长的埃尔卡米诺高速公路。美国记者唐·赫夫勒(Don Hoefler)在其1971年发表的一篇文章中,首次把这个地方称为"硅谷"。当时,旧金山地区已经是广播、航空和计算机技术等许多工业企业的所在地。正是在这里,成立于1957年的仙童半导体公司发明了微处理器(硅是其原材料之一),该公司于1968年改名为英特尔公司。硅谷独特生态系统的形成得益于斯坦福大学和加利福尼亚大学伯克利分校,这两所大学是硅谷的心脏,在硅谷生态圈中,科研、创业和鼓励创新的风险资本系统之间彼此高度渗透。从那以后,世界上的许多大都市都试图创建自己的"谷",希望在其中复制这种建立在新技术基础上的经济发展模式,但并没有取得同样的成功。

这段时期到底发生了什么呢?是什么因素极大地改变了我们社会的轨迹,使其进入数字时代?在当代社会学的重要著作《资本主义的新精神》中,吕克·博尔坦斯基(Luc Boltanski)和夏娃·希亚佩洛(Eve Chiapello)认为,20世纪60年代末出现的反主流文化标志着工业资本主义向网络资本主义和经济金融化的过渡。当时所有西方国家都经历了一场严峻的社会危机,各国的生产力不断下降,资本和劳动的配置遭到质疑,罢工和青年抗议活动此起彼伏。在博尔坦斯基和希亚佩洛看来,20世纪70年代的抗议活动包含了对社会的两种批判：一种是"社会"意义上的批判，关注的核心问题是不平等和社会正义；另一种是"艺术"意义上的批判，抗议者提倡社会关系的真实性和个人价值的实现。资本主义无法满足第一种需求，即经济和社会需求。相反，它可以满足第二种需求，途径就是把公民对自主性和创造性的渴望融入公司的管理模式之中。

这正是反主流文化在孕育硅谷商业模式方面所做的贡献，它也许是20世纪90年代以来西方经济体在生产、组织管理和社会生活转型方面的最先进的例子。硅谷初创企业迅速把经济成功与"酷炫"和"个人自主性"等概念联结在一起。公司的等级制度被削弱，给予员工更多的独立性和表达个人创造力的自由。创造力被看成一种认知资本，成为价值生产的来源。工作不再被视为一种由外部强加的、以获取工资为目的的约束，而是成为一种内在动力，成为人的兴趣。生活不再是无聊的日常，人们把生活梦想成集体的、能使人实现自身价值的计划。社会鼓励公民表达和展示自己，以显示他们的独特性，而不是主张低调。

数字世界激动人心，且充满创造性。在这个看上去似乎有些不真实的世界背后，隐藏着更重要的社会学意义上的变化：重视人的个性化；宣扬机会平等，重视个人才能；文化资本增加；对传统的社会交往形式和身份认同形式失去信心，更喜欢自由选择要归属的群体；借助互联设备，人们的体验不断加快并叠加；等等。在促成这些变化的众多因素中，互联网只是其中一个，但数字技术为这些变化的发生提供了一个特别合适的基础设施。

第一章　互联网家谱学

每年 8 月底在内华达州黑岩沙漠举行的"火人节"①，很长时间以来一直不被关注，它低调得就像加利福尼亚州嬉皮士文化彗星的尾巴。如今，尽管它广为人知，但它仍然是象征着反主流文化、创造力和数字创新交融的一个符号。大量年轻的硅谷高管出现在火人节，引人注目。谷歌创始人拉里·佩奇（Larry Page）和谢尔盖·布林（Sergey Brin）仍然经常光顾火人节，尽管他们住在一个有空调的帐篷里。火人节也是数字乌托邦的象征，是加利福尼亚州高科技公司的员工发泄的地方：他们施展创造性，他们重塑社会关系，他们沉浸在一个世外桃源般的奇境中，在离开之前，他们将自己的作品烧毁。这种矛盾性是数字文化的典型特征：既富有创造性又充满商业气息，既是小社群的又是全球性的，既有强烈的表现力又带点卖弄色彩，既是开放的又是不平等的。这表明互联网先驱们不仅留下了关于网络的乌托邦世界，而且遗留下一系列自相矛盾的东西。当互联网这个最初只有少数人使用的工具成为一个全球性的、规模庞大的网络时，这些自相矛盾的东西就公开表现了出来。

【看·听·读】

● 约翰·佩里·巴洛里程碑式的宣言可参见：John Perry Barlow, «Déclaration d'indépendance du cyber espace»［«A Declaration of the Independance of Cyberspace»］, 2006, https://www.eff.org/cyberspace-independence

---

① 1989 年以来，每年 8 月的最后一个星期，成千上万的人来到内华达州的黑岩沙漠，参加火人节，他们一起创造了一个转瞬即逝的、富有个性和艺术创造性的地方。这个节日以点燃一个巨大的木制人像结束，以此得名"火人"。

● 这个短视频讲述了硅谷的历史，以及硅谷和技术创新之间的长期关系（3′54）：http://www.businessinsider.com/silicon-valley-history-technology-industry-animated-timeline-video-2017-5?IR=T

● 关于硅谷的悠久历史可参见：Arun Rao, *A History of Silicon Valley. The Greatest Creation of Wealth in the History of the Planet*, Omniware, 2013；Christophe Lécuyer, *Making Silicon Valley. Innovation and the Growth of High Tech*, 1930—1970, Cambridge(Mass.), The MIT Press, 2005.

在诸多关于硅谷的书中，下面这本书以作者的大量访谈资料为基础。它分析了在旧金山地区128号公路沿线设立的公司如何发展出了一种去中心化的合作模式，这在美国的其他城市（如纽约和波士顿）可能是不会发生的事情：Anna Lee Saxenian, *Regional Advantage:Culture and Competition in Silicon Valley and Route* 128, Cambridge(Mass.), Harvard University Press, 1996.

● 嬉皮士和黑客们如何成功创造了高科技资本主义帝国？这就是下面这本书要讲述的故事：Rémi Durand, *L'Évangélisme technologique. De la révolte hippie au capitalisme high-tech de la Silicon Valley,* Paris, FYP Éditions, 2018.

● 关于反主流文化和当代硅谷精神之间的联系，可参见：Fred Turner, «Burning Man at Google:A Cultural Infrastructure for New Media Production», *New Media & Society*, 11(1-2), avril 2009, p. 145-166.

弗雷德·特纳对这个问题的解释可参见：Dominique Cardon, «Les origines hippies de la révolution digitale», préface, dans Fred Turner, *Aux sources de l'utopie numérique. De la contre-culture à la cyberculture, Stewart Brand un homme d'influence*, Caen, C&F Éditions, 2012, https://cfeditions.com/utopieNumerique/ressources/utopieNumerique_Specimen.pdf

● 这是一本很重要的社会学著作，可以帮助读者了解20世纪60年代经济危机以来资本主义的转变：Luc Boltanski et Ève Chiapello, *Le Nouvel Esprit*

第一章　互联网家谱学

du capitalism, Paris, Gallimard, 1999.

● 这两本书讲述了硅谷如何影响了当下人们对工作、生活方式和创造力的认识：Steven Kotler, Jamie Wheal, *Stealing Fire: How Silicon Valley, the Navy Seals and Maverick Scientist are Revolutionizing the Way We Live and Work*, New York(N. Y.), Dey Street Books, 2017; Olivier Alexandre, «Burning Man, l'esprit de la Silicon Valley. Unfestival libertaire devenu libéral», *La Revue du crieur*, 11, octobre 2018, p. 86 - 107.

● 这篇文章主要分析 Usenet。Usenet 是个网络社群，在互联网历史进程中发挥了重要作用：Camille Paloque Berges:«La mémoire culturelle d'internet: le folklore de Usenet», *Le Temps des médias*, 18, mai 2012, p. 11 - 123.

● 当然，硅谷并不是唯一的，在每个大洲，在每种文化背景下，数字创新的用途和形式多种多样，这正是下面这本书所要传达的信息：Frédéric Martel, *Smart, Enquête sur les internets*, Paris, Stock, 2014.

第二章

公共财富：网络

到了这个阶段,互联网已经被发明出来,但网络还没有诞生。网络(这个词源于英语 web,意为"网")是一个由各种链接组成的网,这些链接在不同网站的页面之间建立了道路。网络的基本特征是超文本链接。现在我们已经习惯于点击那些出现在我们屏幕上的显示为蓝色的文字序列,然后从一个文件切换到另一个文件,以至于我们不再考虑这种导航方法的原创性。然而,当它被发明的时候,在文件之间建立链接的想法看上去是一种非常糟糕的分类方法。一直以来,图书管理员的做法是将文件分门别类地摆放,然后再把这些类别放置在更大的类别中,以此类推。如果档案柜设计良好,人们就会知道在哪个抽屉里能找到正确的文件。例如,根据分类的等级,《傲慢与偏见》是一部(1)小说,(2)用英语写成,(3)出现在 19 世纪,(4)作者是简·奥斯汀。

超文本链接则象征着一种完全不同的概念,它是去中心化的。正如电信的集中式网络和阿帕网的去中心化网络之间的对立一样,在网络诞生的过程中,出现了两种互相对立的文件排序方式。有了网络,我们不再需要把信息放在正确的抽屉里——其实当我们把文件储存在硬盘上的文件夹里时,我们仍然在把信息放在正确的抽屉里。有了网络,我们可以省去归档工作,而是为用户提供手段,使他们通过使用文件之间的链接,可以从一个文件导航到另一个文件。对文件的分类不再由上层结构决定,也不再由全知全能的图书管理员设计。相反,每个文件的作者自己决定哪些文件能和自己的文件做邻居。互联网用户只需要从一个页面跳转到另一个页面,就可以知道文本之间通过链接所交换的想法。文件本身,也就是文的作者，决定了文件的分类。从这个意义上说，网络继承了互联网的自由主义精神。

创建网站的每个网民都获得了一种权力，他们可以按照自身意愿，把自己的网站与其他网站链接起来。这种权力是网络群体自治的源泉，是自下而上创新驱动力的源泉，是那些生产共同物品的网民社群团结互助的源泉，是集体智慧的源泉——简而言之，是网络根本价值的源泉。

蒂姆·伯纳斯-李和超文本链接的发明

网络并非诞生于美国，而是诞生在瑞士的欧洲核子研究中心。1989年，在那里担任计算机科学家的蒂姆·伯纳斯-李向他的领导提出了一个文件分类系统（见图2-1）。他在第二年开始与比利时计算机科学家罗伯特·卡里奥（Robert Cailliau）一起开发这个系统。

伯纳斯-李设想文件都有一个地址，以便从一个文件导航到另一个文件。这个地址被称为URL，即统一资源定位器（uniform resource locator）。有了这个简单而优雅的链接系统——我们将称之为"超文本"——就没有必要再想方设法知道哪些文件放在哪些抽屉和文件夹里了。机器失去了其用途，人们不再需要与它们对话。由于有了蓝色的小链接，文件之间可以直接对话。这改变了一切。

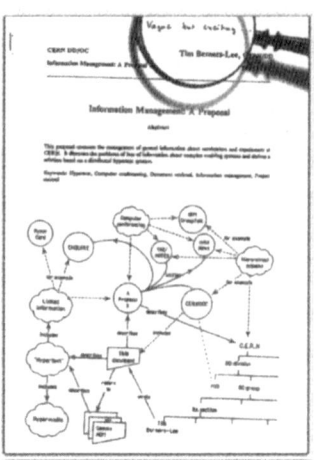

图 2-1 网络的起源

1989 年的蒂姆·伯纳斯-李，以及他提出的以万维网格式组织数字文件的原始文件。迈克·森德尔（Mike Sendall）是伯纳斯-李在欧洲核子研究中心的领导。他在文件上潦草地写道："模糊但令人兴奋"。

这个想法由来已久。网络历史学家将这个想法的起源追溯到一位令人着迷的、富有远见的人，即比利时发明家保罗·奥特莱（Paul Otlet）。亨利·拉方丹（Henri La Fontaine）是奥特莱的同胞，他是一位富有的社会主义参议员，后来还获得了诺贝尔和平奖。20 世纪初，二人开始投身于曼达纽姆（Mundaneum）这项宏伟的乌托邦计划之中。他们的宏伟目标是创建一个汇集了所有知识的通用图书馆。他们对知识的分类原则不同于元数据分类原则（元数据就是用来定义分类对象的那些信息，如作者姓名、出版日期、流派等）。对保罗·奥特莱来说，分类不应从文件外部进行，而应从内部出发，从其内容本身进行。

二人在布鲁塞尔建造了世界曼达纽姆宫。在曼达纽姆宫中，奥

第二章 公共财富：网络

特莱和拉方丹委托文献学家将书籍的观点总结到一张张卡片上，然后将写有相同观点的卡片分组，这样他们就可以从一本书的一个章节浏览到另一个章节，因为这些章节具有共同的观点，因为它们谈到了同一个主题，或者因为它们在同一主题上表达了相反的观点。这就是保罗·奥特莱发明的通用十进制分类法（classification décimale universelle，CDU），它对所有知识的分类都适用。它构成了一个思想的图书馆，是一个能让人类意识通过储存在成千上万个抽屉里的卡片进行对话的工具（见图 2-2）。在他看来，这不是一个简单的设计新的文件分类方法的问题，而是一个通过共享人类不同文化之间的知识来实现世界和谐与和平的项目。

82

图 2-2 保罗·奥特莱的曼达纽姆

左图呈现了保罗·奥特莱的宏伟愿景：希望为人类提供一种可以实现知识间对话的文件分类方法。右图是世界曼达纽姆宫盛满卡片的一排排抽屉。曼达纽姆宫于 20 世纪初在布鲁塞尔建立，现在在比利时的蒙斯重建。

如果各种观点被分开保存在不同抽屉里的卡片上，我们就必须找到一种方法，将那些写有类似观点的卡片集中起来。在奥特莱和拉方丹创建曼达纽姆的那个时代，其他文献分类方法也出现了，人们设想在每张卡片上钻一些小孔和凹槽，然后只需用一根长针穿过这些孔和槽口,就可以使某些卡片聚集起来,而其他卡片仍保存在抽屉里不动。那些源自不同书籍的相似的观点就这样被串在长针上(见图2-3)。在某种程度上,长针就是之后出现的超文本链接的原型,这种方法允许人们从不同的书里找出彼此呼应的观点。

图 2-3 被打孔的卡片:超文本链接的祖先?

被打孔的卡片所包含的信息由卡片特定位置上的孔所代表。这种分类方法使人们可以通过穿一根长针来选出含有相同信息的卡片,卡片上的每个孔代表一则信息。

位于布鲁塞尔的曼达纽姆在1934年被毁,后于1992年在蒙斯重建,人们可以参观它。毫不奇怪的是谷歌出资重建了保罗·奥特莱的抽屉工厂,因为奥特莱是一位有着图书馆员背景的网络的祖先,他在文献世界里工作,激发了关于互联计算机最早的乌托邦构想。随着电信业的兴起,奥特莱甚至设计了一台联网的机器,取名为"世界图书馆"(Mondothèque)(见图2-4),目的是创建一个国际性的知识网络。他的这一设想把知识、文化交流和地球的无边界性融合起来，我们将在数字世界兴起的动态过程中观察到这一特征。

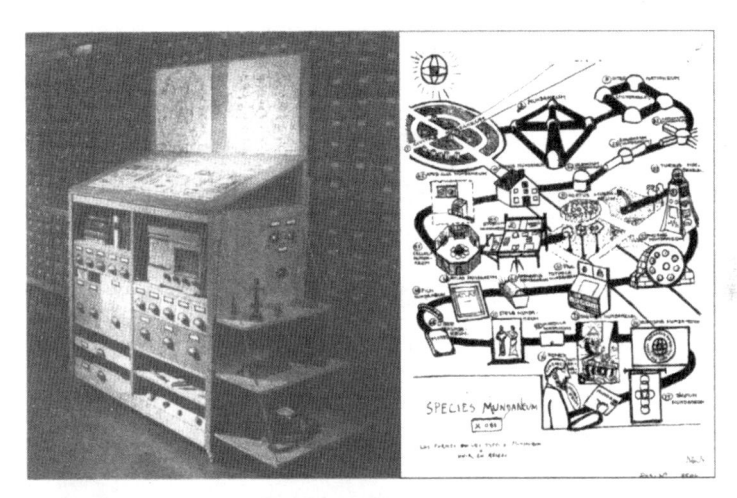

图 2-4　保罗·奥特莱的"世界图书馆"
左图是按照曼达纽姆模式构建的一台知识交流机器。右图呈现了保罗·奥特莱设想的全球知识交流网络。

在整个 20 世纪，把引导我们在浩瀚的知识海洋中航行的任务委托给一台机器的想法促成了许多项目的诞生。例如，1945 年，美国工程师万尼瓦尔·布什（Vannevar Bush）设想了一种叫 Memex 的电子设备，它与图书馆相连，可以自动创建文本和图像之间的关联。从本质上看，这仍然是道格拉斯·恩格尔巴特 1968 年在其著名的"一切示范之母"中所展现的想法，即在知识间建立联系的想法。至于"超文本"这个词，它是由美国社会学家和计算机科学家泰德·纳尔逊（Ted Nelson）在 1965 年创造的，用来指称思想之间的联系，他试图将这个概念应用于他的"仙乐都"（Xanadu）项目。这个项目从未真正成功，但它现在已经是网络神话的一部分。仙乐都项目不多不少正好是一个即时和统一的信息系统，允许每个人存储数据，并在片刻之间使每个地方的每个人都可以使用。

最后，是蒂姆·伯纳斯-李在1989年为超文本链接提供了稳定的形式，并确保其发展。泰德·纳尔逊的想法有些异想天开，他认为各种内容会直接地互相"跳"向对方，它们相互吸引，相互交谈。与此相反，伯纳斯-李提出了一个工程师的解决方案，它简单、高效、易于实施：每个网络页面都有一个地址，每个写新网页的人都可以通过创建一个超文本链接把用户引向另一个网站。鉴于这个系统非常简单，所以传播得非常快，它的成功产生了重大影响。

在当时，只有极少数具有强大计算机技能的精英才能使用互联网。那些设计出互联网的人从未想过它会成为地球上一半以上的人类交流和获取信息的工具，因为他们发明互联网主要是为了满足自己的需要。然而，网络以一种出人意料的方式，使互联网的使用变得非常简单。之后，随着互联网用途的极速发展，互联网很快就跳脱出了其设计者的最初设想。

超文本传输协议（hypertext transfer protocol，http）和超文本标记语言被创建出来以后，又过了几年才出现了所谓的浏览器。这些程序使人们无须知道机器的地址，就可以从一个页面转到另一个页面，因为人们只要使用链接就可以了。1993年埃里克·比纳（Eric Bina）和马克·安德森（Marc Andreessen）在位于伊利诺伊州的国家超级计算应用中心（National Center for Supercomputing Applications，NCSA）开发出了第一个面向大众的浏览器：Mosaic

(见图 2-5)。该浏览器使用一种将图像与文本整合在一起的图形界面。1995 年,同样是马克·安德森设计了 Netscape Navigator 浏览器,在某种意义上,它是 Mozilla Firefox 的祖先。同年,微软推出了 Internet Explorer 浏览器。

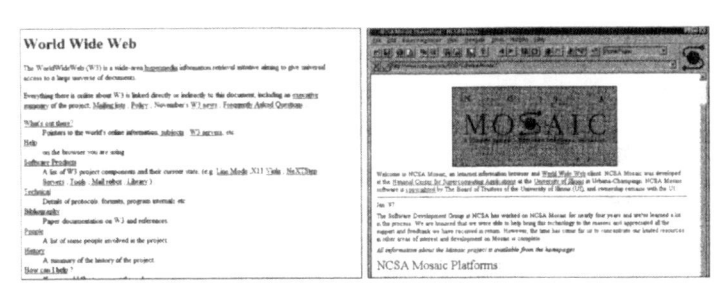

图 2-5 待探索的世界
左图是万维网最早的网页,于 1990 年 11 月 13 日上线。右图是 Mosaic 浏览器(1993 年)。

从那以后人们获得了允许他们进入数字世界的简易工具。数字世界不再是研究人员、军事人员和黑客的私人花园,相反,互联信息技术在世界范围内广泛延伸,渗入千家万户。1993 年 6 月,世界上有 130 个网站;1996 年,网站数量达 23 万个,连接了 3 600 万用户,占世界人口的 0.9%。1995 年是网络大众普及元年。尽管在当时,人们主要是在某些公司和大学里上网,但互联网在家庭的普及也不断增强。在法国,1995 年的家庭上网人数和工作场所上网人数分别是 15 万和 39.5 万;到 1997 年,这两个数字分别增加到 38.1 万和 62.1 万。当时网络的规模是有限的,但这并不妨碍第一批互联网用户形成的印象,即他们正在接入一个信息丰富的空间。根据估算,法国 1997 年有 21 367 个网站,而美国有 825 385 个。

这些数字都在迅速增长，人们在获取和使用数字技术方面获得了惊人的进步（见图2-6）。人们首先使用电脑上网，之后电脑的销售自2014年以来一直在放缓，现在人们使用平板电脑和移动设备上网。允许人们上网的数字技术的传播比任何其他重要技术的传播速度都快。在不到20年的时间里，已有85%的法国人连上互联网，这比他们第一次使用电、电视和冰箱的速度快得多。2018年，全世界有40.21亿人连接了互联网，68%的人口拥有移动电话——超过一半（51%）的人得以与数字世界相连。

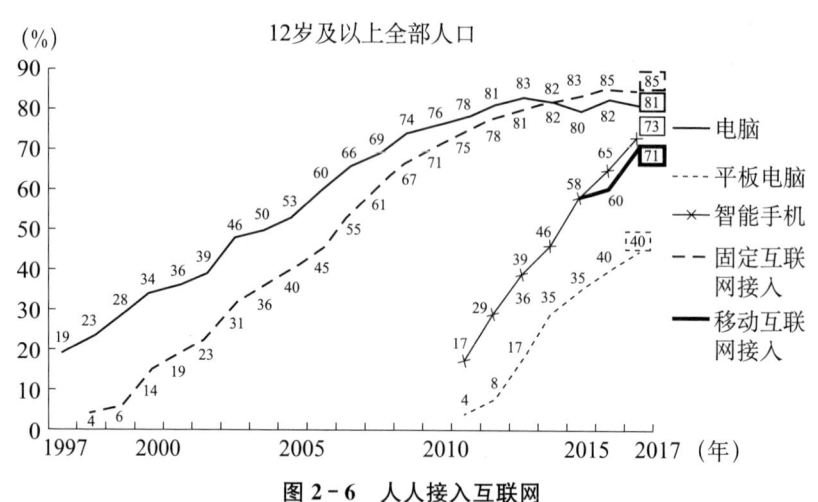

图2-6 人人接入互联网

以上曲线显示了法国的终端设备使用率和互联网接入率。它表明在不到20年的时间里，已有85%的法国人连上互联网。

如果没有以下这个奠基性的决定，数字实践的惊人发展是不可能实现的：1993年4月30日，欧洲核子研究中心放弃了对万维网程序的版权，将所有html技术置于公共领域，并公布了源代码。从那以后，超文本链接属于每个人所有，成为一种公共产品。在这一点上,网络的发明者蒂姆·伯纳斯-李继承了保罗·奥特莱和亨利·拉方丹的精神,因为对奥特莱和拉方丹来说,知识共享是实现世界和平与世界和谐的工具。我们不要忘记,在 2010 年时,脸书普及了点赞(like)的功能,每个网站都可以让自己的用户通过点赞来表达对网站内容的喜欢。此前,网络上产生了一种新的链接,它把脸书的用户和特定的文件(如一篇文章、一个视频或一张照片)链接起来。脸书的链接只属于脸书,它不是公开的,其他平台不能使用它或访问它收集的数据。点赞是一种专属链接,而超链接则是一种共同物品。

【看·听·读】

● 以下是欧洲核子研究中心 1993 年 4 月 30 日发布的文件,在这个文件中,欧洲核子研究中心宣布将网络置于公共领域,这一举动具有重要象征意义:http://cds.cern.ch/record/1164399

● 这段视频讲述了超文本链接的历史以及超文本链接的不同演变形式:Computer History Museum, «Navigating Knowledge: Hypertext Pioneers»(5′36), https://www.youtube.com/watch?v=hUHsmnWmI3k

在以下视频中,泰德·纳尔逊介绍了仙乐都系统和他开发超文本链接的雄心:«Ted Nelson demonstrates Xanadu Space(7′37), https://www.youtube.com/watch?v=En_2T7KH6RA&t=25s

● 这本书讲述了数字技术如何改变了书籍和书店时代的文件格式:Jean-Michel Salaün, *Vu, Su, Lu. Les architectes de l'information face à l'oligopole du web*, Paris, La Découverte, 2012.

接下来这本书则比较偏理论:Mark Balnaves, Michele Willson, *A New*

Theory of Information and the Internet. Public Spheres Meets Protocol, Berne, Peter Lang, 2011.

● 这是一本介绍保罗·奥特莱的书：*Paul Otlet, fondateur du Mundaneum(1868-1944). Architecte du savoir. Artisan de paix,* Mons, Les Impressions nouvelles, 2010.

● 如果要了解数字信息如何改变了我们阅读、获取信息、思考和关注事物的方式，最好的入门书是下面这本渊博而又有些晦涩难懂的书：Katherine Hayles, *How We Think: Digital Media and Contemporary Technogenesis*, Chicago(Ill.), University of Chicago Press, 2012.

● 以下视频是奥利维耶·艾茨舍德（Olivier Ertzscheid）在一场会议上的演讲中的两部分。艾茨舍德是信息和通信科学领域最优秀的学者之一，他在这场演讲中清楚明了地介绍了大部分与文献有关的问题：«État des lieux, histoire du web, de la bibliothèque, Web, 2.0, 3.0»。视频第一部分（20′42）：https：//vimeo.com/59312576；视频第二部分（26′10）：https：//vimeo.com/59829627。

此外，2005 年以来，艾茨舍德一直经营着内容丰富的博客，以讨论数字问题著称，他以一种批判的方式在博客上发声：https：//affordance.typepad.com/

● 关于网络的相关统计数据，可参见：http：//www.mit.edu/people/mkgray/net/web-growth-summary.html 和 http：//www.internetworldstats.com/emarketing.htm

● 如果要了解数字设备和数字技术使用的情况，那么法国电子通信和邮政监管局的"数字晴雨表"（Digital Barometer）就是最好的统计信息来源：https：//www.arcep.fr/cartes-et-donnees/nos-publlcations-chiffrees/numerique/le-barometre-du-numerique.html

第二章　公共财富：网络

新经济泡沫

网络的起步阶段轰轰烈烈。第一批家庭刚一接入网络，网络就立刻经历了一个令人振奋的扩张时期，以至于当时的美国联邦储备委员会主席艾伦·格林斯潘（Alan Greenspan）称之为"非理性繁荣"。这个被称为"新经济"的阶段从 1995 年持续到 2000 年。它随着投机泡沫的破灭而结束。在这个阶段，第一批互联网初创企业的市值达到了令人难以置信的高度。互联网是作为一个政治乌托邦而诞生的，而网络则是作为一个商业机遇而诞生的，它将彻底改变传统经济和传统市场。然而，一切都没有按照这个安排进行。网络诞生这个奇特而又有点被遗忘的时期，也是新经济的海市蜃楼突然集体崩塌的时期。这一时期对理解数字技术的特殊性至关重要。

新经济始于 1995 年 4 月 30 日的一个决定性事件，该事件标志着网络的私有化：美国国家科学基金会（National Science Foundation，NSF）当时一直管理着互联网的骨干网 NSFNet，它决定从那一天开始，由私人运营商（即未来的互联网接入服务供应商）负责网络的连接。在那之前，互联网是一直是由美国政府管理的。从那以后，互联网成为人人皆可拥有的网络，但要靠市场来确保其发展。

当时的美国总统比尔·克林顿（Bill Clinton）和他的副总统阿尔·戈尔（Al Gore）十分关心数字问题。克林顿将建立"信息高速公路"作为其总统任期的主要政绩之一，同时继续执行由罗纳德·里根开始的放松电信行业监管的政策。虽然当时美国政府对数字创新采取了非常积极的政策，但他们主要是呼吁私营企业投资数字行业，并鼓励它们为用户开发一系列新的上网服务。

网络开始成为头条新闻，调制解调器逐渐进入家庭，一系列运营商如雨后春笋般出现，为用户提供"封闭式"的上网服务，如 Compuserve 和美国在线（America Online，AOL）。这是一种封闭的网络，通过专属的数字空间，用户只能访问运营商提供的那些服务。

在网络起步阶段，门户网站的逻辑占据主导地位，如雅虎（Yahoo!）在 1995 年创建的门户网站。雅虎成为第一个大型互联网公司，主导了当时的网络世界。雅虎的原则是在同一页面上整合尽可能多的服务，以便尽可能长时间地留住用户：资讯、天气预报、通知、搜索引擎、电子邮件，还有广告。

当时的大型门户网站，如雅虎、Excite、美国在线等，和圣诞树有些相似，它们呈现一堆杂乱无章的信息，旨在将用户引向广告。在今天，这些大型门户网站并没有消失。特别是对那些不太熟悉互联网的人来说，网络有时被简化为雅虎、Orange 或 MSN 给他们提供的信息。在 20 世纪 90 年代初，网络还是一个新事物，人们不知道如何使用它，如何获取信息，如何从一个链接跳到另一个链接。最富有冒险精神的互联网用户创建了个人网站，后者成为用户使用丰富、新颖的方式表达自我的剧院。消息最灵通的用户在论坛上进行讨论，吸引了很多人的关注。但对其他人来说，互联网是一种用来获取信息的服务，用户会注意不在网上花太多时间，因为他

第二章 公共财富：网络

们按小时支付上网费用，每分钟都是很昂贵的。用户也使用互联网来访问他们的电子邮件，这一功能推动了互联网各项用途的传播。

第一批商业性质的网络公司出现了：亚马逊、eBay、Netscape、Netradio、Netmarket。这一现象并不只在美国出现，它也出现在欧洲，甚至亚洲（如阿里巴巴于1999年在中国创立）。它们中的一些公司在2000年的危机中幸存下来，但大量的公司倒闭了。虽然这些公司的员工很少，也没有利润，但它们的市值却高得令人吃惊。传统市场急于拥抱数字经济这一新事物，试图将工业经济通常采用的价值提取模式强加于它。许多公司，如最初以卖书为主业的亚马逊，开始进军电子商务，它们在网上零售那些通常由实体店分销的产品。数字经济被看作一种非物质经济，它取代了实体经济——这个词在当时被用来描述传统工商业。网络减少了产品的营销成本（包括分销、营销、市场支撑策略等），这种去中介化的方式使产品价格更加便宜。有了网络，内部市场的协调成本减少，企业竞争增加，消费者受益增加。网络催生了新的贸易形式，但网络所处的经济环境的规则并没有发生根本性变化。

应该指出的是，当时的美国经济正一片繁荣。在许多经济学家看来，这个没有通货膨胀且经济持续增长的特殊时期，是组织的信息化带来的生产力提高的结果。1995年至2000年期间，对信息技术的投资大幅增加。1980年，全世界每年的投资额为501亿美元；1990年，这一数字达到1 546亿美元；在新经济泡沫最高涨的时期，这一数字竟然达到4 128亿美元的最高点。

罗伯特·索洛（Robert Solow）是诺贝尔经济学奖得主。根据以他的名字命名的"索洛悖论",专家们那时一致认为,尽管技术创新是经济增长的主要因素,但在微观经济层面上,公司对信息技术的投资和该公司的劳动生产率之间并不存在显著联系。网络出现以后,比尔·克林顿和阿尔·戈尔的团队认为,"索洛悖论"已经消除,因为劳动生产率的提高并没有造成通货膨胀的循环。从那以后,对经济进行信息化以实现经济增长就成了不可动摇的公理。在法国,皮埃尔·诺拉(Pierre Nora)和阿兰·明克(Alain Minc)于1978年发表了题为《社会信息化》的报告,该报告影响深远。该报告发表以后,对经济进行信息化以实现经济增长的理念在法国也获得了广泛支持。根据一些有影响力的理论,如丹尼尔·贝尔(Daniel Bell)在1973年出版的《后工业社会的来临》中支持的理论,福特主义时期之后,西方社会就已进入"信息社会"时代。从工业社会过渡到后工业社会的关键原因就在于在信息活动的加持下,社会生产力获得了提高——这是与信息活动相关的生产力的提高。实体经济突然被一种非物质形式的经济取代,以提供产品为主的经济被以提供服务为主的经济取代,而这些服务往往是在网上被提供的。

在新经济的繁荣时期,研究管理学和组织学的理论家进一步强化了经济学家的观点:公司必须像一个网络一样运作,工作必须借由内部信息系统(又叫工作流程)实现自动化。人们预测远程办公将普及开来,公司的边界将会消失,因为负责战略决策的中心将通过网络控制各个供应商和分包商;另外,市场将蓬勃发展,传统垂直工业部门的稳定性将遭到破坏。最后,人们预测一种新的工作方

第二章 公共财富：网络

式将广泛实施：接入网络的员工将变得更加独立，更加灵活，在没有那些成本高昂且无比烦琐的等级的约束下，员工也可以实现自己的劳动价值。我们现在习以为常的初创企业的方式就是在那个新经济时期出现的。

初创企业来势汹汹，动作敏捷。面对这种形势，传媒界巨头被它们即将倒闭的消息吓坏了，开始着手实施融合战略。它们对网络了解不多，但它们觉得有必要创建大型企业集团，将计算机、媒体、大众电子技术和电信部门整合起来。这实际上是一种完整的控制战略，控制从内容生产到销售的所有环节。这一控制战略是当时那些价值高昂的企业兼并收购案的根源，但这些兼并收购案很快就土崩瓦解了。那个时期两宗最重要的兼并收购案就是这种情况：一个是美国在线和时代华纳，另一个是维旺迪和环球。美国在线和时代华纳分别是传媒行业和娱乐行业的巨头，两家企业试图通过合并驯服当时作为新生事物的网络，但这种投机热并不符合任何经济现实，而且很快就显得与网络刚开始产生的那些用途不相称。

例如，正当文化产业盘算建立寡头垄断集团，以垄断文化内容的分发（如通过电影院、电视、互联网）之际，第一批互联网用户就发明了点对点传播方式，允许用户免费分享和交换文化内容。音乐和电影行业最难阻止内容或多或少以公开的方式流通，并且它们无法出售这些内容或把这些内容一个个单独出租。多年以后，以丰富的目录和用户订阅为基础的经济模式才出现，就像今天的音乐流媒体网站那样。然而，当时在新经济中提供多媒体服务的参与者并没有理解或预见到这一点。

在20世纪90年代末，对股市资本收益的疯狂争夺导致风险资本家毫无节制地投资初创企业，尽管这些企业的商业模式十分脆弱。纳斯达克指数汇集了纽约证券交易所所有科技股股票的价值，这个指数在四年间增长了近十倍，即从1996年的550点上升到2000年的5 100点（见图2-7）。2000年4月14日，市场对股市来了一次可怕的修正。无论初创企业实际的财务状况如何，因投资不理智而造成的资本损失使所有以上市为目标的初创企业损失惨重。2001年9月11日恐怖袭击事件后，股市危机延长了互联网股票的贬值。

图2-7 新经济泡沫

纳斯达克是仅次于纽约证券交易所的美国第二大股票市场，大量年轻的科技公司在纳斯达克上市，其市值在1999年和2000年经历了前所未有的上升。

新经济与旧经济发生了正面冲突。初创企业通过虚张声势吸引了金融市场，它们通过预言传统经济的消亡来恐吓传统经济，但现实是它们没有客户。当时网络正在快速征服的新用户，除了在电商那里购物外，还有其他的事情要做。2005年，网络经济开始复苏的时候，形势已经大不一样，因为被称为网络2.0的东西出现了。

第二章 公共财富：网络

在以电子商务为核心的整个激荡时期，其他各种因素也逐渐出现。首先是对互联网的使用，也有对网络服务的新认知，即网络不是把传统经济模式复制到网络世界中来。我们后面会看到，平台经济后来从新经济的失败中吸取了教训。

【看·听·读】

● 以下视频是关于罗伯特·戈登（Robert Gordon）和埃里克·布里恩吉尔弗森（Erik Brynjolfsson）的辩论，辩论主题是数字技术是否促进了生产率的提升：Robert Gordon [*The Death of Innovation, the End of Growth*] et Erik Brynjolfsson [*The Key to Growth? The Race with Machines*], «The Future of Work and Innovation: Robert Gordon and Erik Brynjolfsson Debate at TED 2013», 23 avril 2013, https://www.youtube.com/watch?v=ofWK5WglgiI

● 2000 年以来，罗伯特·戈登的这篇文章表现出一种怀疑态度，它质疑数字技术是否有助于提高生产率：Robert J. Gordon, «Does the "New Economy" Measure up to the Great Invention of the Past? », *The Journal of Economic Perspectives*, 14（4）, Autumn 2000, p. 49－74, https://www.youtube.com/watch?v=ofWK5WglgiI

● 这本资料翔实的书讲述了互联网和网络的商业化转变，以及广告如何在数字经济中占据了越来越重要的位置：Nikos Smyrnaios, *Les GAFAM contre l'internet: Une économie politique du numérique*, Paris, INA Éditions, 2017.

● 这篇文章写于新经济时期，融合了经济学和社会学视角。它分析了在商业领域网络如何带来了新的元素：Michel Gensollen, «La création de valeur sur internet», *Réseaux*, 17(97), 1999, https://www.persee.fr/doc/reso_0751-7971_1999_num_17_97_2167

接下来是在同一时期出版的一本书，该书作者对当时互联网的繁荣景象保持了清醒的态度：Jean Gadrey, *Nouvelle économie, nouveau mythe?*, Paris, Flammarion, 2000.

● 这本书内容充实且详细，它讲述了1995年至2003年这一时期的网络私有化、商业服务的出现，以及公共政策和数字市场组织形式之间的关联。这本书表明，成功发明出新的网络商业模式的那些人并不是活跃在传统市场的那些人，而是一些突破传统、富有创新精神的人：Shane Greenstein, *How the Internet Became Commercial. Innovation, Privatization and the Birth of a New Network*, Princeton(N. J.), Princeton University Press, 2015.

自下而上的创新

与网络有关的大多数伟大创新都不是在已有基础上的创新，或者说它们可以依赖的基础十分薄弱。这些创新成果并非来自大学或大公司的实验室，也不是大量战略思考的结果，更不是对消费者的期望进行严格营销分析的结果。大多数时候，它们是在没有人看到或预见到的情况下出现的。而带来这些创新的人通常是我们意想不到的那些人。正如我们所看到的，创新常常来自边缘地区。互联网创新的这种特征助长了关于互联网创业的神话，助长了人们关于车库、连帽衫、比萨饼和初创企业的向往。因此，我们必须仔细观察数字创新的发展轨迹。首先，让我们举几个例子。

1990年，一个对电影爱得发狂的英国学生科尔·尼达姆（Col Needham）创建了几份电影清单，在清单上列出了每部电影的演员、导演、场景设计者、道具等等。他决定在互联网上分享这些清单，其他电影爱好者立即帮助他补充了这些清单。如此一来，电

第二章 公共财富：网络

影的类别扩大了，对电影的描述变得更加详细，因为那些参与补充清单的人对不同的电影文化各有所长。互联网电影数据库（Internet Movie Database，IMDb）由此诞生。这个全民参与共建的网站是网络最早的巨大成功之一，它在1998年被亚马逊收购。

1995年，克雷格·纽马克（Craig Newmark）创建了一个网站，在很长一段时间内他是这个网站的唯一工作人员。网站的设计比较丑陋粗糙，但Craigslist却成为美国最广泛使用的本地分类网站（后来，在法国出现的网站Leboncoin也属于同样的类型）。2010年，在美国使用最广泛的网站中，Craigslist排名第七。

吉米·威尔士（Jimmy Wales）是一家经营色情门户网站的小公司的老板。2000年，他发起了一个新项目：免费在线百科全书。这不是因为他想扩大公司的业务，而是他十分热衷的一项个人行动，因为他在年轻时饱受学校书本的高价之苦，他认为知识的传播应该是广泛且免费的。维基百科不是由出版商或学者发明的，而是由一个理想主义的企业家发明的，除了从事色情电商行业，他还有其他的追求（见图2-8）。

图2-8 自下而上的创新

Nupedia（即未来的维基百科）和脸书的最初界面。

2001年，卡泰丽娜·费克（Caterina Fake）和斯图尔特·巴特菲尔德（Stewart Butterfield）设计了一个游戏，参与者必须向对方发送他们从网上提取的照片。可惜这个游戏从未流行起来。相反，该网站后来成为Flickr，它是网络上第一个图片分享网站，与设计者的最初想法相去甚远。

103 　　2006年，一个推特①用户克里斯·梅西纳（Chris Messina）发了这样一条推文："你们觉得用'♯（pound）'表示'群组'怎么样，例如'♯barcamp'（信息）？"就在这140个符号中，他刚刚发明了一个新的功能，这个功能将成为推特的象征：♯号（见图2-9）。推特的设计者们以前从没想到这一点。

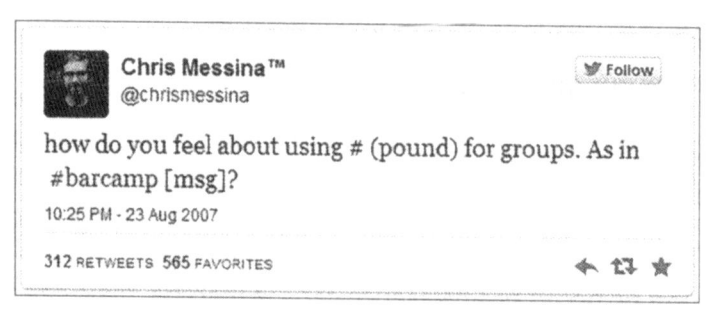

图2-9 ♯号诞生了！
2006年克里斯·梅西纳的推文。他是推特的用户，也是一名技术专家，他提出了使用♯号来聚合推文的想法。推特后来采用了这一想法，用来发展其服务。

104 　　今天占主导地位的互联网公司都是由美国名牌大学的学生创立的。如雅虎是1995年由斯坦福大学的学生大卫·菲洛（David Filo）和杨致远（Jerry Yang）创建的。他们创建雅虎的时候就像

---

①　推特（Twitter）已于2023年7月31日更名为"X"。——译者注

第二章 公共财富：网络

玩游戏一样，因为他们希望创建一个目录，这个目录汇集了所有他们感兴趣的网站。又如谷歌，它是谢尔盖·布林和拉里·佩奇于1998年创建的。二人也是斯坦福大学的学生，比他们的同学更前沿、更优秀。又如脸书，它是由哈佛大学学生马克·扎克伯格（Mark Zuckerberg）于2004年创立的。

所有关于这些服务的想法都来自那些活动家、爱好者、不起眼的企业领导者、极客——总之来自那些"前沿用户"。当时在传统的经济参与者尚不了解网络的时候，正是那些处于市场边缘、看似无关紧要的群体带来了网络服务的第一次重大创新。很多时候，他们以初创公司的形式开发创新服务。当脸书在2012年以10亿美元收购Instagram时，Instagram还只有13名员工。

麻省理工学院的经济学家埃里克·冯·希普尔在其专著《民主化创新》中分析了这种现象。他以不同的方式指称这种现象——自下而上的创新、横向创新、用户主导的创新，但思想始终是相同的：创新并非源自市场，而是源自用户，这些用户对于将被创新活动改造的领域怀着强烈而执着的热情，并愿意用巧妙的方法付诸实践。

在"自下而上的创新"过程中，充满创造力的用户从修补完善自己的项目开始，以解决他们自己的实际问题，然后创新才会传播并进入市场。这种模式不符合创新服务咨询公司编制的任何指南，因为它不包含研发过程，不包含市场研究，不包含对消费者期望的分析，没有可供参考的原型，没有商业计划，没有消费者测试，没有工业化阶段，也没有由传播和营销活动支撑的市场投放。

总而言之，基于冯·希普尔的模型，重要网络服务的诞生过程都是以自下而上的创新为特征的。这种创新过程可以用五个阶段来描述：

● 最初的直觉是一个个人问题，富有创新精神的人都是满怀热情的人。他们的创新不是以市场为导向，而是以自己为导向的。科尔·尼达姆喜欢看电影，马克·扎克伯格想在校园里认识女孩，吉米·威尔士想免费获得知识，技术开发人员喜欢在晚上编码，等等。

● 对于这种个人问题，创新者会想出一些小修小补的局部解决方案，来克服障碍，找出更好的办法以满足他们的热情。这是计算机科学的一个基本特征，即找出一个局部解决方案，也就是编程。你不需要找一个制造商制造出你需要的产品，你只要自己动手就可以。冯·希普尔最喜欢的一个例子就是20世纪70年代夏威夷长板冲浪者的例子。冲浪板是很难掌握的，冲浪者必须经过大量练习，他们要年轻，要有运动天赋。为了使冲浪更容易，一些冲浪者切割了他们的冲浪板，在上面粘上了脚托，并安装上一个帆。为了满足自己的需要，冲浪者设计出了一种制造商以前从没想到过的消费品：帆板。它易于使用，在20世纪80年代彻底改变了冲浪市场，使更多的人可以冲浪。当然，并非一切有创新精神的用户的小修小补都和数字技术有关。然而，由于数字技术建立在计算机代码的基础上，它扩大了人们自己找出解决方案，以满足个人需要的可能性。

● 一旦找到解决方案，就必须尽快把它与他人分享。在这一点上，这种创新模式是与专利和工业产权相对立的：在公司里，人们必须保护研发部门提出的想法，必须在商业化之前对它保密。相反，在自下而上的创新世界，人们有必要公开并分享新的想法，以便其他人能够改善它，并通过找出其他新的想法来丰富原来的想法，使其不断发展。这是封闭式创新模式（已经内化在公司的流程之中）和开放式创新模式之间的真正分界线。创新不是人们为了保持对它的控制权而去保护的东西，而是一种直觉，即与他人分享创新成果，共同发展一个生态体系，对原有的创新加以丰富和补充。

● 因为创新成果是公开和共享的，所以它会以病毒的方式传播。其他人可以修改它，完善它，并再次分享。与有形商品不同，在互联网上，创新往往是以计算机代码的形式呈现的；代码可以流通，可以被修改和分享，且没有任何具体成本需要承担。

● 市场有可能对源自用户的创新进行修改，从而将其工业化和商业化，特别是当这些创新需要大量投资的时候。在发现了冲浪者在其自制的帆板上进行的新活动后，正是夏威夷海滩附近的那些商店提醒了制造商，后者很快就将新的帆板商业化了。在数字世界中，自下而上的创新不只是向市场和工业界发出的信号，它们保持着集体性特征，以市场以外的其他方式存在于数字生态系统之中。

现在，让我们将自下而上的创新模式与那些浪漫的坊间传说保持一定距离——根据这些坊间传说，那些不善交际但聪明的极客群体开始时一无所有，但对自己颇有信心，他们在自己的车库里工作，并成功推翻了传统商业帝国。我们应该记住的是，每一个成功的想法背后，都有成千上万个失败了的想法。在达尔文无情的优胜劣汰法则下，只有极少数创意能存活下来。这种类型的创新的发展过程特别脆弱。由发起人组成的核心小组通常极小，甚至只有一个人（见图2-10）。某个想法一旦被提出，有时就会激发第一批参与者的热情，他们会帮助推广这个想法。而当某项创新成果的病毒式扩散足以确保该成果能大获成功时，参与者的数量会很快增多，这时就有必要重新审视最初的项目。在最活跃的参与者中，一群热心的改革者会提议重新审视创新成果，以便将一个局部的、拼凑起来的想法面向大量受众进行大规模推广。重新审视创新成果的时刻有时是一个非常微妙的谈判阶段，特别是对创始人来说，因为他们必须将其他逻辑和其他利益融入其项目之中。很多时候，同一个想法是由几组创新者同时推出的，那些最能成功地确定好创新想法的成长阶段的人将能够从中受益，然后建立自己的垄断地位。例如，允许业余爱好者分享视频的想法是由法国公司 Dailymotion 在 2005 年首次推出的，这一想法之后被 YouTube 和一系列初创公司采纳，这些公司比 Dailymotion 更有优势。YouTube 的创始人是美国人。早在 2006 年 10 月，YouTube 的创始人就同意谷歌以 16 亿美元的价格收购自己的公司，YouTube 之后的发展使它得以主导视频分享市场。当我们观察成功企业在地图上的分布时，我们会发现想法的原创性、创始人的个人魅力、社群的最初目标并不是最重要的，重要的是这个想法是在地图上的哪个位置（如美国的主要大学）被提出来的、有利的社会和经济资源有哪些，以及该想法是否被纳入了一个富有创新性的金融生态系统。所有这些因素解释了为什么两个大致相似的想法会有一个成功，而另一个被埋没。

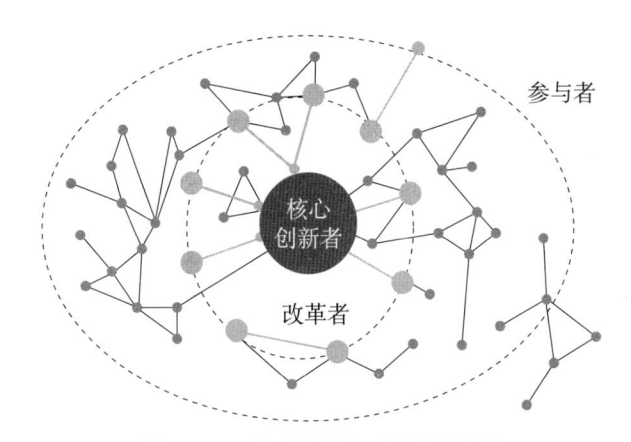

图 2-10　从创新核心到病毒式传播

自下而上的创新源于一小部分核心创新者，有时可能仅限于发起人，但如果关于创新的提议是合理的，它就会像病毒一样迅速传播，并把那些分散的、活跃的参与者聚集起来。这一成功会引发对初始创新的改革，使技术更加完善，并建立起社区治理规则。创始人和新来者之间的冲突可能导致创新在不同的方向上出现"分岔"。

【看·听·读】

● 这本书是讨论自下而上的创新模式的基础书籍，它汇集了有关开源软件的一系列文章和案例研究：Eric von Hippel, *Democratizing Innovation*, Cambridge(Mass.), The MIT Press, 2005. 这本书的第二章《Development of Product by Lead Users》(p. 19-31)介绍了自下而上的创新模式。

● 劳伦斯·莱西格（Lawrence Lessig）是数字世界研究领域的一位重要思想家，影响力巨大。他出版过多部著作，论述创新文化和开放内容模式。他是最早提出知识共享版权协议的人。他在这本书中对其主要观点做了简单易懂的介绍：*Culture libre: Comment les médias utilisent la technologie et la loi pour verrouiller la culture et contrôler la créativié*, Oslo, Petter Reinholdsten, 2004. 这本书使用知识共享版权协议，可以在网上找到。

● 这段视频是对劳伦斯·莱西格的采访。莱西格谈论了知识共享，以及为什么他认为有必要开放对文化作品的获取，从而促进数字创新（3′22）：https://www.youtube.com/watch?v=nZckahxg-PY

● 这本书篇幅简短，它总结了不同的创新范式：Gérald Gaglio, *Sociologie de l'innovation*, Paris: PUF, 2011.

● 这本书介绍了一种创新方法，即公司应该关注员工日常的创新活动：Norbert Alter, *L'Innovation ordinaire*, Paris, PUF, 2000.

另外还有一篇文章，它讲述了组织应如何看待员工的创新活动：Norbert Alter, «Peut-on programmer l'innovation?», *Revue française de gestion*, 103, 1995, p. 78 – 86.

● 这本书介绍了一种创新方法，它表明技术和市场的关联并不是直线式的：Madeleine Akrich, Michel Callon et Bruno Latour, «À quoi tient le succès des innovations? 1: L'art de l'intéressement 2: Le choix des porte-parole. Gérer et comprendre», *Les Annales des Mines*, 1988, p. 4 – 17.

111 "信息渴望自由"：免费软件和通用软件

"共同物品"这个概念是丰富的、富有原创性的，但又有点模糊。这个概念是网络的主要价值之一。说得更郑重一点，"共同"就是数字世界的政治计划：乌托邦。我们所说的共同性是指某些数字产品，特别是那些由网络社群生产、收集或编辑的产品，必须是任何人和每个个体都可以访问、分享和改造的，并且由社群自己定义其创造的共同物品的管理规则。

第二章　公共财富：网络

共同物品不是一种私人物品，即一个或多个持有者的专属物品；也不是由公共权力以公共利益的名义管理的公共物品。网络有公共物品的许多特征，例如所有人都可以访问和分享网络上的内容；但网络有一个特殊性，即管理它的社群并不对其享有某些权利，而是在网络治理中拥有特殊的权威。

尽管"共同物品"这个概念并不新鲜（例如海洋或森林都是共同物品），但网络使这个概念重新变得重要。由超文本链接构成的网络本身就是共同物品。在它之后，数字世界的第一批共同物品包括免费开源软件，它们通常被称为 FOSS（free and open source software），是数字世界其他共同物品的先例。

让我们回到更早的时期。在20世纪70年代，第一批计算机科学家自由交换他们设计的软件。然而，到了70年代中期，特别是在接下来的十年里，随着计算机的日益成功，计算机行业开始限制对软件的下载并向用户收费。开启这场软件商品化运动的历史性事件是1976年比尔·盖茨写的一封公开信，当时他还十分年轻。这封信被发送给门罗帕克"自产自用计算机俱乐部"的成员，这些人就是我们在上一章讲的用拼凑的方式发明了第一批个人计算机的人。与当时的时代精神相反，比尔·盖茨写道，他不希望人们免费使用他设计的、用于运行个人电脑 Altair 8800 的软件（Altair 8800是最早出现的个人电脑之一）。当时出现了两种不同的取向：专属软件和自由软件。比尔·盖茨随后开发了 MS-DOS 磁盘操作系统，并以独家合同的方式将其出售给 IBM，用于装备该公司1980年生产的第一批个人电脑。微软发财了，巨大的商业化软件市场也随之启动。人们对个人电脑的需求呈现爆炸式增长：1980年，个人电脑在美国的销售量达到20万台，1985年达到1000万台。

113 　　面对专属软件的呼声，自由软件运动在20世纪80年代形成，它建立在70年代在麻省理工学院兴起的黑客文化的基础之上。理查德·斯托曼（Richard Stallman）是一位著名的软件开发者，他于1985年创立了自由软件基金会，他是自由软件运动的预言者。这个特立独行的人物在黑客群体中享有相当高的声望。在80年代，软件开发者们普遍使用一种叫作UNIX的操作系统，它来自AT&T贝尔实验室，但该公司那时开始了对UNIX系统的商业化。作为回应，理查德·斯托曼构思了一个项目来重新开发UNIX。该项目于1983年启动，被称为GNU，这个典型的首字母递归缩写词体现了计算机科学家的幽默感，意思是"GNU不是UNIX"。GNU与UNIX做同样的事情，但它是开放的、自由的、可共享的。

114 　　之所以说软件是自由的，是因为它保证了用户的四种自由：用户可以自由使用、研究、修改和分发软件。自由软件的独创性由两部分构成。第一部分是政治性的：为了实现这四种自由，软件的源代码必须是可以访问的。因此，软件必须是开放的，而不是像专属软件那样是封闭的。自由软件早期的主要敌人是微软，微软不允许访问其软件的源代码，并将商业许可协议强加给终端用户。第二部分是法律性的：通过特定的许可证保证用户享有这四种自由，这些许可证被称为自由许可证。它们被称为copyleft，是对版权（copyright）一词的讽刺性回应。第一个许可证是"通用公共许可证"（General Public Licence，GPL），由理查德·斯托曼的自由软件基

第二章 公共财富：网络

金会在 1989 年创建。它规定，如果一个人得益于开放代码，能够对自由软件做出修改，那么这个人也必须提供新版软件的源代码来分享他的修改成果；禁止关闭软件的访问权限，禁止使个人对代码的改进为个人所有。这里蕴含的思想是自由是可以传播的。一个人从社群的努力中获得的收益必须回报给社群，不能被独吞。

自由软件的发明有三个特点。第一个特点是它令人难以置信的成功：尽管自由软件运动在 20 世纪 80 年代初处于边缘位置，但在随后的十年里它呈现爆炸式增长。如今它主导了大多数网络服务：谷歌、脸书、互联网服务器、大型信息系统和一些公司主要都是通过开源软件发展起来的。一个信息系统只要具有一定的复杂性，就几乎总是开源的。

1991 年，芬兰学生莱纳斯·托瓦尔兹（Linus Torvalds）发起了一个名为 LINUX 的项目，它是对 GNU 项目的延续。一个全球性的开发者社群形成了，共同致力于开发这个软件，今天几乎所有的大型计算中心都是依靠 LINUX 运行的。LINUX 更多地被称为开源软件而不是自由软件。理查德·斯托曼为"自由软件"概念赋予的政治属性没有引发开源社群的兴趣。开源社群并不反对专属软件，他们只是相信开放和共享软件比少数人开发的软件更好、更强大，而且能产生更可靠、更丰富、更赚钱的服务。开源的原则现在已经在数字文化中广泛传播。学术文章、政府数据、教师讲授的课程、地理信息、大型交通网络或电信网络的信息现在已经进入这种"开放"逻辑，如"免费访问""开放式教育""开放数据""开放式创新""开放食品"等。

116 　　第二个特点是自由软件社群创立的一种特殊工作方式。尽管这些社群没有任何中央指挥系统，但精细的劳动和职能分工是存在的。在工作中，人们主要依靠自我激励，其结果是没有人会以明确的方式给别人下命令。个人的价值基本上是以个人才能为标准来确定的：每个人对生产集体物品做出的贡献是其获得同行认可并在社区内获得威信的主要依据。尽管这种认可可能是象征性的，但当一个在自由软件社群有声望的程序员被互联网公司雇佣时，他就会得到比一般人更好的薪水。

　　即使这些社群是开放的，它们仍具有社会选择性。那些最活跃的参与者构成了一个"贵族集团"，他们基本上是由熟练掌握计算机技术的男性组成的。实际上，那些真正活跃的参与者的数量相对较少，他们形成了一个核心。我们以维基百科的法语版为例。2017年，维基百科上有180万篇文章，在法国网民访问量最大的网站中名列第四。如果我们考虑居住在法国的参与者的数量，那么可以说这个社区非常大：有70万人至少为维基百科写过一篇文章。但如果我们仔细观察这个社区，就会看到一个由积极的参与者组成的、相对较小的群体，这个群体只有5 000人左右，他们每月为维基百科写5篇文章。

117 　　自由软件的第三个特点是软件的免费性只是前述四种自由产生的附带效果。尽管软件是免费的，但与软件有关的服务仍然可以是收费的，这些服务包括在公司业务的特定背景下对软件的使用。甚至有许多公司就是这样成立的，它们在传播自由软件的同时也销售服务，就像IBM现在所做的那样。

第二章 公共财富：网络

许多其他数字公共物品的组织方式就是参考了自由软件的组织方式。人们共享的不再是计算机代码，而是内容、**数据**、**知识和科学**。数字文化促成了许多网络社群的诞生，人们决定组织起来做有意义的事：他们收集知识（如维基百科），汇总科学知识（如 Tela Botanica），创建地图（如 Openstreetmap）或者分享互联网用户收集和编辑的一系列内容。这些收集、生产和分享内容的业余社群很快就受到了批评，批评者认为他们威胁知识产权、鼓励盗版。那时数字公域的内容生产与知识产权持有人发生了冲突。从 20 世纪 80 年代起，知识产权制度得到了全面加强：对生命形式的创新成果享有专利权、版权保护期限的延长、植物和种子的认证、制药公司拒绝允许发展中国家生产非专利药品等。支持这一运动的国家和行业确保这种对知识享有排他性权利的制度可以回报投资者，促进创造和创新。

数字公域的捍卫者提出了一种不同的观点，在讨论自下而上的创新模式时我们已经讨论过这种观点：正是对知识、创新成果和各种内容（如照片、音乐、艺术作品等）的分享才促进了消费、创造和发明。与知识产权的支持者（对知识产权的定义越来越狭窄）相反，数字公域的捍卫者呼吁让知识保持开放状态，让知识流通。阿龙·斯沃茨（Aaron Swartz）是自由软件事业的英雄和殉道士。他是一位支持维基百科、支持内容免费开放的积极活动家。他从麻省理工学院的网络下载了 480 万篇受版权保护的学术文章，希望分享这些文章。他揭露了大型学术期刊出版商的丑闻：这些出版商通常向用户收取十分昂贵的费用，然后才允许他们浏览学者发表的学术成果，而出版商并没有给学者任何报酬。由于当时面临着可能长达35年的监禁的威胁，他在2013年选择自杀，年仅26岁。

除了理查德·斯托曼，另一位在创造数字文化价值方面发挥了重要作用的人物是美国法学家劳伦斯·莱西格（Lawrence Lessig）。2001年，他提出，与其公开计算机源代码，不如让内容创作者公开他们创造的内容（如果他们愿意的话），如文本、声音、图像、视频。莱西格自己首创了一种许可证，或者说一系列许可证，即"知识共享版权协议"（Creative Commons，CC）。根据该协议，内容创作者并没有放弃其权利，相反，内容创作者鼓励人们分享其创作的内容，同时他可以规定其他人对这些内容的使用方式（见表2-1）。

当人们通过CC协议在网络上发布内容时，可以指定某些条件：

● 标注"CC by"，表示我要求使用我的文本（声音、图像或视频）的人标明我是作者。

● 标注"CC NC"（non commercial），表示我反对对作品的任何商业化使用，但不反对非商业化使用。

● 标注"CC ND"（no derivatives），表示我允许他人使用我的作品，但我不允许他人对其做修改。

● 列表中还包含了其他一些条件。

劳伦斯·莱西格的法律创新是对标准知识产权概念的重大突破。它允许内容在网络上流通、被复制、被以不同方式组合、被重新混合。它延续了保罗·奥特莱和超文本链接创造者们的乌托邦世界。维基百科就是在CC协议下合作生产知识的一个例子。

第二章 公共财富：网络

表 2-1　　　　　　　CC 协议如何运行？

CC 协议的编码和符号					
合同全称	缩写词	符号			许可类型
零	开源协议	🄍			无开源许可
署名	开源协议	🄯			无开源许可
署名 相同方式共享	开源协议	🄯		↻	有开源许可
署名 禁止演绎	开源传播协议	🄯	=		自由传播 许可
署名 禁止商业化使用	开源传播协议	🄯	🚫		自由传播 许可
署名 禁止商业化使用 相同方式传播	开源传播协议	🄯	🚫	↻	自由传播 许可
署名 禁止商业化使用 禁止演绎	开源传播协议	🄯	🚫	=	自由传播 许可

本表列出的不同 CC 协议允许内容创作者在网络上自己定义和设置他们想要的知识产权类型。对于每种情况，协议都规定了是否署名、是否确保内容完整和是否用于商业目的。零协议没有规定任何使用条件。

【看·听·读】

● 比尔·盖茨致"自产自用计算机俱乐部"成员的公开信具有历史重要性，它宣称开发者应当对软件享有知识产权：Bill Gates, «An Open Letter to Hobbyists», 3 février 1976, https://commons.wikimedia.org/wiki/File:Bill_Gates_Letter_to_Hobbyists.jpg

● 这是知识共享版权协议基金会网站：https://creativecommons.org/
接下来是一本雄辩地捍卫"共同物品"原则的专著：Hervé Le Crosnier,

数字文化

En communs: une introduction aux communs de la connaissance, Caen, C&F Éditions, 2015.

● 关于法国网络"共同物品"的参考资料,特别是有关法律的问题,可参见利昂内尔·莫雷尔(Lionel Maurel)的博客:S. I. lex, https://scinfolex.com/

● 这本书对网络"共同物品"的精神做了十分精彩的理论化阐述。尤查·本克勒(Yochai Benkler)是哈佛大学伯克曼·克莱因(Berkman Klein)互联网与社会研究中心的教授,该研究中心在数字问题研究领域享有盛誉:Yochai Benkler, *La Richesse des réseaux. Marchés et libertés à l'heure du partage social*, Lyon, Presses universitaires de Lyon, 2009.[*The Wealth of Networks. How Social Production Transforms Markets and Freedom*, New Haven(Conn.), Yale University Press, 2006].

● 这本书是讨论自由软件及其相关问题的最优秀的法语书籍之一:Sébastien Broca, *Utopie du logiciel libre. Du bricolage informatique à la réinvention sociale*, Paris, Le Passager clandestin, 2013.

接下来这本书是人类学家加布里埃拉·科尔曼(Gabriella Coleman)的一本深刻、新颖的英文专著:Gabriella Coleman, *Coding Freedom: The Ethics and Aestetics of Haching*, Princeton(N. J.), Princeton University Press, 2013. 这本书可以从网上下载:https://gabriellacoleman.org/Coleman-Coding-Freedom.pdf

● 这篇文章讨论了自由软件的经济学:Dominique Foray, Jean-Benoît Zimmermann, «L'économie du logiciel libre. Organisation coopérative et incitation à l'innovation», *Revue économique*, 52, 2001, p. 77-93.

接下来是经济学家们写的一篇重要文章,它解释了为什么开源软件的开发者们愿意无偿劳动,以提高他们在劳动力市场上的声望:Josh Lerner, Jean

第二章 公共财富：网络

Tirole,«Some Simple Economics of Open Source», *The Journal of Industrial Economics*, 50(2), juin 2002.

● 要了解个人电脑生产俱乐部和黑客空间等机构的精神及运作方式，可以参考在 Noisebridge 俱乐部开展的这项人种学调查。Noisebridge 是旧金山诸多个人电脑生产俱乐部中的一个，它很好地延续了黑客的伦理观、道德观和矛盾性：Michel Lallement, *L'Âge du faire: Hacking, travail, anarchie*, Paris, Seuil, 2015.

接下来这本著作则讨论了个人电脑生产俱乐部和黑客伦理的传承性：Chris Anderson, Makers: *The New Industrial Revolution*, New York (N. Y.), Crown Business, 2012.

● 要了解个人电脑的销售情况，可参见：Philippe Breton, *Une histoire de l'informatique*, Paris, La Découverte, 1990.

● 这是开源社群内部流传的一篇参考性文章，它对"开源"一词给出了一个自由化的定义：Eric Raymond,«La Cathédrale et le Bazar»[*The Cathedral and the Bazaar*]。这篇文章讲述了 LINUX 开源操作系统的开发过程。

● 这本书讨论了数字编辑领域的"共同物品"这个重要问题：Marin Dacos, Pierre Mounier, *L'Édition électronique*, Paris, La Découverte, 2010.

接下来这本书则讨论了学术出版这个关键问题，它回顾了学术界文献开放（从更广泛的意义上看，也包括数字人文学研究中对数字工具的使用）的历史及相关问题：Pierre Mounier, *Les Humanités numériques: Une histoire critique*, Paris, Éditions de la Maison des sciences de l'homme, 2018.

维基百科和自发组织

维基百科是有史以来在网络世界实现的最大胆的集体事业，是社会学意义上的奇迹,当时无人相信它会成为现实。它是共同物品、自下而上的创新和集体智慧的一个完美例子。其运作的巨大独创性在于,它允许一群互联网用户在尚未知晓各自技能的情况下就能做出高质量的贡献。

2000年3月,当吉米·威尔士创立 Nupedia(即未来的维基百科)时,他计划邀请各个领域的专家撰写文章,以创建一个包含所有知识的免费百科全书。他委托年轻的哲学家拉里·桑格(Larry Sanger)负责文章的收集整合工作,但很快就发现,这些专家——桑格甚至要求他们把博士学位传真给他以核实他们的专业水平——并不愿意免费写文章。一年之后,Nupedia 只收集了不到20篇文章。然而,在收集文章的这个时期,桑格在2001年1月创建了一个网站,用来讨论所收集的文章,网站的创建使用了美国计算机科学家沃德·坎宁安(Ward Cunningham)在1995年发明的一种新技术,即维基。维基允许任何人通过巧妙使用超文本链接来编写、删除和修改网页。这个网站被称为维基百科,最初只是为了讨论那些即将发表的文章。

一方面,专家们不愿意向 Nupedia 贡献他们的文章,但另一方面,网民们热情地在维基百科上讨论文章,尽管他们自己并非专家,但却生产出了非常有见地的文章。这一观察使吉米·威尔士从根本上改变了他的管理理念:Nupedia 和认证专家的时代已经一去不复返了。维基百科成了一部百科全书,每个人都可以通过写文章对其做出贡献,而且他们的资格或技能不需要通过任何形式的审核。

第二章 公共财富：网络

这是维基百科教给人们的第一课：能力并不等同于人的地位或文凭，而是一种在实践中被证实的品质。该网站一经推出，文章和贡献者的数量就成倍增加，使维基百科成为网络上被浏览最多的网站之一。这部百科全书如今获得了巨大的权威，在网上搜索几乎任何一个关键词，维基百科上的相应文章都会出现在搜索引擎的第一页。然而，当维基百科诞生的时候，很多人都说，把知识的生产交给普罗大众是不合理的。拉里·桑格本人也离开了这项事业，认为应该由专家对网民生产的知识进行把关。如果任何人都可以仅仅通过点击鼠标就删除、纠正和撰写文章，那么我们如何能确保文章的可靠性呢？

正如2005年《自然》杂志的一项调查所显示的，维基百科的文章通常比《大英百科全书》的文章更可靠。维基百科的成功彻底推翻了人们对能力等级差别的信仰，它表明允许所有人参与知识的生产是可行的。

但这样做的前提是社群必须有强大的规则以进行自我管理，这就是维基百科的秘密。这是分析网民集体智慧时最有趣的方面之一：为了使整体比部分之和更聪明，必须有相应的监管机制指导每个人的行为。为了理解这一点，我们必须首先看一下维基百科的页面。大多数时候，我们只知道维基百科上我们感兴趣的那篇文章，但仔细观察就会发现，维基百科上的每个页面和每篇文章都有三个选项。

● 使用"修改"选项，任何人都可以在文章中添加和删除内容，甚至无须在维基百科上注册。

● 使用"讨论"选项，文章的作者们会互相讨论当前正在撰写

125

的文章。

● 使用"历史"选项，可以看到所有的编辑操作（添加、删除、更正），并知道谁在何时写了什么。

126 　　维基百科不仅允许我们浏览文章，也允许我们看到那些为文章做出贡献的人的幕后工作。在"讨论"页面，我们可以看到关于文章的讨论，特别是一些辩解的话："为什么我是对的，为什么你是错的。""你认为我们应该在维基百科上谈论某个人吗？""我认为你的表达不中立。""但你没有引用资料来源。"等等。文章作者们不断相互挑错，每次批评别人时都会援引维基百科的某条原则或建议，这是因为维基百科有一套根本法，其原则、规则和建议都可以用来解决争端。在讨论页面上，那些有经验的贡献者从来都会明确给出需要遵守的某条规则的编号。

　　留给用户的自由度越大，社群自治规则就越有存在的必要，对规则的改变就越需要每个人的参与。这是诺贝尔经济学奖得主埃莉诺·奥斯特罗姆（Elinor Ostrom）的论点。在其 1990 年出版的《公共事物的治理之道》一书中，奥斯特罗姆以村民或渔民社群为例，论述他们如何自我组织起来有效管理森林或鱼类等共同物品。没有人对这些共同物品享有专属权，所有人都依赖它们而生活。奥斯特罗姆认为，共同物品不仅是一种属于所有人的资源，也是一个

127 机构，定义了如何使该机构运转的集体规则。针对任何一种特定的资源，只有当相应的权利分配系统（获取权、采集权、修改权、转让权等）和治理结构都确立起来以后，才能说这种资源是共同物品。治理结构的作用在于它可以确保共同体内部每个参与者的权利

第二章 公共财富：网络

和义务都得到尊重。

埃莉诺·奥斯特罗姆强调了公共事物治理的八项规则。之后，在与夏洛特·赫斯（Charlotte Hess）合作主编的书中，她表明这些规则也完全适用于对数字领域共同物品的治理。这些规则对于理解维基百科的运行特别有用。

例如，第3条规则指出，"受集体规则影响的个人有权参与改变这些规则，而且改变的成本应该较低"。允许所有社群成员参与规则制定是维基百科的组成部分之一。维基百科人生产百科全书的内容，但他们是通过参与对社群规则的修改来实现这一目标的，正是这些规则使得维基百科社群能够生产内容。参与者既是作者又是社区的立法者，这就是维基百科的诀窍。维基百科的文章普遍具有较高的质量，是因为它们的作者在该网站规则的约束下相互监督、一起讨论和相互纠错。

奥斯特罗姆的第4条规则（"负责监督公共资源的人必须在当地产生，并对社区负责"）强化了对社群治理的参与程度，使维基百科人之间的相互控制具有横向特性：在维基百科上，惩罚和监督的权力被尽可能分散，并在局部范围内行使。惩罚和监督并非集中在一个专门的机构——一种由社群任命的特定人员组成的、类似警察那样的机构。相反，它应该是分散的，这样每个人都有权力惩罚其他人。在维基百科上，只需点一下鼠标就可以删除用户刚刚写下的内容，但再点一次鼠标就可以将其恢复，这一切都被记录在维基百科的数字存储器中，所有用户都可以这样做。矛盾由参与撰写文章的人在文章的每一页上自己解决，这种局部控制是确保社群成员互相信任的一个行之有效的方法。它之所以更有效，是因为"犯错者"和"监督者"之间没有地位上的差别，就像一个人只是拍拍另一个人的肩膀说："你应该那样做。""你为什么不引用这个材料？""你不觉得这篇文章太长了吗？"等等。惩罚体系内部存在不同分级（见奥斯特罗姆的第5条规则），并遵循辅从性原则，倡导文章写作者之间的矛盾就地解决（第6条规则）。研究表明，一篇文章的贡献者越多，并且它的"讨论"页面被使用的次数越多，这篇文章就越可靠。犯错者没有受到惩罚，而是利用社群反馈的信号来学习，改正自己的行为，加深对社群规则的了解。如果监督和惩罚可以在较低的水平上以一种轻松、公开的方式实施，并且不排挤犯错的人，那么它们就会加强信任的纽带和社群的价值。

通过观察维基百科上编辑（维基百科上一篇文章的作者可能非常多，所以人们一般称他们为"编辑"）之间的矛盾，可以发现99%的冲突是就地解决的，也就是在每篇文章的"讨论"页面解决。只有当讨论陷入无休止的争论时，维基百科人才会决定把这个讨论隔离出来，并邀请外部调解人进行干预。那时调解人会在维基百科的一个特定页面上组织一场辩论，由不同立场的支持者发言，然后调解人要求社群成员投票，并给出解释。调解人不需要考虑票数，因为影响其决定的重要因素是社群成员投票时提供的解释。和许多网络社群一样，在维基百科上，讨论的目的是促成共识的产生（见图2-11）。只有当同一个人系统性地重复犯错，且不考虑社区发出的警告时，他才会受到更严厉的制裁，而且犯错者可能必须到社区更核心的机构接受处罚。

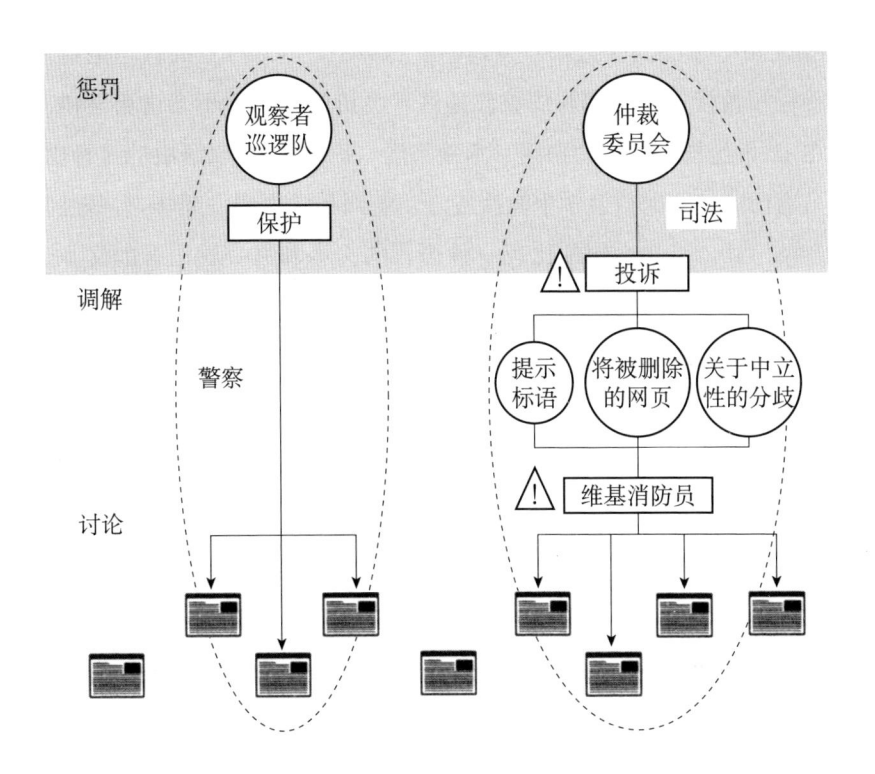

图 2-11 维基百科上的司法和警察

维基百科的司法系统负责处理文章贡献者之间的争端,大多数争端由文章贡献者之间通过讨论就地解决。如果冲突在"讨论"页面上持续存在,调解环节就会启动。通过运用"将被删除的网页""关于中立性的分歧"或"维基消防员"(已经改名为"冲突解决")等步骤,一场辩论会在维基百科社群展开。在调解人做出决定之前,每个维基百科人都可以对冲突双方的观点进行辩论。如果在非常罕见的情况下,调解人的决定无法适用,而且某位维基百科人的行为不符合社区的规则,那时(也只有在那时),仲裁委员会就会提出制裁建议,通常是暂时禁止该维基百科人进入维基百科社群。维基百科也有一个即时控制系统或治安系统:有一个观察者巡逻队(又叫"RC巡逻队",RC意为recent change)时刻监视百科全书上的每个新增条目,以迅速删除不适当的内容。在机器人的帮助下,观察者巡逻队主要删除一些初级和幼稚的破坏行为。

130　　在《无知的教师》这本杰作中，雅克·朗西埃（Jacques Rancière）研究了约瑟夫·雅科托（Joseph Jacotot）的教学原则。雅科托教授来自比利时的鲁汶地区，会讲法语，但不会讲荷兰语。在19世纪初，他成功地用一本费奈隆（Fénelon）双语版的《泰雷
131　马克历险记》向荷兰学生教授法语。老师和学生们一起学习，他们有条不紊、一句一句地比较一种语言的文本和另一种语言的文本。雅克·朗西埃由此推断，学习不是把知识从一个有能力的大脑灌输给无能力的大脑。学习就是学会学习。这个道理放在维基百科身上也适用：它是无知者的百科全书。在维基百科上贡献文章的人并不见得有多专业，他们之所以能变得越来越专业，是因为他们互相督促遵循规则，而这些规则发展了他们的能力。

【看·听·读】

● 埃莉诺·奥斯特罗姆的这本著作讨论了公共事物：Elinor Ostrom, *La Gouvernance des biens communs. Pour une nouvelle approche des ressources naturelles*, Paris, De Boeck, 2010[*Governing the Commons. The Evolution of Institutions for Collective Action*, Cambridge, Cambridge University Press, 1990].

在接下来这本书中，奥斯特罗姆把她的理论模型应用到了数字世界中来：Elinor Ostrom, Charlotte Hess(eds), Understanding Knowledge as a Commons from Theory to Practice, Cambridge(Mass.), The MIT Press, 2007.

关于这个重要问题，还可以阅读：Benjamin Coriat(dir.), *Le Retour des communs. La crise de l'idéologie propriétaire*, Paris, Les Liens qui libèrent, 2015.

● 要了解 Openstreetmap 的绘图志愿者新近的作品，可以登录：http://

第二章 公共财富：网络

live. openstreetmap. fr/

● 关于在文章写作过程中需要遵守哪些规范，维基百科人通常会有十分激烈的争论，例如应该写为"Danah Boyd"（首字母大写）还是"danah boyd"（正如当事人所要求的那样全部小写）。要了解争论的激烈程度，可以参见 https：//en. wikipedia. org/wiki/Talk:Danah_boyd/Archive_1 并查看网页"résolution de conflits"，从而了解维基百科为何最终决定写成"Danah Boyd"：https：//en. wikipedia. org/wiki/Wikipedia：Requests_for_mediation/Danah_Boyd

● 这是关于维基百科创始人吉米·威尔士的视频（1′21）：https://www. ted. com/talks/jimmy_wales_on_the_birth_of_wikipedia?language=fr

● 这是《自然》杂志 2005 年的调查，该调查显示维基百科和《大英百科全书》在质量方面不相上下：https://www. nature. com/articles/438900a

● 这是关于两个年轻的维基百科人的报道，他们在在线百科全书中对纽约地铁做了详尽的描述：https://www. nytimes. com/2018/03/28/nyregion/if-you-see-something-write-something. html

● 以下是三本关于维基百科的优秀著作。

第一本是法语的：Lionel Barbe, Louise Merzeau, Valérie Schafer（dir.），*Wikipédia, objet scientifique non identifié*, Paris, Presses universitaire de Paris-Nanterre, 2015.

第二本是英语的，它讲述了在线百科全书的早期历史：Andrew Lih, *The Wikipedia Revolution. How a Bunch of Nobodies Created the World's Greatest Encyclopedia*, London, Aurum, 2009.

第三本分析了在线百科全书的合作原则，尤其是分析了被称作"wikilove"的做法。"wikilove"是维基百科人的一种精神，它是指要信任其他贡献者，相信他们能够自己改正错误，而不是先入为主地宣称他们无能或蛊惑人心：Joseph Reagle, *Good Faith Collaboration: The Culture of Wikipedia*,

Cambridge(Mass.), The MIT Press, 2010.

● 这本书是雅克·朗西埃的经典之作。朗西埃认为智慧并不是从老师的大脑传递到学生的大脑的一种物质，而是一个过程，在这个过程中，老师应注重使学生自己发现自己的智慧：Jacques Rancière, *Le Maître ignorant*, Paris, Fayard, 1987.

介于市场和公共资源之间的网络

在本章的最后，我们需要用一些理论来解释为什么网络的起步阶段会有两种看似矛盾的力量：一方面是新经济的市场热，另一方面是生产共同物品的社群。这种二元性从一开始就寓于数字文化之中。它植根于同一个现实：网络是一个去中心化的、以交换为目标的基础设施，它使各种集体组织方式成为可能，这些组织方式既可以是市场的，又可以是社群的。个人通过电脑（现在还有手机），可以发布、交换和分享由超文本链接连接起来的信息。有了网络，我们的社会从此就有了一个互联网用户之间可以直接，或更准确地说，几乎是直接建立联系的系统，因为我们仍然需要一个网站（这个网站不久之后将被称为平台）来使人们保持联系。继最早的网络理论家（尤查·本克勒是网络理论家的优秀代表）之后，我们必须强调这种新的通信框架的基本属性：它有利于集体智慧的产生。集体智慧的概念对理解数字文化至关重要。为了厘清这个概念，让我们首先回顾两个经济概念。

第一个概念是"非竞争性物品"。数字信息是一种非竞争性物品，因为一个互联网用户对信息的消费并不妨碍另一个用户消费同

第二章 公共财富：网络

样的信息。苹果则是一种竞争性物品：如果我吃了它，其他人就没有苹果吃了。鉴于数字信息的非物质化特征，它不会被破坏掉，也不会因为被消费了而使其他人无法获取同样的信息。这一特点破坏了媒体和信息产业的传统经济模式，后者建立在信息与其物理载体，如报纸、书籍、电视屏幕的内在联系的基础之上。这些传统产业对载体承载的信息享有独占权，并将独占权转化成利润。然而，要把一个简单的计算机文件变成销售网络的独家商品是非常困难的。正如黑客网络信息自由主义的口号之一所说的那样，"信息渴望自由"。

第二个概念是"外部性"，它是指一项经济活动对其环境产生的正面或负面影响，而企业或组织的负责人在其决策中一般不会将这些影响考虑在内。例如，一家排污工厂会对周围环境产生负面外部性，这就是为什么监管机构会决定对其征税，从而将工厂的活动对空气、居民健康或邻近河流的负面影响重新纳入其成本中。相反，有些活动会产生正面的外部性。例如，阿维尼翁戏剧节为该市带来了许多游客，这对该市的住宿行业有利。尽管酒店经营者本人可能并非现代戏剧的爱好者，但他们也从举办戏剧节这一活动中获得了利好。

网络是一个生产正面外部性的巨大工厂，包括扬·穆利耶-布唐（Yann Moulier-Boutang）在内的一些观察家甚至将此作为新型资本主义——"认知资本主义"——出现的主要原因。所有在网络上进行发表、分享和生产活动的人都会增强网络的吸引力，他们的贡献在于他们使其他人，如商业服务提供者，可以得益于由网络的吸引力所营造的流量。正面外部性是网络的一个核心特征，是以互联网用户自愿生产内容为特点的非商业网络和由电子交易商构成的商业网络之间联系的核心。人们通常用蜜蜂和传粉的比喻来描述网络的正面外部性。为了酿制蜂蜜，蜜蜂收集花粉，在此过程中，它们传递花粉，帮助植物繁殖——它们的辛勤工作对生态系统产生了正面外部性。

集体智慧就是互联网用户的活动所产生的正面外部性之一。詹姆斯·索罗维基（James Surowiecki）在其2004年出版的专著《群体的智慧》中进一步普及了这一观点。他认为："在某些情况下，群体是非常聪明的，而且往往比其中最聪明的人还要聪明。"这一想法并不新鲜，但它在网络世界找到了特殊的印证：智慧不在于人，而在于协调人们的机制。

互联网用户的工作价值被转移到平台或网络社群之中，因为正是在那里，网民的个人活动得到了调节和衡量。以谷歌搜索引擎的算法PageRank为例，它产生了的价值难以估量：它根据互联网用户的查询信息，对网络上的网站进行相对可靠的排名。那么是谷歌产生了这个价值吗？并不是。为了进行这种计算，该算法使用的信息并非来自谷歌，而是来自所有的网站管理员。正如我们将在本书第六章中所讲到的，算法计算的是网络上各网站相互发送的链接数量，因此，它使用的信息并不是谷歌产生的。算法依靠这些信息对网站的权威性进行排名，并提取出新的信息。互联网用户对超文本链接的使用产生了一种正面外部性，搜索引擎计算出这种外部性，然后将其反馈给互联网用户，以指导他们的搜索。我们可以对这种工作方式的模糊性有清楚的认识：谷歌搜索结果的恰当性得益于网民。我们可以用以下方式总结网络的良性运行模式：通过生产超文

第二章 公共财富：网络

本链接这种所有人都可使用的、非竞争性的信息产品，互联网用户产生出一种正面外部性，谷歌将这种正面外部性转化为集体智慧。

在这里，我们触及了有关数字问题的辩论中最重要的问题之一，那就是个人层面的信息交流会产生集体效应。这些集体效应的出现是因为协调系统（包括像维基百科这样的社群、像搜索引擎那样的算法）会改变每个人的活动，使后者产生新的价值。集体智慧可以用来做什么？价值是如何重新分配的？谁会从中受益？

如果这种价值被回馈给网民，帮助他们增加知识和技能，改善他们的活动——简而言之，如果这种价值有助于保持或加强网民的行动能力，我们就可以认为集体智慧系统是生成式的，正如开源软件、维基百科或Openstreetmap的例子所展示的那样。由于互联网用户的个人活动集中在具有协调作用的社群中，这些个人活动就产生了一个集体附加值，互联网用户从中受益，但他们对此也有监管权，正如我们在维基百科的案例中所看到的那样。集体智慧的确具有生成作用，这是因为共同利益是由社群生产和管理的。

然而，价值也可以由平台截获，它从网民的活动中提取集体智慧并为自己服务。在这种情况下，协调机制产生的价值并没有完全返还给网民，而是服务于其他利益。有关谷歌的争论很好地说明了这一点：谷歌确实为互联网用户提供了良好的信息，但它在广告市场上将这种价值变现，这可能促使谷歌将其算法产生的集体智慧转化为一种信息，用以加强其经济利益和地位。在这种情况下，该模式不是生成性的，而是萃取性的。一些大公司的搜索引擎和社交媒体平台具备整合互联网用户活动的能力，它们从中萃取价值，萃取

137

138

139

集体智慧,并将集体智慧产生的益处据为己有。更令人不安的是,平台对商业利益的追求可能导致其生产的信息不符合用户的期望,而是符合平台自己的利益。

因此,网络使大规模的信息交流成为可能,在此过程中,网络鼓励两种价值生产模式(见图2-12):一种是生成性的(如对公共资源的生产),另一种是萃取性的(如当互联网用户的集体智慧和劳动被GAFAM占有)。这两种模式以一种复杂而新颖的方式根植于数字技术这一新事物的特质之中:通过超文本链接,网络将知识连接起来;网络鼓励交换、对捷径的探索、自下而上的创新和内容的流通。网络使社群团结起来,正如它使平台成为互联网用户之间不可缺少的中介。数字世界的一切两面性都浮现出来:有了能将个

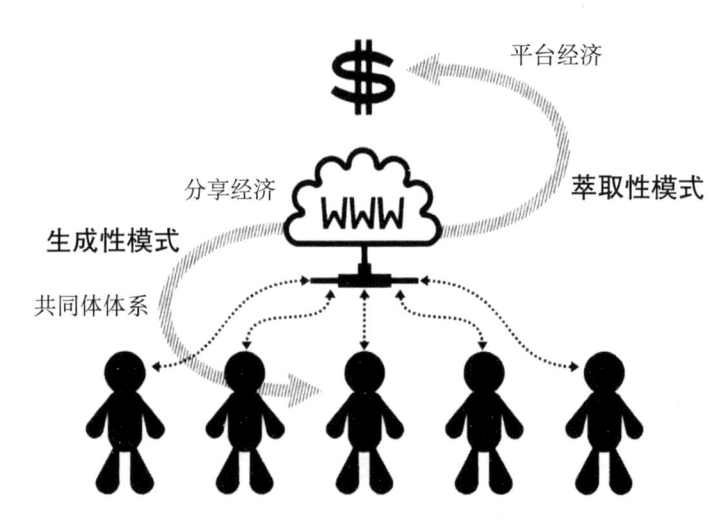

图 2-12 谁得益于互联网用户的集体模式?
通过整合互联网用户的个人活动,平台会产生一种集体智慧,其价值再重新分配给互联网用户(共同物品生成性模式)或在其他市场上变现,促进平台的发展(萃取性模式)。

第二章　公共财富：网络

人联结起来的网络基础设施，人们可以选择为公共利益而合作，也可以选择为私人利益而做生意。

【看·听·读】

140

● 要想清楚地了解生成式网络和萃取式网络之间的竞争，可以观看以下视频，它是由最优秀的数字技术理论家之一讲解的：Yochai Benkler, *Challenges of the Shared Economy* (5′42), 2015, https://www.youtube.com/watch?v=mBF-GFDaCpE

● 关于数字经济和认知资本主义的正面外部性，可参见：Yann Moulier-Boutang, *Le Capitalisme cognitif: la nouvelle grande transformation*, Paris, Amsterdam, 2005.

● 这本书重点提出了"集体智慧"的概念：James Surowiecki, *La Sagesse des foules*, Paris, Jean Claude Lattès, 2008 [*The Wisdom of Crowd. Why the Many Are Smarter than the Few and How Collective Wisdom Shapes Business, Economies, Societies and Nations*, New York(N. Y.), Doubleday, 2004].

● 这本书是关于网民（"大众"）力量的宣言，其观点既是对数字技术创新的一种突破（即著名的"破坏性创新"），也是一种捷径：Nicolas Colin, Henri Verdier: *L'Âge de la multitude. Entreprendre et gouverner à l'ère numérique*, Paris, Armand Colin, 2015 [2e éd.].

● 米歇尔·鲍文斯（Michel Bauwens）是数字公域的理论家和社会活动家，他坚持不懈地付出努力，创建了 P2P 基金会，将所有关于数字公域的经验和学术观点汇集了起来。我们可以在下面这个网站上找到很多有用的资源：https://p2pfoundation.net/

在此也要推荐以下专著：Michel Bauwens, *Sauver le monde: Vers une économie postcapitaliste avec le peer-to-peer*, Paris, Les Liens qui libèrent, 2015.

第三章

参与式文化和社交媒体

142 网络的诞生标志着公共领域的深刻转变。谁有权在公共场合表达自己的观点？表达什么和对谁表达？网络颠覆了传统公共空间的大部分标准，在传统公共空间中，只有一小部分发言人可以表达观点，而观众则处于沉默状态。为了理解这一点，让我们先画一个简单的图（见图 3-1）。在公共场合发言需要一个发言者，即说话人；然后是演讲主题（即演讲是关于谁的），它可以是公共人物、机构、企业或一个集体组织；最后是听众。因此，公共空间就是一个人在公众面前谈论另一个人的地方。三个元素：发言者、主题和听众。

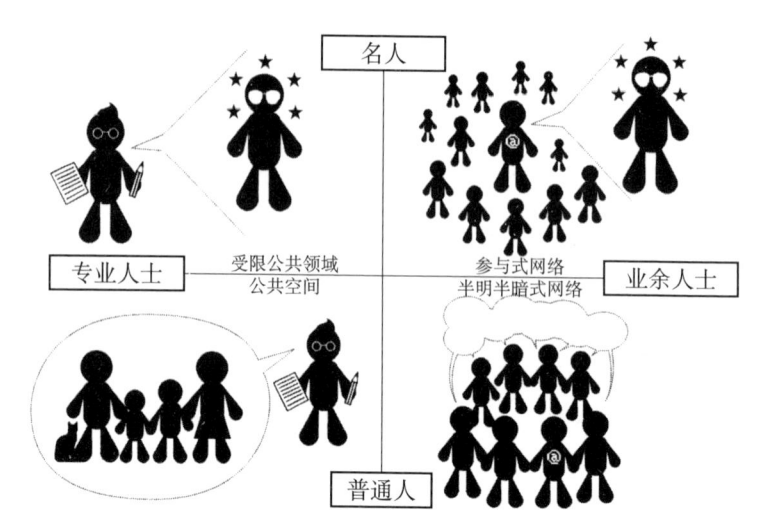

图 3-1 四种公共发言形式

为了区分这四种公共发言形式，这个图在水平轴上将发言者分为两类——专业人士（如记者、编辑）和业余人士；在垂直轴上将话题分为两类——名人和普通人。由此可以区分出专业人士谈论名人、专业人士谈论普通人、业余人士谈论名人和业余人士谈论普通人四种形式。

第三章　参与式文化和社交媒体

为了绘制我们的图，我们首先要关注发言者。随着数字技术的发展，公共空间不再是只有专业人士（记者、作家、出版商、政治家、专家）才能光顾的地方，它也向那些之前不能进入公共空间的业余爱好者敞开了大门。这种变化引发了公共领域的第一种张力（其影响还在不断显现）：任何人都潜在地可以说任何话；在公共场所发表言论的限制被取消，许多之前听不到或看不到的言论现在可以在网络上流传。

第二种张力也出现在公共空间中：它与发言者无关，而与演讲主题有关：我们不仅可以公开谈论名人（政客、名人、企业家等），也可以谈论自己以及周围的人，谈论与我们一起生活、工作或在各种情况下遇见的人——为了把他们和公共人物区别开来，我们称他们为普通人。公共讨论的主题会因所讨论人物的不同而有所区别，因为一些社会地位显赫的人可能会引起所有人的注意，而另一些人的行为则不被所有人知道。

根据这两对张力，我们可以在图上画出两条互相垂直的线，以展现公共发言的四种形式。在第一种形式（左上角）中，发言者是专业人士，他们描述、评论或批评名人的活动。这是公共空间的传统形式，它在18世纪末民主革命时期出现，当时还出现了以评论为主的纸媒。"公众"的概念当时正在形成，人们开始将"公众"称为舆论。公共空间理论家尤尔根·哈贝马斯（Jürgen Habermas）将此空间称为"受限公共领域"，因为它仅仅用来向受过教育的精英阶层展示国家的权力核心。

第二种形式（左下角）拓展了信息场域，这时我们可以名副其实地称之为"公共空间",它在19世纪末随着大众传媒的兴起而出现。为扩大受众,记者们写的文章不再局限于追踪名人和政治精英,他们也关注普通人的生活,有关普通人的文章填补了社会新闻栏的空白。为征服更多观众,媒体改变了其发布的信息的性质。媒体成为展示整个国家面貌的一面镜子。19世纪末,记者们也开始使用具有变革意义的摄影技术,将其应用于新闻出版,增强了信息的即时感。他们不仅把社会名流放在镜头前面,也把普通人放在镜头前面。这项技术创新在当时引起了一场巨大的恐慌,其程度不亚于当今的脸书引发的恐慌。这项新技术促进了隐私权概念的诞生。1890年时,在美国出现了一起由报刊社会新闻栏目的头条引发的丑闻,该头条配有主人公的照片。在该案件中,法官路易斯·布兰代斯(Louis Brandeis)和塞缪尔·沃伦(Samuel Warren)提出了"独处权"(to be let alone;在没有合法理由的情况下,公民享有其个人生活不暴露在公众眼中的权利)的概念。这并不是什么新鲜事:只要某种技术会提高新类型的信息在公共空间的可见度(在这里是普通人的照片),人们就会担忧。当人们意识到过度担忧的问题,当他们适应了新技术的用途,这种担忧就会消散。

以上两种公共发言形式对应的是传统公共空间,即媒体、广播和电视构成的公共空间。后者的特殊之处在于它处在专业人士的控制之下,美国社会学家精心挑选了"gatekeepers"(把关人)这个词来指称这些专业人士。把关人的作用在于他们将可以发表的言论和不可以发表的言论区别开来,他们守卫着公域和私域之间的界线,肩负着甄别信息重要性的重任。媒体由此成为公共议程的设置

第三章　参与式文化和社交媒体

者：媒体认为重要的话题，读者也认为重要。

在传统公共空间中，出版规则可以这样表述：把关人甄选信息，然后发布信息。在此过程中，把关人叠加了两种非常不同的公共空间概念。第一种将其视为对所有人开放的空间。例如街道是公共的，因为所有人都能看到街上发生的事情。房子是私人的，因为它并非向所有人敞开大门。法学家和城市规划师用可访问性和可见性来定义公共空间。根据第二种概念，公共空间是用来发布涉及所有公民的重要信息的地方。信息的内容和它对社群的价值决定了信息必须具备可见性，这也是包括哈贝马斯在内的哲学家们（哈贝马斯发展了康德的思想）赋予"公共性"这一概念的含义：公共性就是将我们作为公民所关心的信息公之于众的行为。尽管这两种概念存在区别，但在传统公共空间中，记者们已成功使二者几乎等同。当记者决定发布一条信息时，他们不仅使信息可以访问（即可见，参见第一种概念），而且告诉读者它很重要且与他们所有人相关（参见第二种概念）。让我们留意这个特点，因为我们将看到它将无法抵抗公共空间的数字化转型。

公共空间的数字化转型

图 3-1 中的另外两种公共发言形式则源于公共空间的数字变革。可以说，这两种发言形式在两个方面扩大了公共空间：第一，增加了可以在公共空间发言的人数；第二，改变了公共发言的方式。

首先让我们看看业余人士公开谈论名人这种发言方式，即"参与式网络"（右上角）。这种新的发言形式出现在网络使用的大众化阶段，那时每个人都可以创建自己的个人网页，人们从1998年开始创建个人博客，从1999年开始参与编写维基百科。网络变成了参与性的，它允许一些人在不经过把关人过滤的情况下公开表达自己的想法。

传统公共空间的规则已经颠倒了，人们不再需要向把关人申请发布信息的权利，发言内容也不再需要通过编辑团队的过滤。那些习惯了公共空间传统发言方式的人们很难理解规则的颠覆：具有可见度的内容和具有重要性的内容不再完全等同。在网络上发布的内容（即获得了可见度的内容）并不一定是重要的内容。在网络上，许多可见的东西并不重要，它们毫无意义，和我们根本不相干。强调以下这一根本特征非常重要，因为如果我们不理解它，就会犯许多错误：网络空间充斥着大量公开且可以访问的信息（根据公共空间的第一种概念），但它们对于公共利益的讨论（根据公共空间的第二种概念）而言毫无意义。

没有什么比网络更"扁平"的了。网络上的可见性遵循数字世界最基础的分配规则之一：幂律分布法则。该法则认为，网络上发布的内容实际上只有一小部分会被真正看到。人们的注意力集中在极少的一部分数字信息上：1%的内容吸引了90%以上的互联网用户的注意，30%的内容偶尔被浏览，其他的内容几乎无人问津。网络是内容的墓地。在数字世界的几乎所有领域都可以发现这个规律（见图3-2）。

第三章　参与式文化和社交媒体

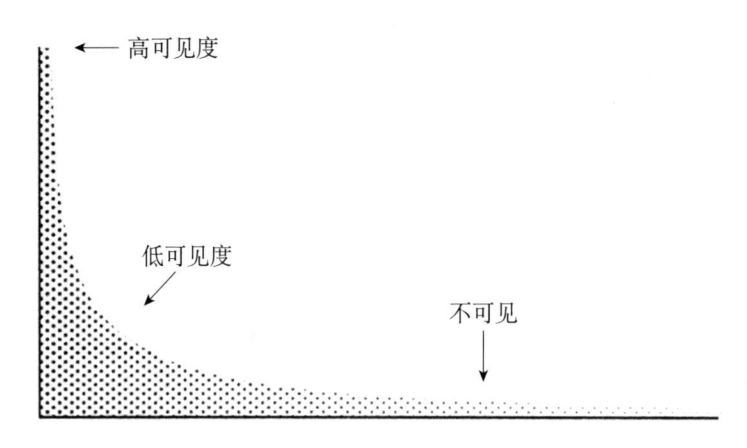

图 3-2　网络世界的幂律分布法则
网络是内容的墓地：只有极小部分具有高可见度。1%的内容吸引了90%的注意。

在传统媒体上，发布的内容会被看到，因为它们被看到了，所以人们认为它们很重要。在网络上，情况并非如此：首先人们发布内容，然后网络对其进行过滤。尽管网民发布内容的行为不需要获得把关人的许可，但内容的发布并不意味着内容会被看到。虽然网络上存在过滤，但过滤并不是二元的，它不是将把关人决定发布的信息与他们拒绝发布的信息对立起来。相反，过滤是一个连续统，介于高度可见和高度不可见之间。

如今哪些人可以指定发布给网民什么信息呢？换句话说，如今"把关人"是谁？它们就是算法，我们将在第六章详细讨论。算法构成了一种新的等级体系，而搜索引擎则是算法的工具。在所有可以访问的信息中，算法决定哪些信息可见，哪些信息不可见。算法是如何工作的呢？它主要计算每个网站收到的超链接的数量：一个受欢迎的网站排名会很高，一个不受欢迎的网站则会被埋没在搜索结果中不起眼的地方。通过使用超链接、点赞、转发、评论内容，网民实际上在发出信号。作为网民集体智慧的聚合器，搜索引擎会计算这些信号，并据此对网站进行排名。在某种意义上，我们也可以说网民是数字化信息的把关人。

图3-1上的第四种，也就是最后一种形式（即右下角的"半明半暗网络"），可能是最具决定性的：业余人士讨论普通人。简而言之，在这种形式下，普通人和普通人谈论其他普通人。这种在网络上发表言论的形式是社会学上的一项重大创新。它是随着数字社交网络的出现而出现的，社交网络以前所未有的方式使我们的谈话、社交、兴趣爱好和选择可以在公共场所公开展示和分享。为了理解这种发言形式所具有的决定意义，现在我们需要使用另一个棱镜对社交媒体进行分类。这个棱镜就是参与生产公共空间（公共空间从前是专业人士的专属领地）的新公众所具有的身份特征。

【看·听·读】

● 关于数字网络空间的分类，可参见：Dominique Cardon, *La Démocratie internet：Promesses et limites*, Paris, Seuil, coll. «La République des idées», 2010.

● 要了解舆论的不同形式，可以阅读下面这本书，它汇总了多种用来衡量舆论的技术，包括提交给省长的报告、窃听技术、民意调查：Baptiste Kotras, *La Voix du web：Nouveaux régimes de l'opinion sur internet*, Paris, Seuil, coll. «La République des idées», 2018.

● 下面这篇文章深入思考了网上言论表达自由化的结果，其观点发人深思：Zeynep Tufekci, «It's the (Democracy-poisoning) Golden Age of Free Speech», *Wired*, 16 janvier, 2018, https://www.wired.com/story/free-speechissue-tech-turmoil-new-censorship/

● 这本书对互联网开启的民主政治前景持无比乐观的态度，至今仍是经典之作：Clay Shirky, *Here Comes Everybody: The Power of Organizing without Organizations*, New York(N. Y.), Penguin, 2008.

相反，接下来这本书的观点就悲观许多：Matthew Hindman, *The Myth of Digital Democracy*, Princeton(N. J.), Princeton University Press, 2009.

● 有很多专著讨论了数字技术如何改变公共空间和政治生活，其中一本书的立场十分乐观：Alexandra Segerberg, *The Logic of Connective Action: Digital Media and the Personalization of Contentious Politics*, Cambridge, Cambridge University Press, 2013.

相反，另一本书的立场则比较悲观：Evgeny Morozov, *The Net Delusion: The Dark Side of Internet Freedom*, New York(N. Y.), PublicAffairs, 2011.

网络空间社交媒体的分类

同事群、朋友群、狗或猫爱好者群、约会群、邻居群、音乐爱好者群、企业群、博物馆群、拼车群、啤酒瓶收藏者群等不断涌现出来。2003年第一批数字社交网络（也称为社交媒体）的出现是网络历史上的一个关键转折点，因为它们成为网络民主化使用的主要因素。

在此之前，社交网络领域出现过一些先锋，如Friends of a Friend和Friendster。然而，从2002年开始，Linkedin、Myspace（2003年）、脸书（2004年）、Flickr（2004年）和推特（2006年）在社交网络领域掀起了一场不可阻挡的浪潮。今天几乎每个月都会有新的社交网络出现。2004年，主营信息技术领域书籍的出版商蒂姆·奥赖利（Tim O'Reilly）在一篇简单的博客文章中创造了"web 2.0"这个术语，以表明在新经济崩溃之后，网络迎来的第二次诞生——新网络界面不仅允许用户浏览网站，而且允许他们进行交流和交换。简而言之，这是一个更加互动和参与的网络。总之，网络变得更具交互性和参与性。在一篇题为"社交媒体网站：概念定义、历史沿革和学术讨论"的前沿文章中，丹娜·博伊德（danah boyd）和妮科尔·埃利森（Nicole Ellison）用以下两个特征定义数字社交媒体：第一，每个网民都有属于自己的网页；第二，他可以关注那些他希望与之互动的人。

现在让我们试着对社交媒体进行分类。尽管我们可以用多种绘图方式对其进行分类，但我们将提出的分类方法具有一个显著优点，即它能突出不同种类的数字社交网络内部存在的根本张力。

我们的分类方法基于两个变量。第一个变量是我们的多重身份。网络服务会界定并保存我们多重身份的某些方面而不是其他方面。当我们与家人、同事、朋友或陌生人互动时，我们不完全是同一个人。我们所说的话和说话的方式会随着空间距离、矜持程度、熟悉程度、是严肃还是开玩笑、是坦率还是委婉等而不断变化。因此，在脸书诞生之前的20世纪70年代，社会学家欧文·戈夫曼（Erving Goffman）便将身份游戏作为他思考的核心问题：根据交流对象的不同，人们会戴上不同的面具。他认为，人的身份并非隐藏在心灵深处，而是通过表情、姿势和态度在人的表面构建起来。我们在与他人互动时所呈现的不同面孔不断叠加，就构成了我们的身份。

第三章　参与式文化和社交媒体

第二个变量是社交媒体赋予互联网用户的可见性。数字平台界面的设计师为交互界面赋予了多种功能,其中之一便是定义谁可以看到其他人的个人资料:个人资料可以是公开或封闭的。平台的设计有时精益求精:在脸书上,我们可以和父母是朋友关系,但我们可以做到使他们看不到我们发布的某些内容;Snapchat上的快照会消失,从而使人们忘记我们在那里讲的愚蠢或不谨慎的话。找到恰当的可见性设计是社交媒体成功的关键。

让我们从第一个变量出发绘制一张图,用来表示我们在网络空间投射的个人身份的不同特征(见图3-3)。人类社会中正在进行的个体化过程使两种重要张力再次凸显出来。第一种张力有时也被称为主体化过程,它把"存在"和"行为"(横轴)对立起来:一方面,身份表现出内化、稳定和持久的特征,即我们是谁;另一方面,身份表现出活跃的特征,即我们做了什么,它承载了我们的选择、能力和取得的成就。身份既是被赋予的,又是被生产出来的。

在数字世界中对个人身份起作用的第二种张力可以被称为自我模拟(纵轴):一方面是人的真实身份,即我对我的亲人、熟人以及看到我的人而言的身份;另一方面是人投射的身份。后者有时被称为"虚拟身份"。"虚拟"这个词具有误导性,因为人们经常将其理解为一种模仿、欺骗、伪装。然而与"虚拟"相对的并不是"真实",而应该是"实际";因此,"虚拟"的意思其实是指"潜在"。我们在社交网络上投射的自我形象是一种希望达成的目标、一个潜在的可能性,简而言之,是我们想要提升并希望获得他人认可的形象。身份既是当下的,又是自我投射出来的。

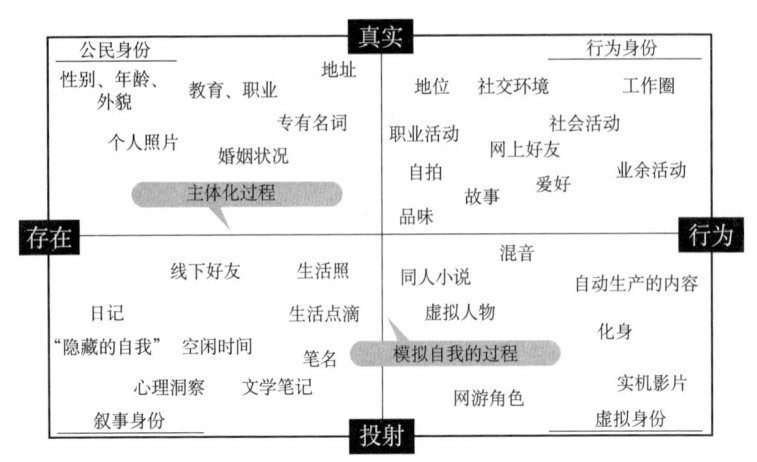

```
                        真实
   公民身份                        行为身份
                    地址
   性别、年龄、  教育、职业      地位  社交环境   工作圈
   外貌            专有名词
                              职业活动   社会活动
        个人照片                自拍   网上好友
               婚姻状况          故事    爱好   业余活动
             主体化过程
                              品味
存在                                                    行为
                              混音
        线下好友   生活照    同人小说       自动生产的内容
     日记         生活点滴   虚拟人物
                                         化身
     "隐藏的自我"  空闲时间  笔名   模拟自我的过程
           心理洞察  文学笔记                   实机影片
                              网游角色
     叙事身份                              虚拟身份
                        投射
```

图 3-3 网络上的身份特征

我们在社交媒体上泄露了哪些身份信息？一些身份信息可能与我们是谁有关，另一些可能与我们做什么有关；一些信息可能是真实的，而另一些则是我们对自己理想身份的投射。由这两个轴建立的四个象限显示了身份的不同形式：公民身份、叙事身份、行为身份或虚拟身份。

这两种张力帮助我们划分出四个象限。我们在创建个人页面时，社交媒体使我们表现出不同的身份特征，后者在这四个象限中分别找到各自的位置。

位于左上方的象限显示个人的内在特征（存在）。由于这些特征与个人身份的客观形式一致，所以它们是相似（真实）的，例如性别、年龄或学历。接下来，左下方的象限显示了个体身上的另一种内在身份（存在），但它更多地以叙事（投射）的方式存在：情绪、日常生活、笑话，这些是个人的内心、心理和情感的标志。我们晒的照片不再是身份证上的照片，相反，它应该承载着个人希望向他人展示的痕迹和标志。这是一种叙事身份。

在图的右侧，表达个人身份的符号包括成就、爱好和个人取得

第三章 参与式文化和社交媒体

的成绩。右上方象限展示的身份特征是现实存在的,它们制造出一种行为身份:我喜欢什么、我做什么、什么让我感兴趣、我的文章、我的照片或我的视频。右下方象限表达人的虚拟身份特征,包括人的面具以及人的自我戏剧化,它就像人的化身。

在这张显示个人身份特征的图上,我们现在可以使用分类法中的第二个变量来区分四类数字社交媒体,即每个社交媒体赋予个人的可见度(见图3-4)。

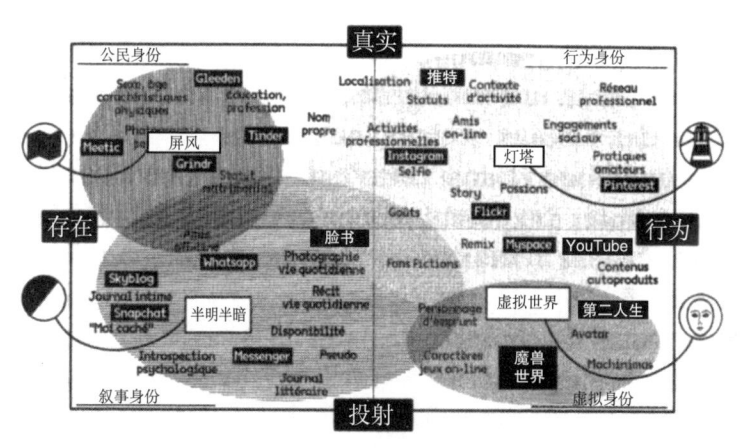

图 3-4 网络世界的四种关系

根据社交媒体赋予用户的可见度,我们可以区分四种类型:屏风、半明半暗、灯塔和虚拟世界。

第一种类型并不是最重要的,但它发挥着特殊作用。它汇集的是一些约会网站,个人资料的可见度被遮蔽在"屏风"后面。这类社交媒体上显示的身份是现实中的,选用的标准和公民身份的标准一样,具有客观性和持久性(包括照片、年龄、位置、身高、收入等),但人们只能渐渐地发现这些信息。约会则是一个信息展示的过程，平台会组织好这个过程的每个步骤，邀请用户在同意透露各自更多叙事性身份特征之前进行沟通。其中一些网站，如受同性恋网站启发而建立的网站 Tinder，提供了更快速、更即时的信息揭示过程，但原则是相同的：用户首先互相选择，或者说"匹配"，然后可以在线交流、互相交换电话号码并见面。

第二种类型是最重要的。它包括一系列社交媒体，其共同点在于它们创建了一种半明半暗的可见性。根据社交网络专家丹娜·博伊德的说法，这种可见性是一种灰色地带，又叫半私人-半公共的可见性。在使用第二种类型的服务时，用户在暴露自己的同时也在隐藏自己。用户讲述自己一天的生活，分享他们的情感、与朋友在一起的生活、假期旅游经历以及与父母或老师的纠纷，以此来展示自己的叙事身份。即使他们展示了自己个人生活中很日常的方面，他们也并不希望这些内容被所有人看到。这时，平台的巧妙之处就在于它们创造出了一些空间，使用户可以自由调整自己的可见度。比如，让朋友看到你，但不让父母或老师看到；展示度假照片，但不让老板看到；关注他人在社交媒体上的行动，但不让邻居、前任或同事看到。一般来说，用户们不会天真地向所有人展示自己。许多人甚至成了使用隐藏、阻止或删除某些内容的功能的能手（当然，他们并不会完全避免出错）。在脸书主宰社交媒体之前，每个国家都在发展半明半暗式的社交网络：韩国的 Cyworld、美国的 Friendster、英国的 Bebo、巴西的 Orkut 等。现在，脸书已经成为大多数国家主要的社交网络；只有在威权政体中，半明半暗的社交媒体（即人们既可以展示自己又可以隐藏身份的媒体）才由其他平

第三章 参与式文化和社交媒体

台提供,如俄罗斯的 Vkontakte 或中国的微信。在法国,Skyblog 是最早的半明半暗式社交媒体。除了脸书,明暗功能还可以在 Snapchat 和 Whatsapp 等平台上看到。

正是这类半明半暗式的社交网络催生了 2000 年以来互联网人口结构的惊人变化。所有年龄段的人都开始逐渐使用这些讨论场所,以至于最初使用这类社交媒体的年轻人最终离开了脸书这样的平台,加入了其他社交媒体,如 Snapchat,他们可以在半明半暗的空间中保持自己的圈子。后来他们的父母也注册了 Snapchat,演变成一场无休止的猫捉老鼠游戏。

第三类社交平台给予用户很大的公共可见性。这种模式是由 Myspace 发明的。为了和半明半暗式社交媒体区分开来,我们将其称为"灯塔",在这类平台上,任何人可以看到任何信息。这类社交网络在 21 世纪初以出其不意的方式出现,当时人们普遍认为网络世界的朋友圈应该保持私密性。2003 年 Friendster 还是年轻的美国人使用的一种半明半暗式平台,人们只能看到自己朋友的资料。一些用户试图扩大范围以便能查看到其他人的资料。为此,他们创建了一些虚假个人账号(如 Homer Simpson),不同用户一起关注这些假账号,以便能看到更多内容。Friendster 的负责人反对这些做法,所以总是对假账号做销号处理。这时,两个聪明的家伙汤姆·安德森(Tom Anderson)和克里斯·德沃夫(Chris DeWolfe)进行了一次黑客攻击:他们复制了 Friendster 的代码,解除了仅朋友可见的限制,并将其命名为 Myspace(他们没有预料到 Myspace 很快会转向音乐)。由此他们便创造了一个新型社交网络,在该网络，所有账号都是公开的。

在第三类社交媒体上，尽管所有人都能看到所有人的资料，但人们展示的身份和他们在前两类社交媒体上展示的身份不同。在第三类社交媒体上，人们发布内容的目的并不是获得亲朋好友对他们日常经历事件的肯定、关心或大笑。相反，人们展示出来的身份指向一种兴趣，并将这种兴趣和陌生人分享：Myspace 上的音乐、YouTube 上的个人频道、Flickr 或 Pinterest 上的照片、Linkedin 上的工作信息、推特上的消息等。用户展示的自我形象和平台给予用户发布内容的可见度之间存在紧密联系。所有用户对所有用户都是可见的，他们之间能建立联系并不是因为彼此认识，而是因为他们有共同的喜好、观点或兴趣。随着可见度的完全放开，另一种逻辑随之出现，即内容分享构成这类社交媒体的主要活动。然而也需要看到，随着网络知名度策略的发展，用户自己也可以变成一种被雕琢、被展示的内容，他们的知名度是由那些他们素未谋面的人建立起来的。例如在 Instagram 上，一些公众号运营者（模特、旅行家等）展示他们的生活、身材、个性，目的就是吸引人们的关注和赞美。在半明半暗式社交媒体上，用户以一种诙谐但平常的方式讲述各自的日常生活。而在第三类社交媒体上，用户像经营个人品牌一样希望使自己成为社交网络明星，他们进行的是一种名副其实的生产自我的活动。

第四类在线社交媒体存在于虚拟世界中，包括类似《魔兽世界》的全景游戏，以及类似《第二人生》的虚拟世界。在这里，参与者的身份是公开的。然而，参与者的身份经历了多重改变和修饰（包括假名、化身、与身份相关的游戏），它们隐藏了参与者的真实身份。

第三章 参与式文化和社交媒体

虚拟世界由此创造了人们相互联系的空间,这种联系更多地基于他们在线上通过化身展示的东西,而不是基于他们线下个性的相似性。

我们的分类表明,社交网络不仅仅是用户向全世界展示自己生活的公共空间,更是一种可见度可以灵活调整的空间,它们鼓励用户在不同平台聚集的不同公众面前创造与个人身份相适应的形象。平台提供的多种可见性方式激励参与者调用多重身份,参与不同性质的互动,并建立根据不同原则组成的社交网络。人们经常说,在网上,每个人都在向全世界展示自己生活的一切。但是,当我们观察到平台和用户共同对可见度进行的精细调节时,这种说法似乎变得不真实了。用户可以"隐身而看"(屏风式社交媒体)、"既隐又显"(半明半暗式社交媒体)、"展示全部,看见全部"(灯塔式社交媒体)或者"在隐藏真实身份的前提下互相看见"(虚拟世界)(见图3-5)。

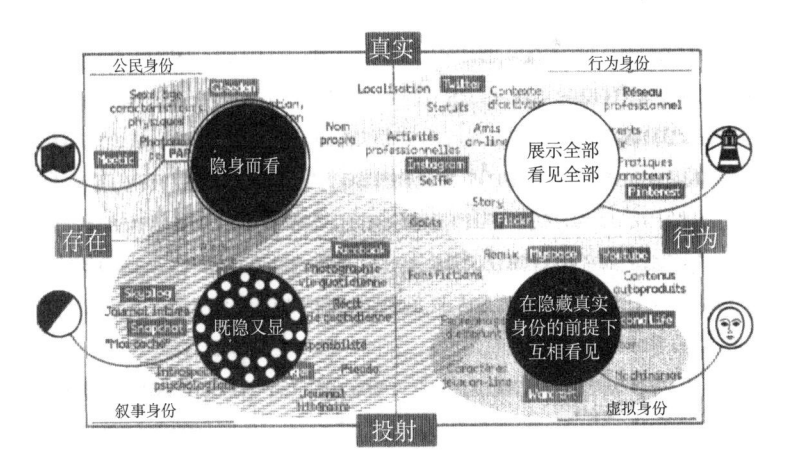

图3-5 在社交媒体上看见和被看见
平台给用户提供的可见度有多种方式,它们巧妙部署各种策略对其进行调节。

数字文化

【看·听·读】

● 在下面这篇文章中,"Web 2.0"这一表述首次出现:Tim O'Reilly, «What is Web 2.0», 30 septembre 2005, https://www.oreilly.com/pub/a/web2/archive/what-is-web-20.html

● 这篇文章介绍了四类社交媒体:Dominique Cardon, «Le design de la visibilité: Un essai de cartographie du web 2.0», *Réseaux*, 152, 2008, p. 93–137.

在网上可以找到这篇文章的简短版本:http://www.internetactu.net/2008/02/01/le-design-de-la-visibilite-un-essai-de-typologie-du-web-20/

● 推荐社会学业余爱好者阅读下面这本名著:Erving Goffman, *La Mise en scène de la vie quotidienne*, Paris, Minuit, 1973.

● 这篇文章首次定义了什么是数字社交媒体:danah boyd, Nicole Ellison, «Social Network Sites: Definition, History and Scholarship», *Journal of Computer-Mediated Communication*, 13(1), 2007, p. 210–230.

● 这本书是一部关于青少年如何使用社交媒体的社会学调查著作,由该领域最杰出的专家之一丹娜·博伊德主持开展:danah boyd, *C'est compliqué. Les vies numériques des adolescents*, Paris: C&F Editions, 2016 [*It's complicated: The Social Lives of Networked Teens*, New Haven (Conn.), Yale University Press, 2014].

● 要获得年轻美国人社交媒体使用状况的有关数据,可以参考皮尤研究中心的调查,其数据质量一如既往的可靠:Monica Anderson, JingJing Jiang, «Teens, Social Media & Technology 2018», Pew Research Center, 31 mai 2018, http://www.pewinternet.org/2018/05/31/teens-social-media-technology-2018/

● 这本书总结了数字社交媒体和非数字社交媒体的概念:Pierre Mercklé, *Sociologie des réseaux sociaux*, Paris, La Découverte, coll. «Repères», 2011.

第三章　参与式文化和社交媒体

● 关于隐私问题和青少年使用社交媒体的情况，可参见：Sonia Livingstone,《Taking Risky Opportunities in Youthful Content Creation: Teenagers' Use of Social Networking Sites for Intimacy, Privacy and Self-expression》, *New Media & Society*, 10, 2008.

● 关于数字技术使用中的社会不平等问题，可参见：Eszter Hargittai, Amanda Hinnant,《Digital Inequality: Differences in Young Adults' Use of the Internet》, *Communication Research*, 35(5), 2008, p. 602 - 621.

网络社交媒体的特征

网络公共空间的扩张使我们得出三个重要结论。第一个结论和信息媒介的结构有关，而信息媒介正是网络公共空间的缔造者。这个空间是公共的，但这一公共性和我们在数字技术来临之前讨论的公共性不同。信息提供者和信息接收者之间的界线已经不再像从前那样清晰。从前那些默默接收信息的人们彼此建立了联系，相互交谈。有时他们的讨论会达到十分热烈的程度，以至于先前从高高在上的讲台上向他们讲话的人们（如媒体、专家、政客等），其发言已经无法被听到了。

通常情况下，媒介社会学一方面会考虑信息的供给（生产信息的媒体），另一方面会考虑信息的接收（接收信息的个人），然后衡量前者对后者的影响。有了社交媒体，公民接收信息的行为具有了公共性和某种程度上的集体性。

社会学家加布里埃尔·塔尔德（Gabriel Tarde）1901年出版的《舆论与群集》一书迄今仍被奉为经典。那时人类社会正在迈入大众传媒时代。塔尔德反驳了古斯塔夫·勒庞（Gustave Le Bon）的观点。勒庞认为，群众是暴乱的、盲从的，且互相模仿，他们构成一种新的政治实体。塔尔德则认为公众具有一定的理性，且公众是通过两个彼此重叠的过程建立起来的。一个是纵向过程：通过阅读报纸，公众可以了解到记者们当天从巴黎发出的信息。阅读报纸的行为使公众得以参与公共生活。公众间的交谈是社会的重要组成部分。读完报纸后，公众会将他所读的内容融入他的对话之中，包括与家人、朋友、同事、俱乐部成员以及在咖啡馆偶遇的人的对话。信息随后在日常对话中被再次接收："你听说最近发生的事情了吗？"这构成一个横向过程。日常闲谈可能看起来微不足道，但它是社会生活的基本构成部分。我们的生活在很大程度上受制于这些人们在争吵、提问或质询时讲的不起眼或逻辑混乱的谈话。然而，随着通信和信息网络的扩大，新闻信息越来越经常地渗入人们的日常对话之中，并将日常对话"电子化"。在20世纪初，当塔尔德提出这个理论时，信息流通的横向和纵向路线是明显分开的，只有当人们在日常对话中讨论从报纸上阅读的内容时，这两条路线才会重叠起来。

随着数字社交媒体的兴起，这两条路线相互交织起来。信息传播空间和用来接收信息的对话体系现在建立了紧密联系。脸书、Instagram 和 Whatsapp 如今吸收了一部分社交对话。此前，这些对话一直出现于咖啡馆、教室、餐厅、聚会场所或工作场所中，但也在这些场所中消散，难以保存。我们将在第四章看到，公共空间的这种转变也影响了民主制度的运行。

第三章　参与式文化和社交媒体

数字社交媒体的繁荣带给我们的第二个结论就是现实生活（或曰线下生活）与虚拟生活（或曰线上生活）之间的联系。虽然我们把所有线上社交媒体统称为社交媒体，就像只有一种社交媒体一样，但众所周知，它们的形式和构成可能非常多样化。在约会网站（即屏风式社交媒体）上，用户首先遇到的是一些陌生人，然后才能在现实生活中与其见面。在类似脸书、Whatsapp 或 Snapchat 等的半明半暗式社交媒体上，逻辑刚好相反：已经在现实生活中互相认识的人以同心圆的方式扩展他们的线上交流，涵盖了他们不太熟悉或希望加深了解的人（如朋友的朋友），或者是他们曾经很熟悉但失去了联系的人。然而，在绝大多数情况下，现有的社交关系决定了在半明半暗式社交媒体上的交流。

研究社会资本（"社会资本"的概念可以被粗浅地概括为一个人的人脉）的理论家们对公众关系圈子的构成十分感兴趣：每个人会有多少朋友，会认识多少人？人们的交流频率是多少？朋友众多会带来哪些资源和机会，朋友缺乏又会怎样？为了描述人们维系其社会资本的方式，美国政治学家罗伯特·普特南（Robert Putnam）提出了一个被人们广泛引用的概念，即两种策略——bonding（联系）和 bridging（搭桥）——的对立（见图 3-6）。

在半明半暗式社交媒体上，保持联系更为重要。用户加强了先前存在的社交联系。线上的朋友构成联系密切的小型熟人网络。和人际关系网类似，半明半暗式社交媒体将个人嵌入一个参照系之中，该参照系在社会层面和地理层面呈现高度同质化的特点，这也是因为大多数朋友在现实生活中就彼此认识。有研究表明，在脸书

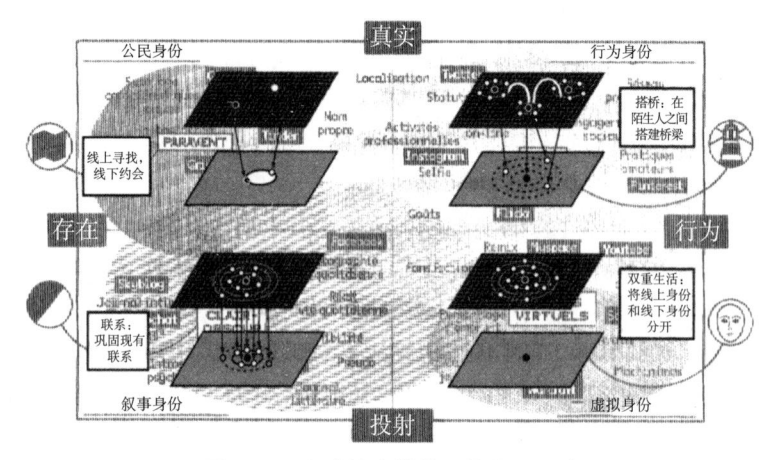

图 3-6 各类社交媒体上的关系系统

不同类型的社交媒体平台用不同的方式将线上关系（位于图上半部分的平台）和线下关系（位于图下半部分的平台）联结起来。线上的约会可以在线下实现，日常关系也可以在线上继续进行。线上社群可以扩大，也可以发展出分支，还可以在现实生活中相遇。最后，在虚拟世界建立的某些社交联系永远不会促成现实世界的相遇。

上，即使我们有150个朋友，给我们的帖子点赞并时常评论的人也只有十几个，他们都是我们在现实生活中认识的人。平常的互动、点赞和评论几乎都来自同样的联系人。由面对面形式开始的交谈在Snapchat 上继续进行，人们有时也会打电话，或者在脸书上开玩笑，晚间在 Instagram 发照片，重新拾起话题，然后次日早上再次面对面交流。借助新的媒介技术设备，社交联系以一切可能的方式得以加强。

相反，在分享内容的社交媒体（如 Instagram、推特、Flickr 或 Pinterest 等灯塔式社交媒体）上，与我们互动的人通常是我们在现实生活中不认识的。根据普特南的术语，在这类社交媒体上，个人社会资本的形成不是基于"联系"（bonding），而是基于"搭

第三章　参与式文化和社交媒体

桥"（bridging）。人们通过展示自己的某些特征（如兴趣爱好、政治倾向、音乐活动等）建立起延伸向他人的桥梁（普特南将其称为bridge），即将个人的关系网延伸至陌生人。这些平台上的用户可能拥有数量众多的粉丝。在脸书上，如果一个账号毫无来由地拥有很多朋友，它就可能会被认为是虚假的，丧失可信度。这种情况在内容分享平台上却不会出现，因为这类平台的用户非常注重他们的粉丝数量，并不断努力增加其账号的可见度。在这类平台上，用户之间的联系比现实中要少，且更具有等级性。和我们在现实中观察到的关系网相比，这类关系网更加多样化、更加出其不意、更长久、更松散。它们是一个逐层建构起来的名副其实的"千层饼"：我们订阅一些人的账号是因为他们是我们的熟人，因为他们是我们熟人的熟人，因为他们发布我们关心的信息，因为他们在现实世界或网络世界中有知名度。我们订阅的账号有媒体机构的、政府部门的、商家的，不一而足。推特账号的结构就具有这种典型的关系网和信息网多层叠加的特征。

要想在这类社交媒体上提高自己的可见度，用户必须像自媒体一样，生产出能够吸引多元化观众的内容。和用户平常的关系圈不同，这些观众在社会层面、地理层面和文化层面具有更强的异质性。根据搭桥逻辑，我们构建出来的与其说是一个对话空间，不如说是"大众"，或者"受众"，它使不同账号在可见度方面存在巨大差异。名人们关注的对象较少，但却拥有数百万的追随者。如果一个用户关注的账号数量和被别人关注的数量之间存在巨大差异，他就被称为"网红"。在某些平台上，由于可见度的差异，那些拥有众多追随者的账号发布的内容会病毒式传播，而拥有较少追随者的账号发布的同类内容则对公众没有任何影响。

虚拟世界式的社交媒体建立了一种"双重生活"模式，用户将线上关系和线下关系分开。人们不一定有兴趣知道在虚拟世界穿着精灵衣服、长时间与自己互动的人的真面目。然而，有关游戏玩家协会的一些社会学研究表明，某些玩家经过多次线上互动之后，会决定在现实生活中碰面。他们经常发现彼此在年龄、受教育水平或职业方面比他们想象的更相似。

社交媒体的繁荣带给我们的第三个结论与信息获取方式有关。人们不再通过搜索引擎浏览新闻，而是通过动态新闻，又被称为信息推送。2006年，当脸书上线了这个功能时，它被看作一种用来获取信息的新工具。通过记录朋友们（即我们订阅的账号）的活动，动态新闻使互联网用户能够发现他们在搜索引擎中不曾想到过的主题和话题。这种现象被称为"意外收获"（sérendipité）。这个词源自 Serendip 王子的名字，Serendip 王子是一则锡兰传说中的人物（在伏尔泰的小说《查第格》中有提及）。该词是指人们通过一种幸福的机缘，以偶然的方式发现新事物的可能性。这与从盛满黑球的袋子中随机抽出一个白球完全不同——"意外收获"意味着我们组织好周围环境，汇集最佳条件，然后等待惊喜出现。在社交媒体上，通过选择"好朋友"，我们可以获得令人惊讶的有趣发现。

根据社交媒体平台的类型，平台上的关系网也有不同类型（见图3-7）。在屏风式社交媒体上，约会模式就是和陌生人配对，配对建立在某些标准的基础上，包括年龄、地点、兴趣爱好或外貌，

第三章　参与式文化和社交媒体

这些标准会指导用户的选择。在半明半暗式社交媒体上，关系网的规模都较小（100 到 300 人），朋友之间对彼此的了解程度非常高（图论——也被称作网络科学——把这种现象叫作"强聚集"，表示一个人的许多朋友彼此互为朋友）。在类似即时通信的社交媒体（如 Messenger、Whatsapp 和 Snapchat）上，人与人关联的密度会更大，在这类关系网中，经常联系的联系人数量非常少，但彼此的了解程度非常高。而在以内容分享为核心的社交媒体（即灯塔式社交媒体）上，情况则相反，这类社交媒体的规模可能非常大，但密度较低，小团体非常多。我们在推特、Pinterest 和 Instagram 的公众号上常常可以看到这类关系网。

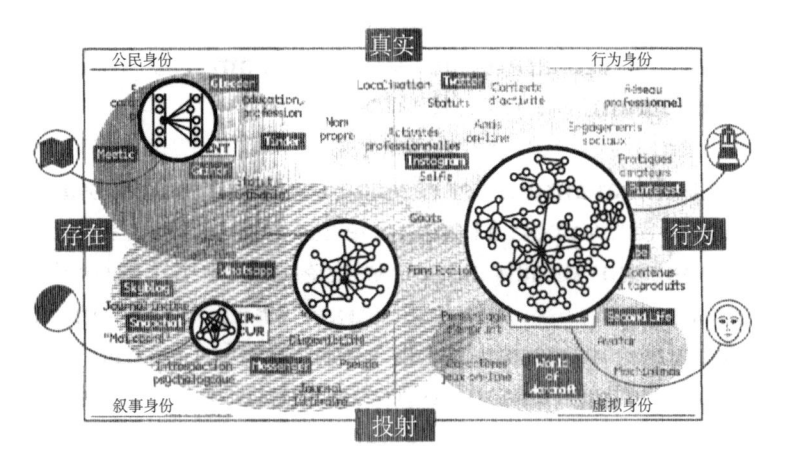

图 3-7　关系网的形式

规模小、可见度低的网络非常密集（这类网络上的朋友们也互相认识）。相反，大型内容分享平台密度低，但范围广。

与社交媒体起步时的狂热相比，氛围已经发生了根本性变化。现在，几乎再也没有人会捍卫以下观点："意外收获"带来的积极影响使新闻推送成为一个丰富的信息系统。当下的讨论对下列事实表示担忧：社交媒体将用户困在"气泡"中，用户无法逃离；这些"气泡"利用用户的认知偏差；用户被平台的算法操纵。我们将在第六章讨论关于数字实践的阐述在21世纪10年代中期发生的重大变化。现在我们只需要记住信息推送确实能够产生多样性、新奇性和惊喜。它基于互联网用户自行构建功能良好的信息生态系统的能力。为实现这一目标，用户需要有不同类型的"朋友"，需要订阅"正确的账号"，需要对"正确的群体"感兴趣，并使用"最佳标签"进行导航。从某种意义上看，这就是社交媒体面临的自由主义挑战，它基于以下假设：互联网用户有能力为自己做出最好的选择，而不是让记者（即把关人）为他们做选择。

社交网络会改变社交方式吗？现在我们已经有足够多的调查来证明，数字社交网络对那些最稳固的联系——家庭和极少数最要好的朋友——几乎没有任何改变。点赞和评论的行为也不会把陌生人转化成亲密的朋友——可能在Tinder上除外。

然而，正如巴里·威尔曼（Barry Wellman）和查尔斯·斯坦菲尔德（Charles Steinfeld）的研究所显示的那样，数字社交媒体会略微增加个体间弱连接的密度。在网上，人们保存联系人的信息，将其看作回忆、机会或潜在的可能性。社交媒体使人们的社交范围从邻近地带扩展到边缘地带，边缘地带由疏远的、不稳定的、较难获得的社会关系构成，这类关系在线下世界会消失得无影无踪。因此，尽管数字社交网络有时会把我们孤立在电脑屏幕后面，但它们在某种程度上加强了我们的社会联结程度。在一篇著名的经

第三章　参与式文化和社交媒体

济社会学文章中，马克·格兰诺维特（Mark Granovetter）提出了"弱连接的力量"这一概念。他指出，人们在找工作或购买二手车时，向亲近的人求助其实无济于事。实际上，关于哪些机会可以把握，我们的亲朋好友拥有的信息和我们自己拥有的信息没有区别。但是弱关系由于与其他社会圈子有联系，因此可能拥有我们不知道的有用信息。网络社交媒体为社会生活提供了新的基础设施。它们使互联网用户可以保持弱关系，不失去那些可能会消失的关系，获得更多机会：咨询建议、确定职业规划、去新的国家旅游、发现新歌手或省钱计划。

【看·听·读】

● 这本书是加布里埃尔·塔尔德的经典之作：Gabriel Tarde, *L'Opinion et la Foule*, Paris, PUF, 1989 [1901].

● 在社交网络成为数字社交网络以前，社会学就已经研究了社交网络现象。这本书对社会关系的各种形式做了最全面的总结：Claire Bidart, Alain Degenne, Michel Grossetti, *La Vie en réseau:Dynamique des relations sociales*, Paris, PUF, 2011.

● 这篇文章表明在脸书上彼此互动频率最高的用户互相认识，且常在线下见面：Jason J. Jones, Jaime E. Settle, Robert M. Bond, Christopher J. Fariss, Cameron Marlow, James H. Fowler, «Inferring Tie Strength from Online Directed Behavior», PLoS ONE, 8, 2 janvier 2013.

● 皮埃尔·麦克雷（Pierre Merckié）是里昂高等师范学院的社会学家，也是社交媒体专家。他写过一篇很有用的博文，包含了很多参考文献：Pierre Merckié, «Tout ce que vous avez toujours voulu savoir sur les réseaux sociaux(et vous avez osé le demander)», *PierreMerckle. fr*, 31 janvier 2013, http://pierremerckle. fr/2013/01/tout-ce-que-vous-avez-toujours-voulu-savoir-sur-les-reseaux-sociaux/

● 罗伯特·普特南的社会资产理论中关于"联系"和"搭桥"之间的区别，可参见：Robert Putnam, *Bowling Alone: The Collapse and Revival of American Community*, New York(N. Y.), Simon & Shuster, 2000.

● 马克·格兰诺维特的这篇著名文章讨论了弱连接的力量：Mark Granovetter, « The Strength of Weak Ties », *American Journal of Sociology*, 78 (6), mai 1973, p. 1360 - 1380.

● 这本书对社交媒体的讨论最全面，它使用了多种调查数据，充分肯定了社交媒体的积极作用：Lee Rainie, Barry Wellman, *Networked: The New Social Operating System*, Cambridge(Mass.), The MIT Press, 2012.

接下来这本书也传达了一种乐观精神，作者精心挑选了一些实例，解释了线上生活的各个维度：Antonio Casilli, *Les Liaisons numériques: Vers une nouvelle sociabilité?*, Paris, Seuil, 2010.

● 对于"意外收获"这一概念，尼古拉斯·奥雷（Nicolas Auray）开展了大量创新且深入的研究，其研究主题包括数字探索和数字空想：Nicolas Auray, *L'Alerte ou l'enquête: Une sociologie pragmatique du numérique*, Paris, Presses des Mines, 2016.

关于"意外收获"概念的历史，可参见：Sylvie Catellin, *Sérendipité: Du conte au concept*, Paris, Seuil, 2014.

● 线下社交网络和线上社交网络里的朋友是相同的吗？这个问题对社会交往研究而言至关重要。米歇尔·格罗塞蒂（Michel Grossetti）严谨地讨论了这个问题：Michel Grossetti, «Que font les réseaux sociaux aux réseaux sociaux? Réseaux personnels et nouveaux moyens de communications», *Réseaux*, 184 -

185, 2014, p. 187 - 209.

要了解过去 20 年学者对这个问题的讨论,可参见:Dominique Cardon, Zbigniew Smoreda, «Réseaux et les mutations de la sociabilité», *Réseaux*, 184 - 185, juin 2014, p. 161 - 185.

● 关于美国人使用数字技术的情况,皮尤研究中心发布了大量高质量的调查数据。如果要了解美国人使用社交网络的情况,皮尤研究中心的网站就是最好的信息来源:http://www.pewinternet.org/

目前法国还没有同样质量的数据。具有参考价值的研究是法国生活条件研究和观察中心(Centre de Recherche pour l'Etude et l'Observation des Conditions de Vie, CREDOC)每年发布的"数字技术晴雨表":http://www.credoc.fr/

网络身份

随着社交网络的出现,我们终于登上了舞台。我们现在在网络上拥有一个或多个数字身份。以下这种新规范有时甚至通过强制的方式被推广开来:人必须存在于网络世界之中(见图 3-8)。对于害羞、保守或不善言辞的人来说,他们在网上几乎没有机会,他们在网络世界发布的内容不会引起波澜。相反,那些具有较高可见度的人会在网络空间展示自己,让别人给自己拍照或自拍,讲述他们的生活,对所有话题都发表意见,并在其好友列表中积累新的联系人。克里斯·兰普(Chris Lampe)、妮科尔·埃利森和查尔斯·斯坦菲尔德对脸书用户进行了一项研究,研究表明,用户的好友数量与他/她在个人资料上透露的个人信息数量密切相关。我们暴露得越多，我们的能见度就越高。在网络上，自我展示是一种社交技巧。

图 3-8 数字身份
艺术家阿拉姆·巴托尔（Aram Bartholl）擅长展示人们的数字生活和现实生活之间的联系。他的作品表现了线上身份和线下身份的碰撞所创造的荒诞、惊喜和混乱。

数字身份是如何形成的？它能说明我们的什么问题？它是否正在成为个人的重要属性，成为社会生活中像文凭或职业那样的决定性资源？社交网络上的自我展示行为已经使私人生活和公共生活之间的界线发生了转移。一些分析家甚至认为，私人生活已经消失不见了。然而，一些比较细致的研究表明，事实上，网民并不会不加思考地在网络上透露所有信息。私人生活与其说是一个界限问题，不如说是一个场合问题，如索尼娅·利文斯通（Sonia Livingstone）针对年轻人的实证调查以及海伦·尼森鲍姆（Helen Nissenbaum）的理论研究已经证实了这一点。在某些场合下，人们在网上暴露自

第三章　参与式文化和社交媒体

己某些信息的行为是合适的；相反，如果这些信息被另一些人在另一个场合下使用就不合适了。

这些调查说明了什么？首先，获得别人认同的期望驱使人们在网络世界中展示自我。这种动机是普遍存在的：人们不是纯粹为了展示自己而展示自己，也不是像一些心理学家所认为的那样是出于自恋，而是为了让别人点赞、评论或转发我们展示的内容。每个人或许都有这样的经历：更换个人头像以后，如果发现没有人点赞或评论，就立即换一张新照片，期望它能获得更多的关注。人们经常谈论社交媒体上存在的仇恨者、冲突和争执，因为这些现象令人担忧，但所有关于网络实践的统计数据和研究都明确表明，网民大部分时间都在交换甜蜜的话语："你很帅""你很漂亮""你的照片好棒""生日快乐""你是我最好的朋友""太可爱了"等等。事实上，社交媒体就像一个个小剧场，在这里，当人们收到他人的积极反馈时，他们的自尊心就会得到巩固。

这种看似天真的情形背后蕴藏着一种社会学解释：个人暴露自己的生活通常被认为是极其个人化的行为，但在网络世界，身份在很大程度上是由他人决定的，也就是说，是通过他人的评价构建的。数字身份的构建是一个集体过程：用户所展示的东西是他们希望获得他人认可的东西，而不是那些毫不起眼的东西。数字身份是由人们选择的社交网络、对社交平台的使用、成为他人评论和点赞的对象（其他人也会优先展示自己个人身份中的某些特征）而构建起来的。简而言之，人们的数字身份并不完全属于他们自己，而是人们在社交空间互动的结果。

这正是有关数字身份的研究得出的第二个结论：线下生活的社会规范影响人们如何在线上展示自己和如何行事。当然，某些网络空间的匿名性（越来越少）有助于人们释放自己的行为，这些空间包括虚拟空间、网络游戏，或允许人们保持匿名的社交媒体。然而，与一般的社会交往规范相比，这些偏差仍然是由个体的社会化过程及其相关因素驱动的。在绝大多数情况下，网民在社交媒体上的态度反映了他们在现实生活中的真实面貌，尽管一些偏差仍然存在。

社会差异和文化差异在网络世界依然存在。与社会底层人群相比，社会上层人群在网上的朋友圈范围更广，而且在社会地位和地理分布上更多样。相反，社会底层人群的朋友圈更狭窄、更单一，且局限于较小的区域。社会资源和文化资源在分配上的不平等为某些人提供了机会，他们可以将自己的数字身份塑造得比其他人更有吸引力：参加娱乐活动、约会、别具一格的社交经历等。措辞、分享内容的类型、兴趣爱好、对待他人的方式，以及回复他人评论的方式都会不自觉地流露出社会上普遍存在的社会差异和文化差异。就算在 Instagram 上发自拍，也并非每个人都有相同的炒作能力。

尽管网络世界的社交带来了新特点和新惊喜，或造成了新问题，但总体上它复制了个体线下社交生活的主要特征。年轻人形成了具有统一身份的朋友圈，除了父母，他们把所有人都混在一起。他们采用一种通俗的表达方式："酷"。这个词表达出一种快乐、有趣、兴奋和充满节庆气息的日常生活。随着年龄的增长，人们各自成家立业，这时人们开始区分他们的不同身份，用不同的方式使用

第三章 参与式文化和社交媒体

不同的平台，以便区分朋友、同事和家人。同一位用户在展示自己的网络身份时会表现出非常大的差异：矜持或开放，工作关系或朋友关系，炫耀型或粗俗型。男性通常比女性更愿意展示自己的生活。有些用户（特别是那些上了年纪的和受教育水平很高的）的数字生活十分充实，但同时他们很少泄露和自己个人生活有关的内容。对其他用户来说，他们只会在一些有重要活动的场合才会发状态，如假期和节日。在一些以年轻人和男性为主的底层社会群体中，挑衅文化有时会成为展示自己，并在群体中确立地位的标准。当然，网络身份从来都不是个人性格的完美代表，它有自己的特点、变化和夸张性。然而，线上身份和线下身份的区别是通过我们已有的社会和文化资源产生出来的。

有关网络身份的研究得出的第三个结论是用户并不会在网上展示自己的全部，相反，他们非常节制。如果有人觉得脸书了解用户的全部生活（一般来说人们都这么想），那他就大错特错了。网络世界的名气并非由反映个人生活的完整客观的数据综合而成，相反，它是网民大量工作的结晶：网民会剪裁、修饰、分割和选择与个人生活有关的数据。例如一项研究表明，悲伤、怀旧和抑郁不仅仅是网络世界较少出现的内容，它们其实是网络世界的禁忌。在Facebook Places 上有一张 check-in 地图，用户可以在这里标示自己所在的位置（"我在这里"）。在这张地图上，我们看到的永远都是一些时髦的街区、酒吧、音乐会等。小超市或街角的自动洗衣店从来都不会在地图上出现。关于网上身份的研究强调，许多网民在管理自己的可见度方面具有很高的才能。首先，正如索尼娅·利维斯通所指出的那样，年轻人发明了许多可以巧妙使用隐私规则的方法，他们在展示自己的同时也隐藏自己。如果有人认为年轻人不了解网络世界的风险，那他就大错特错了，因为现有研究得出的结论正好相反。那些年龄较大、不了解信息技术的用户往往更天真，更倾向于将自己的脸书页面公之于众。

数字身份是一种以实现某种效果为目标的自我投射。我们由此可以推断出，任何看起来完全放开、不合常规或放松舒适的自我展示其实都是故意为之。根据社会学家诺贝特·埃利亚斯（Norbert Elias）的观点，当前的各种个性化形式催生出了"对失控的控制"这一现象。因此，线上身份的塑造是通过一组自相矛盾的命令实现的：虽然线上身份需要通过构建才能实现，但它必须看起来自然而真实。社交媒体上诚然存在一种暴露癖倾向，但如果将其视为完全放开自我、不假思索地将自己置于公众贪婪的眼光下就太天真了。人们遵循的是一种新规范，它在我们的社会中变得越来越强大：人们应该在网络世界中生存。这一新规范导致了一系列结果。

让我们举一个熟悉的例子：自拍时的姿势。人们伸出手臂，然后在智能手机的屏幕上看着自己。自拍者是自己的第一个观众，自我展示首先是为自己而设的，就像那些业余的、以实验为目的的舞台表演一样。伸出手臂的动作体现了网络展示活动的一个特征：人们与自我的距离。

仔细观察就会发现，通过自拍进行的自我展示既包括面部表情，又包括举着设备的手。人们在网络上展示自我的同时，也展示了自我展示的动作。自拍姿势的例子阐明了新通信技术如何将人们

第三章　参与式文化和社交媒体

与自我的距离融入自我生产的实践。网民们通过外部视角观察自己，一种类似画外音的东西生产出一种距离感，使人们的真实自我和他们希望向外人展示的自我分隔开来。人们在社交媒体上呈现出来的生活和现实生活并不是平行的。社交媒体放大了人们的现实生活，使人们的过往经历（节日、约会、音乐会等等）获得新的维度。人们生活在现实中，同时他们时刻准备着在网络世界中讲述和分享这些经历。在社交媒体上最活跃的网民既是其个人生活的亲历者，也是讲述者。

这一现象得益于我们社会中文化资本的提升。人们受教育水平的提高强化了个体反观自身，激励个体通过数字身份展示自己的独特性。然而比较矛盾的现象是个人表达完全放开以后却导致了一种统一化现象。每个人都觉得自己很特别，做的事情也与众不同。但事实是，每个人都在以相同的方式做那些所谓"与众不同"的事。

意识到以下事实是相当残忍的：所有那些自诩别具一格的照片实际上都非常相似。为了在娱乐至上和消费至上的社会中显得与别人不一样，我们使用那些在社交媒体上十分火爆的文化载体或模板（有点像服装裁剪用的样板或版型），然后在其中融入我们最个性化的东西。

列夫·马诺维奇（Lev Manovich）及其团队组织了一项大型研究，他们仔细研究了人们在世界各大城市拍的成千上万张自拍照（见图3-9）。他们的研究表明，有关文化和性别的刻板印象以非常同质化的方式影响人们的自拍方式。例如，与莫斯科和柏林相比，在圣保罗和曼谷的人们更喜欢摆出微笑的表情；在世界各个地方，

184

女孩们比男孩们更喜欢在自拍时歪头并略微噘嘴。

隐私的个性化过程颠覆了我们对隐私的认识。特别是在欧洲法律中，隐私被视为一种共同物品，是一系列共同规范的基础，目的是保卫人的尊严。这些规范和社会共同认可的价值观，如委婉、矜持和谨慎紧密相连。这种含义明确且十分普遍的理解方式今天受到了挑战，因为人们越来越希望自己定义私人生活的内容，而不是由其他人替他们处理这个问题。隐私原本是作为一种权利而受到保护的，现在它越来越多地被看作一种自由。隐私并没有消失，而是个人化了。

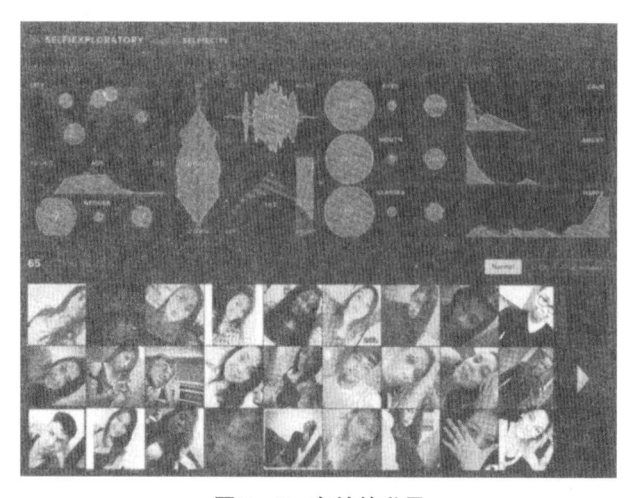

图 3-9 自拍的世界

selfiecity.net 网站调查了世界各大城市的人们在 Instagram 上发布的自拍照。该网站的调查结果显示，女性比男性更喜欢微笑；在圣保罗和曼谷，女性微笑的频率比在莫斯科和柏林要高得多。

人们在社交媒体上展示自我的做法很好地体现了这种诉求。对用户来说，脸书、Instagram 或 Snapchat 都没有权利定义人们在个

第三章　参与式文化和社交媒体

人主页上说什么合适、说什么不合适。每个人都要求自己界定公共领域和私人领域的权利，自己决定想要展示或隐藏内容的权利。个人化的公私界线并没有使个人的私密空间消失，这与硅谷某些高管的意见相左。他们声称隐私只是19世纪一个过时的概念而已，早就应该被人们置于脑后了。但事实上，我们看到的恰恰是相反的情况：通过自主划定公私界线，人们更加珍视自己希望隐藏的东西；如果平台恶意使用他们在平台上发布的内容，他们就会变得十分反感。这个特殊的过程并非没有风险。从个人角度来看，这个过程可能被理解为有利于增强个人的自主性，有利于帮助人们实现自我价值，尽管某些自我展示的形式明显是不恰当的。相反，如果我们考虑那些收集用户数据的平台（这些数据源自用户在网上的自我展示），它们对这些数据的利用似乎与个人解放没有多大关系，而更多地与引导用户注意力和控制广告投放有关。

【看·听·读】

● 这项研究讨论了用户在脸书上的好友数量和他们提供的个人信息数量之间的关系：Chris Lampe, Nicole Ellison, Charles Steinfeld, «A Familiar Face (book): Profile Elements as Signals in an Online Social Network», CHI, septembre 2007.

● 列夫·马诺维奇的Selfiecity项目用量化的方法分析了用户在曼谷、柏林、莫斯科、纽约和圣保罗这五个大都市发布的自拍照：http://selfiecity.net/#

● 安德烈·冈特尔（André Gunthert）是法国社会科学高等研究院的数字图像专家。他的研究笔记包含了很多分析文章，分析了照片（特别是自拍）

数字文化

在构建数字身份中的作用：https://imagesociale.fr/

● 吉勒·德勒兹（Gilles Deleuze）的一篇短文很有影响力，在这篇文章中，作者宣告了监控型社会向控制型社会的过渡：Gilles Deleuze, «Post-scriptum sur les sociétés de contrôle», dans *Pourparlers*. 1972 - 1990, Paris, Minuit, 2003, p. 240 - 247.

● 这两篇文章对理解网络世界的自我表达逻辑很有帮助：Fabien Granjon, Julie Denouël, «Exposition de soi et reconnaissance de singularités subjectives sur les sites de réseaux sociaux», *Sociologie*, 1, 2020, p. 25 - 43; Laurence Allard, Frédéric Vandenberghe, «Express Yourself! Les pages perso: Entre légitimation techno-politique de l'individualisme expressif et authenticité réflexive peer to peer», *Réseaux*, 117(1), 2003, p. 191 - 220.

● 这本书提出了这样一个问题：为什么在社交媒体时代，我们需要重新审视"隐私"的定义？Daniel Kaplan, *Informatique, libertés, identités*, Paris, FYP Éditions, 2010.

让-马克·马那什（Jean-Marc Manach）是研究数字监控问题最优秀的专家之一，也是一名记者。他在这本书中提出了同样的观点，尽管他的论证方式更具挑衅色彩：*La Vie privée: un problème de vieux cons?*, Paris, FYP Éditions, 2010.

还有杰夫·加尔维斯（Jeff Jarvis）的书，加尔维斯是硅谷最著名的记者之一：Jeff Jarvis, *Tout nu sur le web: Plaidoyer pour une transparence maîtrisée*, Paris, Pearson, 2011 [*Public Parts: How Sharing in the Digital Age Improves the Way We Work and Live*, New York (N.Y.), Simon & Shuster, 2011].

● 美国心理学家雪莉·特克尔（Sherry Turkle）的这本书是虚拟身份研究领域的奠基性作品：Sherry Turkle, *The Second Self: Computers and the Hu-*

第三章　参与式文化和社交媒体

man Spirit, Cambridge(Mass.), The MIT Press, 2005 [1984].

那时特克尔对网络身份的转型和投射主要持积极态度，后来她对数字实践产生的孤独效果提出了强烈批评，我们可以从她后来出版的一本颇有影响力的专著中看到这一点：Sherry Turkle, *Alone Together: Why We Expect More from Technology and Less from Each Other*, New York (N.Y.), Basic Books, 2011.

● 心理学家让·特温格（Jean Twenge）的一本书讨论了社交媒体上人们的自恋行为，这本书引发了较多的讨论：Jean Twenge, *Generation Me: Why Today's Young Americans Are More Confident, Assertive, Entitled and More Miserable Than Ever Before*, New York (N.Y.), Free Press, 2006.

● 索尼娅·利文斯通深入研究了数字实践对年轻人的影响，是该研究领域最优秀的专家之一。她写了诸多文章、报告和专著：Sonia Livingstone, Amanda Third, «Children and Young People's Rights in the Digital Age: An Emerging Agenda», *New Media and Society*, 19, 2017, p. 657-670.

网络创新活动

除了带来新的社交形式和数字身份，社交媒体带来的另一个重大变革在于它激发了用户的创新性。数字工具普及的过程也是网民的创意活动扩大的过程。1981年，每十个法国人中就有一个在一年内至少从事过一项创意活动（音乐、绘画、写作、舞蹈、戏剧等）；到1997年，这个比例上升到四分之一；2003年则上升到三分之一。奥利维耶·多纳（Olivier Donnat）针对法国人的文化活动开展了多项大规模调查，其结果显示，如今一半的法国人使用数字工具从事创作活动。针对英国和美国的调查也得出了类似的结果。

剪辑视频；为自己的相册加入动画和字幕；使用网络摄像头给自己录视频，视频中的人对时尚或书籍等侃侃而谈……这些所谓的业余爱好者的活动非常多样，强度也因人而异。对某些人来说，这变成了一种长期的娱乐活动，参与者全身心投入其中；对另一些人来说，这只是一种无关紧要、一时兴起的幻想而已。然而，所有这些业余活动都表明了一种文化变革，它以创意休闲的普及和个人获取知识、作品或信息的积极性为特征。人们不再仅仅满足于消费，而是希望参与到文化创作中，将自己的一部分融入他们创作和分享的作品。

用来制作音乐、录视频或拍照片的技术简单易用，普及范围越来越广泛，这使得越来越多的人能够参与到文化创作中来。由于普通人能够以低成本购买近乎专业的设备，专业人士和业余爱好者之间的技术差距大大缩小了。摄影的惊人增长就是一个例子：2017年，脸书上发布了720亿张照片。

人们能轻松获取生产内容的工具并不能解释一切。公民创意活动的普及还和人们的愿望以及生活方式的变化有关。皮埃尔·布迪厄及其团队在20世纪60年代详细研究了业余摄影活动。业余摄影在当时用来记录一些特殊时刻：人物照片、度假胜地、类似婚礼或生日等仪式性事件。人们现在用手机从各个角度记录地球上的事情，手机陪伴人们生活的每个时刻，朋友、派对、课堂、商店里的产品、美丽或丑陋的事物都可以成为拍摄对象。人们拍照片的目的多种多样：留作纪念、艺术创作、觉得好笑、做笔记、扩大收藏。正如安德烈·冈特尔在《图像分享》一书中指出的，照片的最终

第三章 参与式文化和社交媒体

归宿不再是相册或硬盘,而是被分享和交换。作为数字社交的支撑,摄影已经发展为一种对话技术,Snapchat 和 Instagram 很好地捕捉到了这个信息。

早在数字化转型来临之前,文化产业就已经发现,粉丝不是一群默默崇拜自己所追求的对象的幼稚群体。产业界发现了它们可以从这些业余表达方式中得到的好处。关于《星球大战》《迷失》《海伦和男孩们》的粉丝文化研究揭示了粉丝文化的三个特点,这些特点在数字时代得到了进一步加强:

● 粉丝即专家。他们对自己喜欢的文化世界有非常广泛的了解。作为粉丝,他们会花费大量时间查阅资料;当他们将自己的发现分享到网上,他们就可以吸引其他粉丝,形成一个社群。

● 粉丝的生产能力十分惊人。他们可以制作物件、图片、服装、内容,可以收集信息。例如,网络上出现了"同人小说"(fanfiction)这一现象:一些年轻作者——通常是女孩——会自己想象并编写畅销书的新章节、缺失的剧集或色情场景等,并把自己想象出的人物穿插其中。《哈利·波特》就引发了一个令人印象深刻的全球"同人小说"社区。

● 粉丝有思考能力。他们对自己钟爱的事物了如指掌,有时可能会与该事物的创作者产生矛盾,甚至会与其谈判。例如,电视剧制作人有时会采纳粉丝的意见或者吸收与粉丝讨论的话题。翁贝托·埃科(Umberto Eco)曾说过,一件作品是开放的,只有在它被受众接收之后才会关闭:读者解读作品的过程就是作品得到补充的过程,在这之后,一部作品才算完成。数字交流提高了粉丝的生产率，使他们能以更高的效率解读文化产业推出的作品。某些论坛上的辩论会持续很长时间，外行会觉得这些讨论艰涩难懂。然而，它们会引发粉丝和创作者之间的反馈循环。

网络上各种表达形式的发展有助于扩展、加速和转变不同公众重新理解事物的途径。我们来看一个例子。2011年，一些粉丝通过使用YouTube上流传的分屏演示法，证明碧昂丝（Beyoncé）在《倒数》这首歌的MV中抄袭或至少在很大程度上模仿了《罗莎之舞》。《罗莎之舞》的编舞比较老（1983年），但却是经典之作，它是由最重要的现代舞大师之一安娜·特蕾莎·德·姬尔斯美可（Anne Teresa De Keersmaeker）创作的（见图3-10）。这类"合成"的做法并不新鲜：大众文化总是从审美先锋那里汲取灵感，创作人们喜闻乐见的文化产品。

193 安娜·特蕾莎·德·姬尔斯美可是比利时人。她本可以对碧昂丝表达愤怒之情并提起诉讼。然而她采取了更明智、更符合数字精神的做法：她开设了一个网站，在这个网站上，她精确地展示如何演绎她的舞蹈。然后她邀请网民重跳由碧昂丝捧红的《罗莎之舞》的舞步，给网民录像，以便在她的网站上传播。来自各行各业的业余爱好者分享了他们在不同场所跳的《罗莎之舞》：学校、街头、楼顶、水下、大学里的阶梯教室、办公室等。这个例子完美呈现了数字技术在文化产业的生产活动和网民的创造力之间建立的连接。

194 这类例子不计其数。摄影师史蒂芬·德拉尚（Stefan Draschan）在博物馆中来回踱步，寻找着装与他们正在观看的画作相匹配的游客，并将摄影作品发布在自己的Instagram账号上（见图

第三章 参与式文化和社交媒体

图 3-10 "合成"文化

碧昂丝的歌曲《倒数》在很大程度上模仿了安娜·特蕾莎·德·姬尔斯美可 1983 年创作的舞蹈《罗莎之舞》。作为回应,姬尔斯美可选择在线上教授她的舞蹈动作,然后在她的网站上发布了由业余爱好者演绎的几百个舞蹈版本。

3-11)。在 Pinterest 或 Tumblr 上,随处可见用户的收藏品:物件、特殊时刻、颜色或想法。一个目光、一次眨眼、一种记录世界的方式,就可以构成一个小型的私人博物馆,可以展示和分享。这些活动通常是个人层面的,但当它们成为集体行为时,就会变得非常惊人。在 Minecraft 游戏中,有无数的团队玩家以惊人的精确度重建了《权力的游戏》的地图,他们重建了城墙、临冬城或维斯特洛。

业余爱好者们形成的网络社群可以用社会学上的"弱合作"概念来解释。在传统社群(如俱乐部、教堂、工会或政党)中,社群是封闭的,目的是保持成员之间的紧密联系:首先成员必须秉持同样的价值观，然后他们通过合作取得一些共同成果，最后他们向其他人展示这些成果。我们可以略带夸张地说，网络社群的形成恰好遵循一个相反的过程。分散的网民首先在网上展示他们的活动，展示他们感兴趣和热衷的事情。然后，网民相互发现彼此的成果，他们通过订阅相同的列表、群组、页面、服务等聚集在一起，便于进行互动、分享内容。最后（只有在这个时候），一些参与者才有可能感到他们属于同一个群体，秉持共同的价值观。合作是薄弱的，但网民取得的共同成果有时令人震惊。

图 3-11 业余爱好者的收藏品

这是史蒂芬·德拉尚的一件作品。他在博物馆中来回踱步，寻找那些正在欣赏艺术品，且着装与被欣赏的艺术品相匹配的参观者，然后把摄影作品发布在 Instagram 上。

网民们参与维基百科、参与图片或音乐共享社群、参与玩家公会、加入 Whatsapp 讨论、收看 Twitch 频道或关注推特标签等，遵循的就是这个典型过程。"弱合作"之所以强大，是因为它不需

第三章　参与式文化和社交媒体

要所有参与者秉持共同的价值观或以相同的强度参与合作。网络社群非常能容忍参与者贡献程度不一的情况。我们已经讲过网站的可见度遵循幂律分布法则，网民的贡献也是如此：在所有网络社群中，90％的内容是由10％的贡献者生产的；剩下90％的贡献者尽管是社群的一部分，但他们的贡献要小得多。具有讽刺意味的是，根据幂律分布法则，活跃的用户需要那些不活跃的用户。如果不活跃的用户退出，那么活跃用户的数量也会减少。数字世界就是这样运行的：我们做贡献是因为我们有观众，尽管他们保持沉默、极少参与，但他们的存在就足以激发我们做贡献的热情，因为我们想要获得他们的认可。在现实生活中，如果一个社群中有太多成员不做贡献或很少做贡献，我们就很难愿意继续参与其中。

根据社会学家们常常描述的一种机制（这种机制并不是数字世界独有的），个体通过参与集体项目会发现自己原本不知道的兴趣爱好和倾向。与他人合作会让我们明白自己喜欢什么。网上创意社群的多样性有利于这种机制的发展：人们观察并参与，在某些情况下这种参与十分关键，因为人们会在参与的过程中认识自己的身份。需要加以强调的是，这种机制不仅适用于编织和绘画，也适用于人们被封闭在意识形态"气泡"中的情况。

这些网红的名字有 Artic Monkey、EnjoyPhoenix、Natoo、Psy、Norman、Squeezie 和 Cyprien，他们都是网络明星。这些人的音乐、视频、教程或小品每个月都会获得数百万的观看次数。尽管主流媒体长期以来忽视他们，而且仍然常常对他们嗤之以鼻，但这些网络上的喜剧演员、厨师、时尚或美妆博主在 YouTube 或 Instagram 的年轻受众中达到了令人难以置信的火爆程度。一些 YouTube 视频制作者的惊人成功证明了一个观点，即网络提供了证明个人才能的空间，它和线下我们平常见到的那些空间不同。从统计数据来看，线下证明才能的空间十分有限，因为一大批具有奇思妙想、有创造力且认真工作的业余爱好者是在网络空间实现了自己的价值，创作出了有价值的作品。

与传统的业余爱好者（如自费出版的作家）不同，从事网络创意活动的网民的目标并不一定是成为名人或专业人士。在网络平台上展示个人兴趣爱好的做法首先应该被理解为一种社交方式，即在互联的世界里实现个人价值，并获得认可。因此，网络上的文化生产活动与身份建构紧密相连。大多数 YouTube 频道的观众通常只是表演者的几个朋友而已。为提高辨识度，获得认可，表演者必须将他的作品列入传播类似主题的网络之中，之后在社群内部会形成有关知名度的信号游戏。随后，频道会帮助表演者吸引更多的观众，这些观众远远超出表演者本人的朋友圈子。有志成名的业余表演者必须愿意与他们的观众大量互动。帮助表演者吸引观众的平台使用多种工具衡量表演者的受欢迎度。计数器会统计观众数量、评论数量、视频观看次数和收听次数，它们是平台时刻关注甚至痴迷的东西。计数器会产生排名，使每个人都能比较他们各自的受欢迎度。

知名度的获取与业余爱好者文化生产活动的专业化如影随形。为了成功，普通的烹饪博客会变成蛋糕或寿司博客，时尚博主们会专注于特定的风格，喜剧演员们则发展出一种特定的表达风格，提

第三章 参与式文化和社交媒体

高自己的辨识度。按这种方式形成的社群会很快在给予知名度的人和接受知名度的人之间产生一种不对称性。知名度在网络世界的流通具有以下特点，即知名度之间的高低差距会快速拉大，因为名人捕获了其他人的注意力。这与平等的、参与式的扁平网络的理念相去甚远。

除了一些极个别的例子，数字世界的知名度很难转移到其他市场上去。诚然，传统产业，包括文化、传媒、烹饪和时尚，越来越多地通过网红卖货。它们时刻关注网红的动态，给最有影响力的网红送礼物，给予他们 vip 待遇，通过组织竞赛使他们获得荣誉。但是要想真正得到认可，这些网红必须通过其他认可渠道：厨师要出版食谱类书籍或担任烹饪真人秀节目的评委；音乐家需要请制作公司录制他们的歌曲并举办音乐会；摄影师需要将自己拍的照片出售给杂志。网络特有的认可渠道实际上越来越多地融入了产业链之中。网红的成名之路在搞笑领域最独立、最自主。YouTube 为少数搞笑领域的能手打造了令人难以置信的知名度，使他们能够完善自己的技能，获得职业化所需的广告资源，并聚集庞大的观众。他们被成千上万的粉丝追随。他们的成功证明了网络上存在着一个新的空间，可以识别、传播和认可人们的天赋，这种天赋诞生于网络，并在网络上被消费。

我们不应对这一新创意领域怀有过分理想化的想法。首先，尽管数字技术可能会通过给每个人机会的方式使更多人能展示自己的才能，但社会和文化差异仍强烈影响着业余爱好者成功的可能性。在业余爱好者群体中，那些登上知名度巅峰的人的职业、社交圈和社会轨迹使他们比其他人更容易获得成功。烹饪博客的情况证实了这一点：西多妮·诺兰（Sidonie Naulin）的一项调查显示，当前有一小部分从事文化创意活动的精英受益于他们在数字世界获得的认可，享有高知名度和高收入。他们中的大部分人学历很高，而且他们之前的职业生涯为他们在数字世界获得成功做了铺垫。

其次，工业企业现在会寻求并激发数字创意活动，并为己所用，因为它们从数字创意活动中发现了一种可以留住消费者的好方法。它们有时会鼓励消费者加入创意活动，从而激发出好点子，然后据为己有，以此获利。时尚、设计、珠宝或玩具行业深谙如何以自己的品牌为核心组织社群，然后从中获利。通过激发消费者的创造性，品牌可以了解消费者的期待，这变成了一种市场调查。

最后，尽管数字创意活动风靡全网，但并非每个人都是艺术天才。网络服务利用数字实践的大众化趋势，精简了各类个性化工具，并对创意活动进行工业化。在 Snapchat 和许多其他移动程序上，只要点一下鼠标就能使最不起眼的活动看上去有创意。网络上充满了分散式创新，每个网民都可以在自己的脸书或 Instagram 主页上使自己的生活看上去有某种格调。托马斯·帕里斯（Thomas Paris）研究了文化行业的创意活动。正如他的研究所显示的，在文化圈中，创作者的个性和他标新立异的能力仍然是区分不同创作者的重要标准。在这一领域当中，尽管有人声称业余爱好者在网络空间施展才能会缩小创作水平的差距，但是数字技术并没有使创作者之间的等级消失，因为它仅仅是使每个人平等获得了使用某些符号和某些风格表达自我的可能性。

第三章　参与式文化和社交媒体

【看·听·读】

● 要了解业余爱好者的创意实践，可以参考法国人文化活动的相关调查数据：Olivier Donnat, *Les Pratiques culturelles des Français à l'ère numérique*, Paris, La Découverte, 2009.

这本书对业余爱好者在数字世界的活动做了综合性思考：Patrice Flichy, *Le Sacre de l'amateur: Sociologie des passions ordinaires à l'ère numérique*, Paris, Seuil, coll. «La République des idées», 2010.

关于照片在网民创意活动中扮演的角色，可参见：André Gunthert, *L'Image partagée: La photographie numérique*, Paris, Textuel, 2015, p. 79–108.

● 史蒂芬·德拉尚的 Instagram 账号如下：@stefandraschan

● 这段视频用分频显示的方法比较了碧昂丝和安娜·特蕾莎·德·姬尔斯美可的编舞：https://www.youtube.com/watch?v=Yj5Kp38Oz04

● 这篇文章是克里斯·安德森（Chris Anderson）的著名文章（后又扩展成了一部专著）：«The Long Tail», *Wired*, 10 janvier 2004, https://www.wired.com/2004/10/tail/

● 关于"弱合作的力量"这一概念，可参见：Christophe Aguiton, Dominique Cardon, «The Strength of Weak Cooperation: An Attempt to Understand the Meaning of Web 2.0», *Communication & Strategies*, 65, 2007, p. 51–65.

● 这篇文章讲述了YouTube上网红承受的社会压力，这促使他们时刻注意培育自己的知名度，这种压力有时让人窒息：Julia Alexander, «YouTube's Top Creators are Burning Out and Breaking Down en Masse», Polygon, 1er juin 2018.

接下来还有一段视频讲解：Elle Mills, «Why the Fuck am I so Unfucking Unhappy»; ElleOfTheMills, «Burn Out At 19», 18 mai 2018 (6′53): https://

www. youtube. com/watch?v=WKKwgq9LRgA

● 关于粉丝文化，可参见：Philippe Le Guern, *Les Cultes médiatiques: Culture fan et œuvres cultes*, Rennes, Presses universitaires de Rennes, 2002.

亨利·詹金斯（Henry Jenkins）是提出"合成"概念的人之一，也是预言了业余文化和文化产业生产活动融合趋势的人之一，他在博客上十分活跃（http：//henryjenkins. org/)，他的博客相当于对网络大众文化的实时解说：«Confession of an ACA-Fan»；Henry Jenkins, «Photoshop for Democracy: The New Relationship between Politics and Popular Culture», in *Convergence Culture: Where Old and New Media Collide*, New York(N. Y.), New York University Press, 2008, p. 217 - 251.

最后还可以阅读这篇文章：Laurence Allard, «*Fansubbing, peering ...* : des technologies de singularisation de la consommation culturelle», in Éric Maigret, Éric Macé(dir.), *Penser les médiacultures*, Paris, Armand Colin, 2005.

● 关于如何打造业余爱好者的知名度以及他们的成名之路，可参见：Jean-Samuel Beuscart, Maxime Crépel, «Les plateformes d'auto-publication artistique en ligne: quatre figures de l'engagement des amateurs dans le web 2. 0», in Wenceslas Lizé, Delphine Naudier, Séverine Sofio (dir.), *Les Stratèges de la notoriété: Intermédiaires et consécration dans les univers artistiques*, Éditions des archives contemporaines, Paris, 2014.

要从结构层面了解网上业余爱好者社群，可参见：Dominique Cardon, Guilhem Fouetill, Camille Roth, «Topographie de la renommée en ligne: un modèle structurel des communautés thématiques du web français et allemand», *Réseaux*, 188, décembre 2014, p. 85 - 119.

● 这篇文章探讨了创意活动在数字经济下的转型，文章指出，"人人皆为参与者"的时代并非"人人皆为创作者"的时代：«L'économie de la création:

entre dictature et participation», in Brice Laurent, Michael Baker, Valérie Beaudouin, Nathalie Raulet-Croset(dir.), *Innovation et participation. Approches critiques*, Paris, Presses des Mines, 2018, p. 169 - 184.

● 关于"同人小说"现象，可参见：Sébastien François, «Fanf (r) rictions», *Réseaux*, 153, 2009, p. 157 - 189.

● 关于烹饪类博客，可参见：Sidonie Naulin, «La blogosphère culinaire. Cartographie d'un espace d'évaluation amateur», *Réseaux*, 183, 2014, p. 125 - 149.

监管问题

人类社会已经在很大程度上掌握了社交媒体和内容平台提供的机会，人们以前所未有的方式展示自己、表达自己、分享内容。这就像一个从前盖在人们身上的盖子被突然揭开——由于这个盖子的阻挡，以前人们的谈话只能被自己狭小社交圈中的朋友听到。盖子撤去以后，人们的兴趣爱好、观点、笑话、个人故事、感情、自我表达，终于找到了一个更大的自由表达的舞台。

这种转变也引发了一系列混乱、不稳定和暴力情况，例如诽谤、假新闻、盗版、骚扰、假冒他人身份、宣扬仇恨等等，因此人们对此表现出担忧也是合理的。由社交媒体引发的问题不计其数，以至于人们对社交媒体的看法发生了转变。21 世纪初，社交媒体被认为促进了人的自由，而现在它更多地被认为是引发个体异化的工具，并使公共空间失序。

和人们的刻板印象不同，对数字活动的法律监管确实是存在的。约翰·佩里·巴洛在其《网络空间独立宣言》中不合时宜地表示数字活动会使法律失效,然而情况并非如此。网络并非法外之地,立法者的干预甚至越来越精准、详细。随着时间的推移,我们发现尽管平台最初无视监管机构的存在,但如今它们都服从国家的法律规定,不管它们乐意还是不乐意。知识产权领域就经历过这样的情况。经过21世纪头10年的激烈冲突,知识产权持有者逐渐成功地促使平台从其服务中删除盗版内容。

与公共场所表达言论有关的法律也经历了相同的变化过程,人们表达言论的行为受到的监管越来越多。为了更好地理解这一点,我们还是以之前的公共空间模型为例,并通过法律的视角审视它。法律问题常常反映了两种权利之间的矛盾:一方面是发言者发表言论的自由;另一方面是被谈论的人享有的隐私权和肖像权。我们在之前的讨论中划定了四种公共发言的情形,针对这四种情况,法国立法者在这两种权利之间创造了不同类型的组合,我们接下来对此稍做讨论(见图3-12)。

在第一种情况下,也就是我们所说的"受限公共领域",法国的法律传统优先保护发言者的言论自由,将被谈论对象的权利置于次要地位:法律鼓励人们的言论自由权。在拥有众多大型网络平台的美国,言论自由这一基本权利通过宪法第一修正案获得了至高无上的地位。然而,美国对网络上充斥的各类内容的包容很快引发了欧洲国家的不满,因为某些形式的网络言论表达,例如反对犹太人的言论或宣扬种族仇恨的言论等等在欧洲是被禁止的。需要明确的是,在不同国家和不同的政治文化背景下,法律施加的限制也有所

第三章　参与式文化和社交媒体

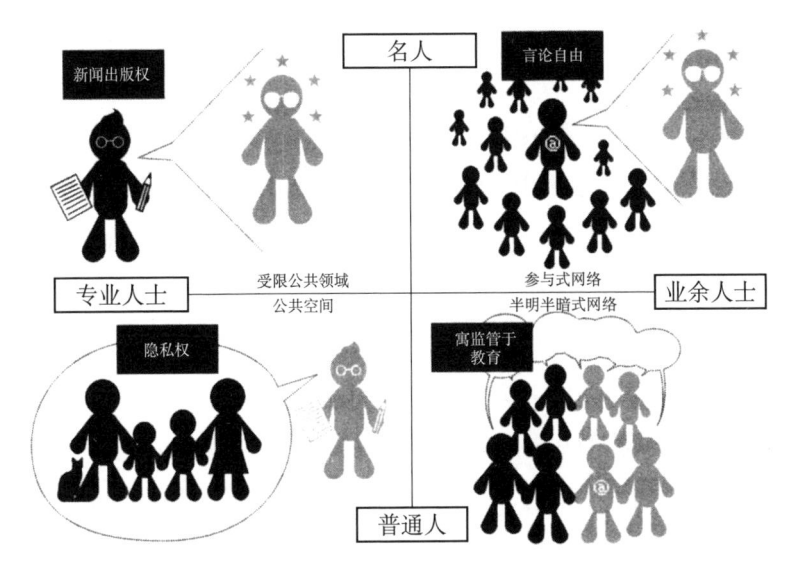

图 3-12　对言论表达权利的治理

在受限公共领域中,法国法律优先保护言论发布者,所涉及的监管问题包括新闻出版权、侮辱、诽谤和言语攻击。在公共空间中,法国法律优先保护被谈论对象,所涉及的监管问题包括隐私权(肖像权、匿名权、被遗忘权)。在参与式网络中,法国法律优先保护言论发布者,所涉及的监管问题包括内容编辑者和平台之间的和解。在半明半暗式网络中,法国法律优先考虑网民的媒介素养,网民需要管理他们在网上发布的内容,反思他们在网上看到的内容。

不同。在法国,根据 1881 年 7 月 29 日颁布的法律,针对言语攻击(针对公共人物或警察)、侮辱或诽谤的不同情况可以给言论发布者提供保护。如果同样的事情在网上发生,那么法律可以被适用。在威权国家,政府严密监视网上发布的反政府言论,对言论发布者的惩罚十分严苛。例如在泰国,批评国王是被严格禁止的,否则就要面临监禁;谷歌服从这条规定,在其搜索引擎中屏蔽了那些批评国王的网站。在一些学者(如叶夫根尼·莫罗佐夫)看来,互联网原本是一种可以使反抗性话语得到释放的工具,而现在它甚至成为一种用来发现并囚禁反政府主义者的最有效工具,例如在伊朗就是这样的情况。

相反,在第二种情况下(即公共空间),法国法律优先保护被谈论对象,特别是当网络上的攻击性言论有损公民的平静生活或其个人尊严时。在法国,肖像权和匿名权的设立就是出于这一目的。法国逐渐设立了自己的监管框架(尽管设立时间晚,但是该框架目前已经完备),目的是使受到言论攻击的公民可以捍卫自己的权益。

2015年以来欧洲出现的被遗忘权就是其特征之一。有了这一权利,如果某些网站提到公民从前的法律纠纷信息,而且这些信息对公民目前的生活不利,那么公民有权要求谷歌在其搜索结果中不显示相关网站。"被遗忘权"并非完全经得起推敲:网民需要通知谷歌应该"忘记"显示那些内容,但同时网民知道"忘记"并不是指内容从此在网站上消失,而是指当网民的名字有可能显示在搜索结果中时,他们的名字不会在搜索结果中出现。因此,实际上是由谷歌决定哪些内容符合法律规定,哪些内容不符合,这被称为"法外过程"。从事隐私权保护的无政府组织的社会活动者认为更好的办法是请法院认定合法或不合法,然后再要求平台做好合规工作。

在第三种情况,即参与式网络中,用户会在平台上发布各种类型的内容,网民的言论自由权(网民的言论不会经过把关人的过滤)和被谈论对象的权利之间会达成某种平衡。21世纪初确立的法律解决办法独树一帜,但又十分脆弱,且稍微带点虚伪。在法国和许多其他国家,立法者将内容发布者的法律责任和平台(博客平台、脸书、推特、YouTube等)的法律责任区分开来:平台承载

第三章 参与式文化和社交媒体

的内容是由其他人编辑的。这种区分成为数字世界法律规制的基石。这种区分之所以有必要，是因为在21世纪初，法院认为平台应该对其承载的所有内容负责：2000年时，Altern博客平台宣告破产，因为该平台上的一个匿名博主（其真实身份至今未明）发布了埃丝特勒·阿利代（Estelle Hallyday）的裸照。

为避免类似的情况反复出现，法国2004年的《数字经济信任法》确立了"托管者"这一法律身份。托管者原则上不再需要对其承载的内容负责，只有在平台上编辑内容的人才需要负责。但当平台收到用户举报的违法、盗版、反犹太人或者暴力信息时，如果平台不遵守相关国家的法律，它们就需要对其承载的内容负责。这就是为什么所有数字平台现在都设置了"举报此内容"的选项。

这种为平衡言论自由权和内容监管而找出的解决办法具有广泛用途。它不仅被用来解决与言论自由有关的问题，也同样适用于违反知识产权法的情形。文化产业中有一些工作人员专门负责举报平台（如YouTube）上出现的盗版内容。如今，算法可以自动将这类内容检测出来。

如有些人所说，我们是否应把这种现象看成"先锋互联网特殊论"的终结呢？在特殊论者看来，网络不应受到法律规范的制约。在网络世界，人们可以获取最多样化的内容、分享及重新合成它们，并将其用于非商业化用途，这提高了网络的生命力和创造性。与著作权有关的法律法规如今在各大平台广泛实施，使人们获取和分享内容的自由受到限制。那些本来对违法行为睁一只眼闭一只眼的平台如今普遍遵守国家的法律限制。反对儿童色情、反对恐怖主义宣传和许多其他话题的网站也处在相同的情形之中。

这里涉及的也是一种"法外过程",因为平台自己决定一则被举报的内容是否符合现行法律,这里蕴藏的风险就是有些平台出于谨慎会过分解读法律,屏蔽掉那些法庭可能会允许的内容。当然,有些人会有异议,认为在美国宪法第一修正案的影响下,平台对内容的监管过于宽松,它们应该以更严格的方式清理自己承载的内容。

内容编辑者和内容承载者之间的分别源自一种折中解决办法,但这种折中方案有些站不住脚。尽管脸书、谷歌和推特声称它们只承载用户发布的内容,但在很多方面,平台也是内容的编辑者,或者近似编辑者。例如某日报的网站是内容编辑者,它需要对本报社记者发表的文章负责,同时它也是读者发布的评论的承载者。然而,当记者们回应这些评论或者将这些评论按其重要性进行分级时,这表明记者们已经阅读了评论,并成为这些评论的编辑者。

第四种情况(即半明半暗式网络)对应网民在社交媒体上互相交流的情况。在此情况下,如果网民提出不满或抗议,法律就可以适用,然而我们发现在这个空间出现的纠纷很少会在法院解决。每天有 3 400 万法国人使用脸书,平均每人在该平台上停留 37 分钟,但很少有法国人提起有关骚扰、盗窃、诽谤或冒用身份的诉讼。有人曾预言脸书将成为职员吐槽老板的发泄场。然而,脸书成立以来,法国各级法院接收的类似诉讼案件极少。这当然与上报案件数量少有关,但也和大多数网民自我节制和互相纠正对方的错误有关。

第三章　参与式文化和社交媒体

尽管并非每个网民都曾在社交媒体上遭受过骚扰、诽谤或威胁（对受害者而言，这些属于特别严重的情形），但每个人都曾感受过愤怒、羞辱或尴尬。我们需要通过实践、提倡社会风尚和教育，使网民全面理解半私人半公共空间（即半明半暗空间）的特殊性，才能实现对社交媒体的监管。

211

在大多数情况下，只有当社交媒体上的讨论从一个圈子转移到另一个圈子时才会有纠纷发生。在脸书上发布一张毕业典礼后喝得酩酊大醉的照片完全合理，因为脸书上的朋友很可能也是参加了同一个毕业典礼的人。但这张照片如果被放在另一个解释框架下就会有问题，例如多年以后，招聘单位发现了这张照片。网民在社交媒体上的谈话会创造出新的沟通环境：从法律角度看，互联网上发布的所有言论都是公共的；但在用户眼中，这些言论其实仅面向自己的关系圈，因此他们认为那些不属于这个关系圈的人如果从该圈子中提取了信息，并将其挪进另一个圈子里，这种做法就是不对的。

很显然，社交媒体用户应该时刻保持警惕，对自己发布的内容负责；但如果有些用户将信息从原来语境中剥离出去，放在新语境下去理解，那么这种行为也是有问题的。这就是社交媒体带来的诸多文化转型中的一种：私人生活并没有消失，但用户和语境的关系变得越来越复杂，因为人们是在一个个具体语境下发布别人可以获取的信息的。

212

【看·听·读】

● "法律与科技"网站编制了一部资料，题为"诽谤：新闻界在互联网世界的违法行为"（Diffamation, une infraction de presse sur Internet）：https://www.droit-technologie.org/dossiers/diffamation-une-in-fraction-de-presse-sur-internet/

一般来说，如果要了解与新技术法律监管有关的问题，"法律与科技"网站提供了优质的参考信息。

● 让-马克·索维（Jean-Marc Sauvé）是法国国务委员会的副主席，他表达了对网络世界言论自由的看法：http://www.conseil-etat.fr/content/download/98450/951355/version/1/file/2017-04-28%20-%20La%20libert%C3%A9%20d%27expression%20%C3%A0%20l%27%C3%A2ge%20d%27Internet.pdf

● 这篇文章十分重要，它指出个人隐私并不仅仅是个人的事，而是集体的事：Antonio Casilli,《Contre l'hypothèse de la fin de la vie privée》, *Revue française des sciences*, 3, 2013, https://journals.openedition.org/rfsic/630

● 法国国家信息和自由委员会提供了大量宝贵信息，其网站发布的诸多文章讨论了技术创新的社会、文化和法律影响：https://linc.cnil.fr/fr

● 弗朗索瓦·比耶（François Pillet）和达尼·穆罕默德·索利（Thani Mohamed Sohli）于2016年7月为法国参议院法律委员会写了一份报告。这份报告以法国1881年颁布的《新闻自由法》为基础，总结了网络言论自由的有关问题：http://www.senat.fr/notice-rapport/2015/r15-767-notice.html

● 这本由美国著名的隐私法专家撰写的专著探讨了如何在网络空间保护网民的隐私：Daniel Solove, *The Future of Reputation: Gossip, Rumor, and Privacy on the Internet*, New Haven(Conn.), Yale University Press, 2007.

在另外一本重要专著中，作者提出了一种一般性理论，阐述了对"隐私"概念的不同理解，但是这本书相对艰涩难懂：Daniel Solove, *Understanding Privacy*, Cambridge(Mass.), Harvard University Press, 2008.

● 热衷于技术领域法律法规的朋友可以参考康奈尔大学詹姆斯·格里摩

第三章　参与式文化和社交媒体

尔曼（James Grimmelmann）教授的著作。格里摩尔曼是美国互联网研究领域最独树一帜的专家之一，能够写出十分深奥的论述，其发表的作品均汇集在他的个人网站上：https://james.grimmelmann.net/

● 海伦·尼森鲍姆是康奈尔大学教授，他发展了有关私人生活的理论。在他看来，根据科技及其不同的使用背景（"依场景而定的隐私"），应该对"隐私"这一概念和隐私保护有不同的理解方式。他的论点十分高深，且标新立异，这本书推荐给那些希望进一步了解该主题的读者：Helen Nissenbaum, *Privacy in Context: Technology, Policy and the Integrity of Social Life*, Redwood City(Calif.), Stanford University Press, 2009. 我们可以通过观看"价值观和个人信息政策"讲席 2013 年举办的一次会议来更好地理解尼森鲍姆的观点：http://cvpip.wp.mines-telecom.fr/2013/09/19/troisieme-rencontre-de-la-chaire-le-mardi-15-octobre-2013-de-17h-a-19h-a-linstitut-mines-telecom/

● 要了解指导儿童使用数字工具的建议，可以阅读科学院的报告，它清楚明了，行文有分寸：Jean-François Bach, Olivier Houdé, Pierre Léna et Serge Tisseron, *L'Enfant et les Écrans*, Paris, Éditions Le Pommier, 2013.

第四章
数字公共空间

216　　　有了社交媒体，网络就"下沉"到了社会之中，使公民能够各抒己见，获取各种不同的信息，并彼此连接起来。现在我们需要知道这种新环境如何影响公共空间的顶层结构，包括机构、政治和媒体。我们身处的社会如今通过网络就可以让成员互相交谈，这种情况在30年前并不存在，也没有任何人曾设想过它会出现。今天，当国家、政党和大型新闻媒体等位于核心的机构希望和这样一个社会交谈时，会产生何种结果呢？

　　对个人而言，数字工具的使用极大地降低了协调、信息传播、表达和组织社会运动的成本。网络和数字社交媒体提供了一种用于交流的基础设施，不受传统公共空间的把关人的控制，结果就是民主生活的传统行为主体发现自己的威信、角色和特权受到了严重削弱。

　　一些比较极端的言论预言媒体会消失（因为每个人都将变成媒体）、数字民主会到来（有了互联网，全民公投时刻都在发生，每个人下班之后都可以投票表决当天的重要决定）、政党会消失（因为民选代表可以被公民取代，不胜任的公民可以被免职），这些言论认为人类社会将大范围进入一种全面的后民主时代。然而，这些

217　观点是幼稚的、错误的。网络并不会摧毁代议制民主下的机构和原则，尽管它有时看上去会造成这样的结果。国家、媒体和政党仍是代议制民主运行的核心，它们逐渐在数字世界找到了自己的位置，并成为其中的重要行为主体。然而，行为主体间的平衡被彻底打破，网络成为一个不稳定且总是充满矛盾的空间，位于核心位置的行为主体的话语越来越失效、越来越受到质疑。网络极大地拓宽而

不是缩小了公共对话的空间。现在，由于人们的口袋里就装着交互式媒体，所以人们的决策方式和设置媒体议程的方式都和以前不一样了。游戏规则并没有发生根本性转变，但形势已经大不相同：我们目前所处的社会是一个互联、生动、有作为的社会，有时社会成员们一时兴起，会表现出希望参与政治游戏的愿望，这样一个社会已经成为表达意见、组织活动和提出倡议的源泉。

对处于核心位置的行为主体而言，其权威不再是自动获得的，也不再是固定不变的；权威必须在一个开放、粗鲁和喧哗的环境中获得，这种环境有时看上去十分无序，以致很多人认为它如同一个不可控的、危险的集市。然而，数字世界绝非一个用来凌乱地堆放物品的大型场地，相反，它提供了公民和民选代表沟通的新方式，允许公民用新的方法向媒体释放信号、组织社会运动和从事政治活动。数字世界产生的变化并非总是显而易见的，但这绝不能说明数字世界不是在以另一种方式生产信任和合法性。我下面提供的简单分析框架可以帮助读者更好地理解我们目前正在经历的变化。

民主和数字技术：一种分析框架

我们在这里使用"民主"概念，以方便把不同的实践和制度放在统一的价值观框架下，这个价值观框架就是在维护公共利益的前提下，促进公民的平等、解放和自主性。"民主"这个词首先被用来指选举过程的合法性，即人民通过普选选出自己的代表。其次，"民主"被用来指称社会运动的各种形式，后者包括一系列集体行动，如罢工、请愿、游行，也包括一些组织性程度不一的社会组织，如各种类型的协会或集体性组织。最后，人们也用"民主"表达在个人关系或日常生活中希望实现的平等的理想状态，包括婚姻、家庭、学校或工作场所。

我们不细究"民主"概念的正确用法。我们根据对"民主"一词的广义定义来确定三个空间，然后观察数字工具在这三个空间产生的效果。第一个空间是人们常说的"代议制民主"。正如伯纳德·曼宁（Bernard Manin）指出的那样，代议制民主只是对"民主"的多种定义方式中的一种，而且这种定义方式相对狭隘。"代议制民主"随着18世纪革命运动的开展被确立起来，其特点是确定由谁担任公民代表。今天代议制民主占据了主流地位，以至于我们有时认为它是民主唯一可行的形式。尽管代议制民主的合法性源自选举，而且这种合法性不容置疑，但它经常遭到批评，而且被认为陷入危机，原因包括政界人士的职业化、难以代表普罗大众、在没有选举活动时民选代表脱离公民、大多数人对少数人的暴政、民选代表按政党逻辑运转等等。作为对上述批评的回应，近年来出现了第二个空间，即参与式民主（以及参与式民主下的协商式民主）。参与式民主主张代议制机构不能仅依靠民选代表的合法性，也需要想方设法让公民参与公共决策，参与方式包括社区委员会、全国性协商机构、论坛、以协商为目的的民意调查等。在过去的30多年中，人们尝试了多种允许公民参与公共政策的机制。尽管这些机制仍处于试验阶段，而且其合法性不如选举那么高，但它们仍然是能够提高公共决策质量的方法，特别是如果公民的观点有理有据。受

第四章 数字公共空间

尤尔根·哈贝马斯及其"协商"理论的启发,协商式民主的支持者认为,这些机制赋予了公共决策另一种形式的合法性。

"代议制民主"和"参与式民主"是政治学上两个很常见的概念,然而,互联网使我们注意到了民主精神其他可能的表现形式。借助数字工具,很多在传统渠道中不存在的参与方式、社会活动组织方式、协调方式和集体表达方式出现了。它们并不采用代议制民主下的机构、媒体和社会活动手段,也不会直接使用参与式民主下的讨论和协商渠道。相反,它们是在互联社会中逐渐发展起来的:网上请愿、发布爆火的视频、转发带♯的标签、社会活动家团体在网上组织活动、在社交媒体上协调的社会运动等。尽管我们很难将网民的声音聚合、汇总起来,但这些声音不断出现、互相分享信息、互相辩论或互相支持,从而形成互联社会震耳欲聋的背景声音。正如皮埃尔·罗桑瓦龙(Pierre Rosanvallon)在《反民主》一书中指出的,民主的重心已经转移到社会之中。人们用很多种词语描述这种"外在性",如"民间社会""公共空间""个人社会"。在这里我们使用的词语是"互联网民主"或"互联社会"(见图 4-1)。

代议制民主、参与式民主和互联网民主这种三分局面使我们能更好地了解数字科技起到的转型作用。我们将看到数字科技对代议制民主所起的作用十分有限,对参与式民主所起的作用尚未清晰,但在互联网民主的框架下,数字科技的作用是崭新的、可以改变现状的。很少有技术创新会像互联网一样被赋予如此多的政治期待。

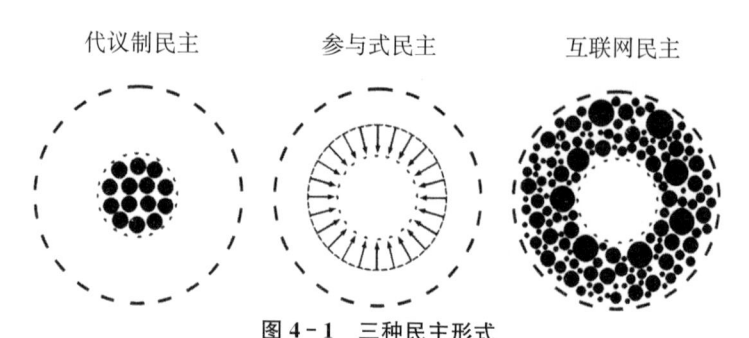

代议制民主　　　　参与式民主　　　　互联网民主

图 4-1　三种民主形式

源自互联社会或互联网民主的巨大噪声从此融入妇孺皆知的代议制民主和参与式民主之中。

互联网先锋们所推崇的去中心化、水平化和自我组织使人们自发地设想出一种反主流的政治模型，它更新了代议制民主下的各种陈旧形式。我们应该从以下方向出发阐释数字技术对政治机构产生的综合影响：在乌托邦理想的影响下，数字技术促进了言论自由、自我组织，以及对狭隘闭塞的代议制民主的批评。

然而，在被赋予了众多希冀之后，数字技术又使人们失望。数字技术具有模糊性，人们对它们的使用也各不相同，因此数字技术有时也会促进中心化和控制机制的出现。随着大型互联网平台的崛起，网民的言论自由逐渐受制于一种新的权力形式，这引发了越来越强烈的担忧。借助数字技术，威权国家对反政府主义者和普通公民的政治监控越来越巧妙、精准；甚至在那些受人尊敬的民主国家，对特定人群的监听也发展起来。除了突尼斯，诞生于"阿拉伯之春"的政治运动并未加强人们对民主的希望——这些希望部分源于网络动员。那些在广场上举行的社会运动（如"愤怒者"运动、"占领"运动、"不眠夜"运动等）也是依靠数字网络才得以组织起

第四章 数字公共空间

来,但它们未能提出其他可供选择的政治方案。在网络上兴起的民粹主义和极端主义运动汇聚了民众对政府和机构的愤怒和抗议。对许多人来说,网络蕴含的政治理想并没有实现,有些人甚至将其视为对代议制民主的威胁。

然而,所有这些变化和矛盾并没有阻碍新一代公民发展"公民技术"(civic tech)的热情和想象力。公民技术是指在互联社会中开发出来的一系列工具和服务,旨在改善民主辩论和公共政策。对公民技术的创新性试验正在全面展开。在前辈们的眼中,民主机器似乎已经瘫痪和腐朽,但互联网民主仍然充满了新的可能性。

【看·听·读】

● 关于本章介绍的三种民主形式,可参见:Dominique Cardon, *La Démocratie internet: Promesses et limites*, Paris, Seuil, 2010.

● 这本书在民主理论的一般性框架下考察公民数字表达空间的诞生:Pierre Rosanvallon, *La Contredémocratie: La politique à l'âge de la défiance*, Paris, Seuil, 2006.

● 很多政治学理论专著讨论了民主的不同形式,如:Loïc Blondiaux, *Le Nouvel Esprit de la démocratie: Actualité de la démocratie participative*, Paris, Seuil, coll. «La République des idées?», 2008; Bernard Manin, *Principes du gouvernement représentatif*, Paris, Calmann-Lévy, 1995.

● "协商民主"的概念源自尤尔根·哈贝马斯,可以参考这本文集,书里充满了真知灼见:Charles Girard, Alice Le Goff (dir.), *La Démocratie délibérative: Anthologie de textes fondamentaux*, Paris, Hermann, 2010, p. 11-112.

● 如果要了解"公共性"(这里的"公共性"并不是指广告,而是指对公众可见、公开或在公共场合开展行动），可以阅读丹尼尔·色法伊（Daniel Cefaï）的一篇十分清晰的理论文章。色法伊是法国社会科学高等研究院的研究主任，他的文章分析了自尤尔根·哈贝马斯1962年出版《公共空间》一书以来，学界对"公共空间"一词的阐述：Daniel Cefaï, «Publics et publicité: vers une enquête pragmatiste», *Politika*, 24 mai 2017, https://www.politika.io/fr/notice/publics-publicite-enquete-pragmatiste

● 有两种典型观点阐述了数字技术的民主潜能，这两种观点都十分乐观。

第一种是比亚·曼西尼（Pia Mancini）的观点，他是阿根廷网络党的共同创始人，是democracyOS软件的共同开发者（democracyOS是一个开源软件，目的是使公民的意见获得更大的权重）：«How to Upgrade Democracy for the Internet Area», *TED Talks*, 2014, https://www.ted.com/talks/pia_mancini_how_to_upgrade_democracy_for_the_internet_era

第二种是克莱·舍基（Clay Shirky）的观点，她可能是对数字技术的民主效果最乐观的预言家：«How Internet Will (One Day) Transform Government», *TED Talks*, 2012, https://www.ted.com/talks/clay_shirky_how_the_internet_will_one_day_transform_government

互联网的政治形式

数字文化的先驱们要求"不夺取政权，但要改变社会"。最早的网络政治行动是由那些边缘群体、自由主义者和艺术团体组织开展的，他们无意参与政治游戏。法比安·格朗容（Fabien Granjon）在其开创性著作《积极互联网》中甚至指出，在网络先驱中，那些最活跃和最倾向于将网络作为表达和协调手段的人是那些本身就去中心化、去官僚化的团体，如边缘群体的协会、艺术家们的圈子、

第四章 数字公共空间

国际活动家或自由主义者团体。第一个密集使用互联网的社会活动团体是墨西哥的萨帕塔运动,由副司令马科斯领导。1995年,在网络诞生之初,萨帕塔主义者以恰帕斯州的森林为基地,发展了一个极其有效的宣传网络,向全世界宣传自己的主张。通过网站和讨论列表,他们在第二年就成功举办了"支持人类事业和反对新自由主义洲际会议"(人们幽默地将其称为"星际会议"),吸引了5 000名来自42个国家的社会活动家、知识分子和公共人物。如果当时没有新生的网络,这一切都不可能发生(见图4-2)。

图4-2 一位具有先锋意识的副司令

1995年以来,副司令马科斯领导的墨西哥萨帕塔运动借助互联网在恰帕斯州的森林深处召开国际会议,来自42个国家的代表参会。

1999年,正值世界贸易组织在西雅图举办峰会之际,反全球化运动也在网络上发起了声势浩大的国际协调行动。在西雅图，自由主义者创办了 Indymedia，这是第一个允许任何人在未经编辑团队审核的条件下就可以发布信息的网站。Indymedia 开创了开放出版（open publishing）的原则，该原则随后获得了极大的发展。Indymedia 推崇无政府主义和自由主义，拒绝一切内容审核，这引发了不少问题，特别是当参与者发布反犹太言论时，版主无权对内容进行管理。随后，当一些网络媒体（包括韩国的 Ohmynews、法国的 Rue89 或 Médiapart 俱乐部）沿用开放出版原则时，它们制定了内容审核原则。

228 网上出现的特殊政治文化具有以下特征：集体形式的网络组织（如开源软件或维基百科等社群、互联网工程任务组等治理机构、"匿名者"或"海盗党"等网络社会活动家）和 21 世纪初出现的新形式的社会运动在结构上具有相似性。当时最引人注目的集体行动大部分源自那些运行方式松弛、灵活的运动，如反全球化运动、"愤怒者"运动和"占领"运动发起的占领公共场所的浪潮、"次"政治或"微观"政治下的新型社会运动（如萨帕塔运动）、批判消费运动、第三波女权主义、阿拉伯抗议活动，还有吹哨人在个人层面开展的行动，如爱德华·斯诺登（Edward Snowden）和朱利安·阿桑奇（Julian Assange）。无论这些运动是否是在网络上发起的，它们的共同点都在于大量使用了数字技术。

这些运动具有三个特征。第一，尽管它们是集体性质的，但它们十分重视个体的特殊性以及参与者观点的多样性，而不是把参与者嵌入政治活动的传统模子里。参与者并不是以某个组织（如工会、非政府组织、政党等等）的成员的身份参加活动，而是以个人身份、个人名义参加活动。从组织层面到个人层面的转变、从"我们"到"我"的转变进一步深化了互联网代表的个人化逻辑，它预示着集体性组织以及在此基础上开展的社会运动将保持成员在意识形态上的多样性特征。

在2011年"阿拉伯之春"期间的突尼斯，社会运动在网上发起并得到发展，这一切都是在没有得到反政府主义政治团体支持的条件下发生的。从更广泛的层面上看，利用互联网组织起来的社会组织和传统社会组织的构成不同。传统社会组织主要由非政府组织、工会和利益集团构成，它们中的很多成员都流亡在外，是本·阿里政权的政治反对派。相反，利用互联网组织起来的社会组织主要是公民个人聚集的结果。

然而，如果有人认为，未来公民即使不属于同一个政党也会协调各自的行动，他就大错特错了。如果仔细观察，我们就会发现，参加互联网上出现的新型社会运动的公民并不是凭空出现的，相反，他们通过参与一些激进活动掌握了技巧。现实表明，文化资本和国际经验在公民的社会化过程中发挥着至关重要的作用。在互联网（如脸书）上发起的闪电式社会运动也揭示出大学生、获得高等文凭的人和兼职人员发挥的决定性作用。然而，在某些情况下，网络使用的大众化使那些没有特定社会活动资本的公民也能在网上发起广泛动员，例如法国的"黄马甲"运动反映的就是这种情形。

网络动员的第二个特征是任何有可能促使产生领导者的机制都

被认为是不合法的。拒绝指定以集体名义发声的代言人、对一切追求知名度的做法持怀疑态度是网络动员的一贯特点。在脸书上创立的账号"库勒纳·哈立德·赛义德"（Kullena Khaled Saïd）就是一个很好的例子，它在 2011 年的埃及抗议活动中发挥了决定性作用。瓦伊尔·高尼姆（Wael Ghonim）是这个账号的发起人。他是谷歌驻多哈的员工，在埃及抗议活动期间，高尼姆尽可能长时间地保持匿名，从不在账号上下达政治指令，只负责在账号上担任协调者的角色。实际上，网络动员的形式本身就禁止赋予脸书的账号管理者以任何权威，账号管理者的作用仅仅是形式上的，负责使每个人的话语流通起来，但他不能以其他人的名义发声。如果账号管理者真的有任何权威，那么这种权威恰恰源自他的自我克制。

  网上发起的很多政治运动都具有这种特征，"匿名者"运动是该特征最激进的表现形式，以至于该运动使自己在网上变得完全不可见。"匿名者"运动的成员是参与数字游击活动的激进社会活动者，该运动于 2008 年首次出现在 4chan 网站上的 b/频道。4chan 网站本身是一个电子公告板，是互联网大众文化和青少年文化的典型代表。参加这一运动的成员互相不认识，他们通过互联网中继聊天（Internet Relay Chat，IRC）协调各自的行动并开展黑客攻击，目的是渗透并阻挠对手的网站，包括宗教团体、文化产业或者那些试图破坏 Wikileaks 的网站。成员必须保持匿名，将自己的真实身份隐藏在面具后面，这个面具展示的是一个嘲讽的笑容，它源自阿兰·摩尔（Alan Moore）和大卫·劳埃德（David Lloyd）的动漫《V 字仇杀队》。"匿名者"运动的成员全都使用同样的面具，目的

第四章　数字公共空间

是显示他们之间的平等,并延续黑客文化。该组织在 YouTube 上发布了雄辩的声明,强调了这种组织方式的优点就在于通过不可见性确保成员之间的平等。

> 任何人都可以以"匿名者"运动成员的名义发声。我们没有领导人,只有主张;我们没有目标,只有结果。没有人能逮捕我们,因为我们只是一个概念。没有人能够消灭我们,因为我们是透明的。

网络动员的第三个特征恰恰是不提出任何计划,而是十分注重民主决策的过程。这就像是为确保参与者享有最大限度的自主性而使决策中心不去定义行动的原因和理由。参与者的精神状态是一样的,他们常常有共同的敌人(例如参加"愤怒者"运动和"占领"运动的人宣称"我们是 99%"),但他们不想给自己的运动定义任何纲领,缺少共同计划甚至是公民愿意参与此类运动的条件之一。网络动员往往基于以下理念:行动的主题是通过参与者之间的平等讨论从集体中产生的,它们不能在公民参与之前就被固定下来。

这就是为什么无论是维基百科社群还是开源软件社群,他们都是通过协商一致而不是多数表决的方式做决定的。"共识"并不意味着所有人都一致同意,而是指成员们通过长时间的讨论、互相做出妥协,最后得出令人满意的决定。参加网络动员的人们在数字技术平台上投入了大量精力,在各自社群内部讨论决策的形式和程序。"占领"运动和法国的"不眠夜"运动都创建了维基网站,汇总了 100 多个委员会的工作成果,每个委员会又被细分成多个分委员会。这时人们在数字世界常常能观察到的一种现象就突出表现了出来：关于程序的讨论甚至成为参与者体验民主的一种方式。

有人也许会质疑这些团体在政治方面的有效性。诚然，社交网络的确有利于开展闪电式的、壮观的、高能见度的社会动员，对参与者而言，这些都是十分强烈的政治体验。社交网络允许参与者交换一些必不可少的信息，包括交通工具、集会地点、辨别是否有警察在场、医疗服务和法律服务等，确保行动的协调。社交媒体增强了参与者之间的感情交流和参与的动机，他们互相倾诉自己的恐惧和希望，他们强化了各自的信仰和参与的积极性。

然而网络上发起的运动很难长时间存续。"阿拉伯之春"、各种在广场上发起的运动、"黑人的命也是命"运动、"匿名者"运动或者海盗党的政治成果并不显著。然而，它们对政治空间产生了间接影响。例如2016年当伯尼·桑德斯（Bernie Sanders）参加美国民主党党内选举时，我们就观察到了这种间接影响。当时，"占领华尔街"运动和"黑人的命也是命"运动营造的政治氛围及社会活动者网络对桑德斯的党内竞选产生了有利影响。这类运动在组织层面和政治层面的特殊性（包括横向性、拒绝任命代言人、协商一致、注重程序而不是计划）既是它们的优点，又是其弊端。这一方面是因为先前的政治传统对它们不利，另一方面是因为当有具体成果产生时，它们会有策略地选择自我抑制，因此很难把这类运动转化成持久的政治力量。

然而，我们是否应该期待这类运动转化成传统的政治力量呢？要求互联网民主下的社会运动影响代议制民主，这难道不是再一次

第四章　数字公共空间

把那些能改造其参与者的社会运动拉到中心吗？而这些参与者本身 　*234*
却不一定希望夺取权力。

【看·听·读】

● 这本书是最早分析网络政治运动的新颖性和特殊性的专著之一：Fabien Granjon, *L'Internet militant: Mouvement social et usages des réseaux télématiques*, Rennes, Apogée, 2001.

● 这本参考书对网上发起的政治运动（如"占领"运动、"阿拉伯之春"、伊斯坦布尔 Gezi 广场抗议运动等）提供了整体性分析，资料翔实，且思考了技术的作用和这些运动的政治意义：Zeynep Tufekci, *Twitter and Tear Gas: The Power and Fragility of Networked Protest*, New Haven(Conn.), Yale University Press, 2017.

● 瓦伊尔·高尼姆是埃及的一位网络反政府主义者，当埃及人在解放广场抗议时，他在脸书上创立了一个网页，并组织协调在该网页上发布的帖子，他的书记录了他在这一时期的经历：Wael Ghonim, *Révolutions 2.0: Le pouvoir des gens plus fort que les gens au pouvoir*, Paris, Steinkis, 2012.

● 这篇文章批评了数字技术能产生"民主效果"的观点，批评了网络请愿：Evgeny Morozov, «From Slacktivism to Activism», *Foreign Policy*, 5 septembre 2009, http://foreignpolicy.com/2009/09/05/from-slacktivism-to-activism/

● 这份准确详细的调查分析了互联网在 2010 年 12 月的突尼斯革命中发挥的作用：Romain Lecomte, «Révolution tunisienne et internet: le rôle des médias sociaux», *L'Année du Maghreb*, 7, 2011, p. 389 – 418.

● 加拿大人类学家加布里埃拉·科尔曼多年来持续开展网络民族志研究，观察"匿名者"运动的参与者的交流行为和活动。她的专著深入探讨了这种新型网络社会运动，内容丰富：Gabriella Coleman, *Anonymous. Hacker, activiste, faussaire, mouchard, lanceur d'alerte*, Montréal, Lux, 2016 [*Hacker, Hoaxer, Whistleblower, Spy. The Many Faces of Anonymous*, Londres, Verso, 2015]。

● 关于网络动员和生产非主流信息之间的关系，可参见：Dominique Cardon, Fabien Granjon, *Mediactivistes*, Paris, Presses de Sciences Po, 2014.

代议制民主和参与式民主

数字技术会不会改变代议制民主下的政治竞争？它是否极大地改变了游戏规则、行为主体的行为以及选民的决定？诚然，政界已经离不开网站、脸书和其他各种各样的技术创新了：候选人需要在 YouTube 上开设频道、在 Facebook Live 上聊天、在会议上播放全景视频等。现在，所有有自尊心的议员都会在社交媒体上与选民沟通。然而，这些变化并不像我们设想的那样会深刻影响政治游戏。尽管一些个别事件，如巴拉克·奥巴马的选举和"阿拉伯之春"等让人们看到了希望，但数字交流的横向性和代议制权力的集权性并不总是兼容的。受数字技术这一新事物的影响，人们常常忘记在竞选期间，电视和主流媒体仍是最主要的辩论空间，尽管它们越来越多地使用数字技术组织辩论。

2008 年，巴拉克·奥巴马的第一次竞选模仿了霍华德·迪恩（Howard Dean）2004 年参与民主党党内竞选时的策略，其团队大量使用互联网募集小额捐款、动员志愿者、组建关于游移选民和弃权选民的数据库、发展组织社群的技术等。然而，对奥巴马竞选活

第四章 数字公共空间

动的分析表明数字工具并没有增进奥巴马和公民的交流,其主要作用在于传播奥巴马的主张和个人形象,并更加准确地识别游移选民。另外,现在政党在编制竞选用的联系人名单时,也将工作重心放在识别游移选民这个目标上。特别是在美国,Nationbuilder 这一数字工具方便政党组建游移选民数据库,开展说服工作。这些能准确锁定选民的工具正是那些有影响力的大党在开展竞选活动时所需要的。

代议制政治正逐渐演变成一个有关精确性的行业。它编制名单,积累关于选民的数据,目的是锁定选民,并根据其特点发送有针对性的信息。尽管剑桥分析公司丑闻(在这一事件中,营销公司非法使用了脸书上 8 700 万用户的数据,用来影响 2016 年的美国总统大选)引发了人们对那些锁定人群的营销手段的强烈反对,但是以数据为核心的政治竞选策略如今被世界各国广泛采用。

2007 年,当塞格林·罗雅尔(Ségolène Royal)作为候选人参加法国总统竞选时,数字技术在政治上的应用更大胆。她邀请支持她的网民在一个名为"渴望未来"(Désirs-davenir)的网站上共同编写自己的竞选计划。尽管网民在该网站上的参与程度较高,但要从这些内容中提炼出竞选纲领却是不可能的。在媒体和罗雅尔的竞选对手施加的政治竞争压力下,一个名叫让-路易·比安科(Jean-Louis Bianco)的政治专业人士——而不是普通网民——最后编写了罗雅尔的竞选纲领。

这次失败经验表明数字协作的开放逻辑从根本上缺乏稳定性,这种逻辑和政治斗争游戏的封闭性不相容。互联网上的讨论方式是交互式的、参与式的、以协商一致为目的，讨论常常是混乱的、激烈的甚至是恶毒的，很难适应高层政治游戏中的多数表决、以决策为目的且高度个人化的特征。

政党试图将自己的影响力从本党派的支持者扩大到其他人，为此它们专门创建了社交网站，但收效甚微。至于支持者的博客和政党的网站，它们只有在竞选活动期间才真正变得活跃。以政治人物为核心在推特和脸书上发起的动员，以及政治人物参加的电视节目，其影响力除了能触及已经被拉拢的选民，几乎不会对其他选民产生作用。政党的支持者使用数字工具，集体在网上大规模发帖（有时会使用机器人），支持本党派的候选人，然而数据表明这些行为对选民的投票意向几乎没有影响。只有记者们才会注意到网上的这类骚动，会在主流媒体上对此进行报道。

和传统政党不同，数字技术对于帮助新政治行为主体进入政治生活发挥了核心作用。政党制度面临的危机和民粹主义的崛起为新政治行为主体开辟了新的动员空间，而网络有时是协调各方行动的主要工具。贝佩·格里洛（Beppe Grillo）的五星运动党、柏林2011年议会选举时的海盗党就是典型例子。西班牙的"我们能"党（Podemos）也是一个例子，通过"愤怒者"运动的多个委员会，该党在网络上拥有多个信息中转站。

在代议制民主的传统形式受到冲击的大背景下，公民的网络动员体现了他们对所有把关人、政客或记者的批判、愤怒和憎恶，降低了传统政党空间和媒体空间的重要性。在2005年法国举行欧洲宪法公投期间，主流媒体总体上投赞成票，主张投反对票的人难

第四章 数字公共空间

以在主流媒体上发声，但他们的观点在网络上广泛流传。2004年3月，西班牙正值大选，何塞-马里亚·阿斯纳尔（José-Maria Aznar）政府认为埃塔（Euskadi Ta Askatasuna，ETA）组织应对马德里火车袭击事件负责，而在网络和手机上广泛传播的消息却是这起事件实际上与一些激进的伊斯兰组织有关，但媒体和政府迟迟没有证实这一点。面对政府的失语，舆论突然转向，导致何塞-马里亚·阿斯纳尔在选举中失利。2018年11月，法国的"黄马甲"运动是通过脸书组织起来的。尽管抗议者最初的主张是反对石油价格上涨，但这些主张很快演变成对代议制政治的总体批评，抗议者要求实现直接民主和全民公投。

然而，网络上发起的动员并不纯粹是数字形式的。建立中心联络点并在现实世界组织活动的必要性很快出现了，目的是使每个人都可以在屏幕后面看到运动的集体形式。"阿拉伯之春"期间出现的占领公共场所活动和魔鬼式示威，"黄马甲"运动期间出现的占领环形路口和街道的活动：媒体对这些线下活动的报道强化了线上动员。

在一些威权国家，如菲律宾、突尼斯、埃及和伊朗，数字技术有时是促进信息流通的强大工具，因为这些国家的传统信息流通渠道是关闭的。2013年，在土耳其，一组画面在推特上广泛传播：CNN国际频道展示了反对土耳其当局的示威者占领了伊斯坦布尔的街道，与此同时，CNN土耳其频道则在报道独臂残疾人（见图4-3）。在反民主逻辑下，数字技术为社会公众反对当权者的行动提供了新空间。

图 4-3 独臂者、谎言和视频

这组分屏显示的画面 2013 年在推特上广泛流传。画面显示，CNN 国际频道正在转播抗议者在伊斯坦布尔的大街上开展抗议（右图），而 CNN 土耳其频道却在播放关于独臂者的纪录片（左图）。

代议制民主给数字技术带来的另一个希望是实现电子民主。电子民主的计划由来已久，国家层面和国际层面的机构就该问题发布了数量惊人的报告。电子民主和电子投票不一样，电子投票是指在机器上而不是在投票站投票，而电子民主则是指允许公民在其住所或通过手机回答政府或议会希望他们参与解决的问题。这种在前后两次大选之间举行的全民公投回应了在个人化社会中，文化程度越来越高的公民对直接民主的强烈要求。到目前为止，电子民主的表现还不能令人完全信服。除了爱沙尼亚（爱沙尼亚实施网络协商和网络选举），其他国家不愿引入电子民主，因为电子投票的安全性无法得到保障——没有任何一个信息系统可以完全避免被恶意操纵。因此，尽管电子民主是网络上常常讨论的话题，但它目前的实施范围是局部性的：社团投票表决、股东大会投票表决、政党成员

第四章 数字公共空间

选举领导人。互联网先驱们从没想过可以通过按键式全民公投来释放网络的民主潜能,这更多的属于机构改革者的想法。有关电子民主的持续讨论则表明互联网这一分布式技术难以适应代议制政治的集权化形式。

参与式民主能提供什么呢？既然参与式民主倡导民选代表和公民通过公开讨论的方式制定决策,那么参与式民主提供的不正是可以让数字技术蓬勃发展的空间吗？20世纪90年代末以来,一些允许公民参政议政的机制迅速建立起来,其标志之一就是巴西的阿雷格里港市设立的公民参政预算（市政府号召公民召开大会,决定本市的重要公共政策,市政府为此专门设立了预算）。在这一大背景下,很多民主国家的政府机构迅速引入了数字工具,就土地使用规划、重要技术决策、某些财政预算的分配、城市规划、街区委员会的重要决定等咨询网民的意见。征求网民意见的主要做法包括召开公民大会,设立网站,邀请公民在网站上发言、评价其他人的意见,并就相关提案投票表决。

学校食堂、地方政府、法国的全国公共讨论委员会（Conseil national du débat public, CNDP）、欧洲委员会等,越来越多的机构采用了征求公民意见的做法。尽管对这类做法的评价并不总是负面的,然而这些鼓励公民参政的机制——无论是线上还是线下的公民会议——取得的成果令人失望,政府机构的目标没有实现,投资也没有得到回报。参政议政的人数较少。除了公共讨论的发起者的亲属之外,其他参与者的同质化程度较高（参与者均有高学历,参政议政能力强,且在各自的组织担任较高职位）。另外,公共协商对于公共决策的形成所发挥的作用不明显。

相反，尽管网民并不经常参与政府机构设立的参政机制，但他们持续地、自发地参与网络上的不同议题：发表观点和建议，表达批评、愤怒、嘲讽、支持。政治话语不请自来，渗透了整个网络空间。它们有时出现在脸书状态更新引来的玩笑里，有时出现在推特上表达愤慨的帖子里，有时出现在讨论列表上的辩论中，有时出现在讨论网络游戏的论坛上。网民们集体生产出一系列观点，尽管根据不同的网民类型，其参与程度也有不同。网上的政治对话杂乱无章，难以控制，它们传播的渠道与官方机构及媒体通常用来了解民意的渠道不同。在网上，我们不能通过民意调查这种个人化、抽样的方式衡量民意，因为网上的民意表达是传播式的、应对式的、不可预测的。

带"♯"的讨论话题很好地体现了网上公民观点的传播。例如，♯Bringbackourgirls、♯Blacklivesmatter、♯Metoo、♯Balancetonporc（"咸猪手，滚！"）等例子表明一个简单的♯号就足以在世界范围内激发人们的某些诉求。2015年1月7日上午11点52分，也就是《查理周刊》总部枪击案发生一小时以后，约阿希姆·朗辛（Joachim Roncin）发布了一个带♯号的讨论话题"♯Jesuischarlie"（我是查理），它成为人们激动心情的象征。该事件用史无前例的方式证实了数字技术如何能在世界范围内催生出人和人之间的团结。在一周之内，有将近700万条帖子加上了"我是查理"的♯号标签，它的传播令人震惊。

♯号是人们在网络世界的迷雾中举起的一面旗帜，有时在一些

第四章　数字公共空间

偶然性因素的影响下，一面旗帜会比另一面旗帜更能吸引所有人的目光。那些在互联网上病毒式传播的现象具有以下特点：它们由普通人发起，发起人事先没有任何意图，而且他们事先并不知道自己的行为会产生怎样的影响。面对同一个事件，网民们会发起成千上万个带♯号的讨论话题，但最后只有一个被选中，成为所有人都谈论的话题。在转帖和注意力两极分化的共同影响下，♯号就像一个聚合器，它将人们在虚拟空间而不是物理空间中聚集起来；它使人们团结一致，而不会强制他们接受任何观点；它使人们向中心靠拢，但不会发号施令。

数字技术给我们的社会创造了一个新的思考空间，被分隔在各个小圈子里的行动和主张在这个新空间里相遇相拥，继而在世界范围内激发人们的热情。2018年秋出现的♯Metoo和♯Balanceton-porc（"咸猪手，滚！"）行动是这一现象的佐证。在《想象的共同体》这本名著中，人类学家本尼迪克特·安德森（Benedict Anderson）分析了20世纪初报纸如何促进了"想象的共同体"的产生。阅读同一种报纸的读者会接触到同样的时政新闻，他们最终会把自己看作同一个民族的公民，因为他们在相同的时间共同分享相似的经验和情感。读报时，他们隐隐约约地知道，那些他们不认识的人也在同样的时间阅读同样的内容。在互联网时代，"想象的共同体"的建构方式和大众传媒时代不太一样，它不再通过中心领导机构自上而下地把分散的、沉默的群众组织起来，而是利用横向传播的方式，使用共同的口号把社群组织起来，使每个人得以想象并向他人展示自己。

245

数字文化

【看·听·读】

● "新一代互联网基金会"的于贝尔·吉约写了一篇文章,总结并分析了法国在公民科技领域提出的倡议,分析了它们的优势和劣势:Hubert Guillaud, «Civic tech: les innovations démocratiques en questions», *Internetactu. net*, 24 juin 2016, http://www. internetactu. net/2016/06/24/les-innovations-democratiques-en-questions/

● 关于电子投票,可以阅读这篇总结性文章:Thierry Vedel, «L'idée de démocratie électronique: origines, visions, questions», in Pascal Perrineau(dir.), *Le désenchantement démocratique*, La Tour d'Aigues: Editions de l'Aube, 2003, p. 243 - 266.

● 关于政党在竞选期间对数据的使用,可参见:Zeynep Tufekci, *Engineering the Public: Big Data, Surveillance and Computational Politics,* http://firstmonday. org/article/view/4901/4097

接下来这本书详细分析了政党在竞选期间使用的精准识别选民的技术:Daniel Kreiss, *Prototype Politics: Technology-Intensive Campaigning and the Data of Democracy*, Oxford, Oxford University Press, 2016.

● 关于政党对互联网的使用,可参见:Fabienne Greffet(dir.), *Continuerlalutte. com: Les partis politiques sur le web*, Paris, Presses de Sciences Po, 2011.

还有很多文献分析了政治行为主体如何使用数字技术,要获得对这些文献的综述,可以阅读:Fabienne Greffet, Stéphanie Wojcik, «Parler politique en ligne: Une revue des travaux français et anglo-saxons», *Réseaux*, 150, 2008, p. 19 - 50.

● 关于巴拉克·奥巴马 2008 年竞选的报告,可参见:Terra Nova, *Moderniser la vie politique: Innovations américaines, leçons pour la France*, janvier

2009，http://tnova. fr/system/contents/files/000/000/678/original/terranova-rapportmissionus. pdf？

● 请阅读 Politiques de communication 期刊的特辑《Des vrais gens aux followers》（2016 年第 6 期），特别是奥莱莉·奥利维斯（Aurélie Olivesi）和尼古拉·于贝（Nicolas Hubé）撰写的引言，以及朱利安·博亚迪安（Julien Boyadjian）对推特政治用途的分析：《Les usages politiques différenciés de Twitter. Esquisse d'une typologie des "twittos politiques"》。

● 这本经典著作分析了报刊和媒体在民族构建过程中发挥的作用：Benedict Anderson, *L'Imaginaire national：Réflexions sur l'origine et l'essor du nationalisme*，Paris，La Découverte，1996.

数字革命下的媒体

危机万岁！尽管数字转型对新闻行业产生了巨大冲击，然而媒体行业如今却表现出了惊人的创造力。以下这种自相矛盾的局面相当残酷：一方面，人类社会从未像今天一样消费如此众多的信息；另一方面，很多新闻公司倒闭，编辑团队裁员的现象随处可见。在《媒体的未来》这本论证清晰的小书中，朱莉娅·卡热（Julia Cagé）指出，美国日报社记者的数量从 2007 年的 55 000 下降到 2015 年的 35 000。在法国，下降幅度稍微小一些，但下降也很明显：2016 年，法国有 35 000 名持记者证的记者，但每年有 600 名记者退出该行业。

数字技术同时颠覆了人们获取信息的方式和新闻融资的方式。一方面，网民将自己的一部分信息实践转移到网上；另一方面，广告市场不再给传统媒体提供资助，而是把资金转给信息聚合机构，如谷歌或脸书，因为网民是通过这类机构获取信息的。因此，媒体危机既是媒体用途的危机，又是媒体经济模式的危机。这一教科书式案例表明为了适应数字世界，媒体人必须具备创新经济模式的能力，创新过程必须将数字经济的新实践和特殊性考虑在内。在经历了多次失败之后，互联网音乐行业进行了模式创新，引入了用户订阅网站的做法。该行业通过多次尝试，理解了用户听音乐的形式，并摒弃了要求用户按曲目付费的做法。

为了更好地理解媒体行业面临的挑战，让我们来看一下关于媒体危机的数字。人们仍然十分需要职业记者生产的信息，实际上，这种需要从来没有像现在这么高。法国有 150 万至 200 万读者每天至少浏览一次《世界报》的官网，远远超过了《世界报》纸质版约 25 万份的日发行量。尽管人们获取信息的方式发生了变化，但数字阅读的兴盛表明承担着社会功能的新闻业不会消失，因为现实表明的是一种完全相反的状况。21 世纪初，有一种声音认为以公民参与为特征的新闻业会成为职业新闻业的竞争对手，甚至会使后者消失。基于 Indymedia 发起的开放出版原则，很多网站邀请网民生产信息。韩国的 Ohmynews、法国的 Agoravox，以及后来出现的由专业人士和业余人士共同编写的"赫芬顿邮报"网站和 Rue89 都试图延续这种混合形式。但这种形式的局限性很快就出现了，因为人们意识到网民并不能生产新的、独特的新闻。当事故、恐怖袭击或自然灾害发生时，手机诚然成了一种信息媒介，但网络激发的表达热情并不会把网民转变成新闻或调查记者。

第四章　数字公共空间

尽管"人人皆记者"的美好预言并未实现,但这并不能说明网民的行动不重要。在与信息的数字交互过程中,网民在社交媒体上评论、批判、更正和转发信息。这些活动深刻改变了职业记者的工作,这种改变有好处也有坏处。正如很多研究指出的那样,活跃的网民评论员的存在有利于提高文章报道事实的准确性、促进不同观点的交锋,但同时,诽谤和仇恨言论、网络水军的攻击也出现了,对某些新闻类内容的评论甚至演变成幼稚的游击战。经验表明,只有当报纸投入足够的资源和技能,包括写文章的记者的技能(法国的调查类媒体 Médiapart 及其俱乐部就是一个例子)时,报纸才能和读者展开有意义的讨论。评论空间是允许读者表达意见的场所,如果报社的编辑团队不关心这个空间,或者把对评论空间的内容审核外包给那些薪酬水平较低且位于国外的公司(如法国的公司外包给马达加斯加的公司,美国的公司外包给印度的公司),那么评论空间很快就会变成一个垃圾桶,以致有些报社会将其关闭了事。

如果来自参与式新闻的竞争没有造成媒体现在的危机,那我们就应该从网民免费在网上浏览新闻这一事实上寻找原因。要了解世界大事,人们不必再去买报纸或者坐在电视机前面。信息会出现在脸书或推特上的状态更新中,因为我们的好友可能在发布度假照片和八卦消息的空档决定发一条新闻。由于人们获取信息的方式变了,媒体对自己生产的信息能否触及大众以及在何种背景下触及大众具有越来越少的发言权。网民们如何接收信息、组织信息、对信息按照重要性进行分类,这一切都不再是媒体所能控制的了。通过社交媒体获取信息对最年轻的读者来说意义重大,因为他们很少读报纸或看电视，而是在网上浏览新闻，特别是在社交媒体上发布的新闻（见图4-4）。

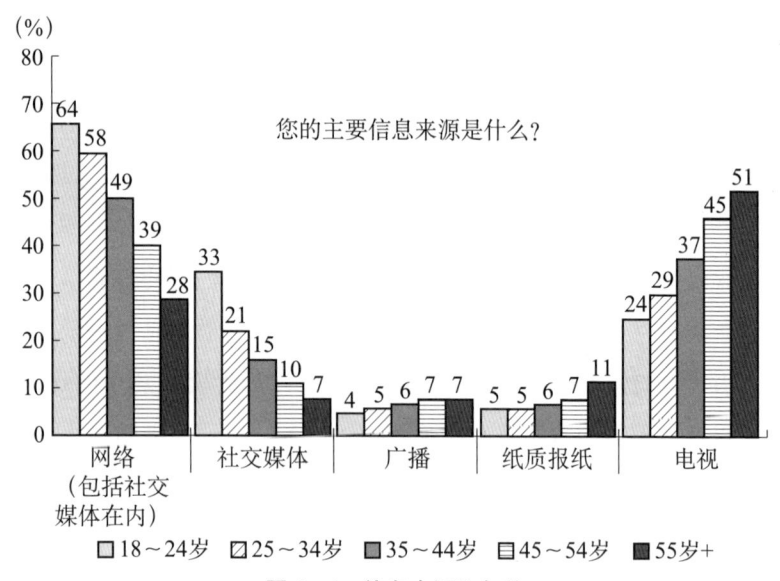

图4-4 信息来源和年龄

一项涵盖了36个国家的调查显示，网络（包括社交媒体在内）已经成为最年轻受访者的最主要信息来源。

以上论断并不是绝对的。如果把所有信息载体都考虑在内，那么传统媒体在很大程度上仍占据主导地位，吸引了最多的受众。当被问及哪种媒体最能帮助他们了解时事，法国人把电视远远排在其他媒体前面（42%），互联网排第二名（23%），纸媒排第三名（18%），最后是广播（11%）。只有4%的受访者表示他们只通过社交媒体了解时事。

美国的情况和法国基本相同。由于记者们大量使用推特，他们倾向于认为所有人都这样。但在美国，只有9%的公众使用推特获

第四章　数字公共空间

取信息。尽管有44%的公众使用脸书获取信息,但人们使用社交媒体获取信息的行为几乎总是和他们对其他信息载体(电视仍在很大程度上占据主导地位)的使用相互重叠。

广告遵循相同的演变路径,这是人们的信息获取行为转移到网络所产生的重要结果。生产新信息的成本是很高的。在过去,除了特许权使用费、用户征订和出售股票,新闻机构获得的最主要收入来自广告。由于媒体是使广告商接触到公众的最主要载体,因此它们通常会利用和广告商的利益联姻让广告商支付较高的费用。

网络打破了媒体和广告商之间的默契,这个过程分两个步骤完成。首先,互联网确立了信息免费的做法,使网络媒体完全依赖为自己提供资助的广告商。其次,由于广告商可以在除网站以外的其他空间投放广告,并且他们一般在网民浏览最多的网站(包括门户网站和类似谷歌、脸书这样的信息聚合网站)投放广告,因此新"信息中介"攫取了以前专属于传统媒体的广告收入。这种做法使广告商找到了和受众沟通的更恰当的方式,他们既可以接触到更多用户,又可以通过个性化广告照顾到每个用户。我们将在第五章谈到,谷歌和脸书提供了新的广告模式。

正如朱莉娅·卡热在《媒体的未来》一书中所指出的,网上那些高质量的媒体并没有成功地通过广告盈利。阅读纸质报纸的读者带来的广告收入是网络媒体读者的20倍。平台极大地增加了广告空间,再加上平台的投资流失,使得广告投放价格大幅下降。很多媒体不得已铤而走险,同意将那些低质量、低利润的广告投放在自己的网站上。

这是因为使低成本广告创造收益的唯一办法就是投用户之所好。网络媒体要想获得利润，就只能大幅降低信息的质量，从而快速地生产出大量诱人、有趣、实用或令人上瘾的信息，提高用户点击率。这就是为什么媒体面临的经济危机催生了"安逸"的、低质量的新闻业。随着网络媒体（如 Buzzfeed 或 Vice）的诞生，一种新型新闻行业得到发展，它以生产短篇幅、吸睛的新闻为主。在各个网络新闻编辑室，新闻制作周期加快了。一般来说，一个新闻网站报道某事件之后不到 3 个小时，另一个网站也会对同一事件进行报道。被报道的事件中有一半会在 25 分钟后被再次报道，有四分之一的事件会在 230 秒以后被再次报道。网络上充斥的文章篇幅短，毫无附加值可言，大多是对已发生事件的回应。这种"急件生产"式新闻业的主要贡献在于吸睛的标题提高了文章在社交媒体上的被阅读和被转发次数。朱莉娅·卡热、尼古拉·埃尔韦（Nicolas Hervé）和玛丽-吕斯·维奥（Marie-Luce Viaud）于 2013 年调查了法国媒体新闻生产的总体情况。他们的研究表明，网络上发布的新闻有 64% 仅仅靠复制粘贴而成。

网络越来越受制于受众逻辑和信息流通逻辑，这也是媒体生产的新闻质量之所以下降的原因。包括 Chartbeat 在内的监测工具使每位记者能实时了解自己的文章被点击、转发和评论的次数。在知名报社工作的记者排斥这种具体到个人的监督办法，只有报社的营销和广告部门才会使用这种办法。相反，对那些只在网上发布新闻的网站而言，由于他们的全部收入都来自广告，因此这些监测工具深刻地改变了写文章的方式，促使网站发明了很多策略，用来衡量

第四章　数字公共空间

哪些话题和哪些表述方式更受欢迎。例如有些网络媒体给同一篇文章起两个标题，把它们同时发布在网上，然后在 Chartbeat 上查看两个标题在一小时内的受关注程度，最后只保留受关注程度最高的标题。与网络平台一样，记者也会做 A/B 测试，他们在读者中测试两种解决办法，只保留最有效的那个（即获得更高点击率的那个）。

广告市场转移战场以后，作为回应，媒体要求从谷歌的广告收入中分一杯羹，因为网民通过谷歌的搜索引擎浏览的是媒体网站发布的信息。这一要求引发了谷歌、媒体和各国监管机构的激烈矛盾，特别是比利时、西班牙和德国的监管机构，因为这些国家的某些媒体已经停止被谷歌索引。在这场游戏中，失去流量的一方很明显是网站，它们同时也失去了获得更高广告收入的机会。在法国，各方找到了一种奇特的妥协方式，即谷歌出资设立了一个基金，每年拨款 2 000 万欧元，用以支持新闻行业创新。人们不禁要问，谷歌是在通过这种做法补偿新闻行业损失的广告费用，还是在以此获得新闻行业对谷歌独占广告市场的做法的默许。

尽管有危机，但网络新闻行业还是充满了编辑模式和经济模式的创新。在经济层面，我们首先看到用户订阅模式的广泛回归。尽管以广告收入为基础的 Pure Players 模式①被证明并不奏效（法国 Rue89 网站的失败证明了这一点），但用户订阅模式却行之有效，在这一模式下，用户可以订阅特定的丰富内容。Médiapart 是一家罕见的、连续七年盈利的新闻公司，拥有 140 000 名用户，不刊登

---

① Pure Players 模式是指网站仅提供线上服务。——译者注

任何广告，它是用户订阅模式的典型代表。如今出现了第二波使用 Pure Players 模式的网站，如 Arrêtssurimage、AOC 和 Les Jours，它们给自己的用户提供专业的、新颖的、精心编辑的产品。

"付费墙"这种灵活的付费模式发展起来。在"硬付费墙"模式下，只有已订阅用户才能看到文章的内容，比如《华尔街日报》就采用了这种做法；在"软付费墙"模式下，用户可以免费阅读一部分内容，但更丰富、更新鲜的内容仅对已订阅用户可见；"计量式付费墙"允许用户免费浏览一部分内容，例如用户每月可以浏览 10 次，之后网站关闭权限，提醒用户付费订阅。得益于这些模式，资讯类媒体重新实现了收支平衡。尽管《纽约时报》的广告收入在下降，但该报在网上拥有 250 万订阅用户。在美国发行量超过 5 万份的报纸中，有 78% 的报纸已经采用了"付费墙"模式。在法国，《回声报》《世界报》《费加罗报》和许多地方性报纸，如《北方之声》，均引入了订阅模式，其收支状况明显改善。2017 年底，《世界报》有 20.2 万网络订阅用户，这一数字每年以 40% 的速度增长。

"付费墙"模式使高质量的报纸得到了喘息的机会，使人们能更加乐观地看待网络新闻业的未来。"捆绑式订阅"（bundles）是未来可能出现的各种解决方法之一，它是指用户在网上同时订阅好几份报纸，这就相当于媒体之间就特许权使用费达成合作协议，使用户可以获得高质量的信息。相反，那些只生产毫无新意的娱乐新闻的媒体很难让用户付费，例如鲁伯特·默多克（Rupert Murdoch）的《太阳报》在尝试引入"付费墙"模式以后，又不得不放弃了这一做法。

第四章　数字公共空间

经济模式的改变也是文案编辑模式创新的源泉，新的文案模式包括篇幅较长的文章、在社交媒体上发布的方形视频、网上的电视资讯频道等。有两种创新形式特别值得关注：数据新闻和数据泄露。

数据新闻在20世纪70年代诞生于美国，这得益于当时各大报纸提出要对数据进行调查的要求，这一要求促进了记者、统计学家和计算机科学家的密切合作。鉴于当时数据的易得性较高，一些大型调查向公众揭示了统计数据表中蕴含的重要信息。例如，基于对圣安地列斯断层的地震信息的分析，《加利福尼亚观察报》编辑部指出，一些处在高风险区的校舍没有得到必要的安全保护。在另外一个例子中，英国记者通过翻看下议院的账目，发现议员们的个人支出都是由议会负担的。对记者的调查工作而言，开放数据是一个新的矿藏。西尔万·帕拉西（Sylvain Parasie）绘制的图表显示了1852年以来《纽约时报》至少含有一个百分比的文章数量，该图表明数字和数据在新闻报道中的重要性与日俱增（见图4-5）。

第二种创新形式是数据泄露。维基解密、巴拿马文件、斯诺登事件表明某些吹哨人掌握的数据可以帮助"第四权力"（即报刊和媒体）深入到政府机构和企业的幕后。一些新的新闻调查方式不断出现。例如，国际调查记者同盟（International Consortium of Investigative Journalists，ICIJ）于2017年汇集了来自世界各地的95家媒体和390名记者，让他们共同分析一个名为"天堂文件"的数据库，后者囊括了1 300万份文件和体量高达1 433.6GB的邮件，这些邮件记录了避税天堂的金融公司与客户、律师沟通的信息。

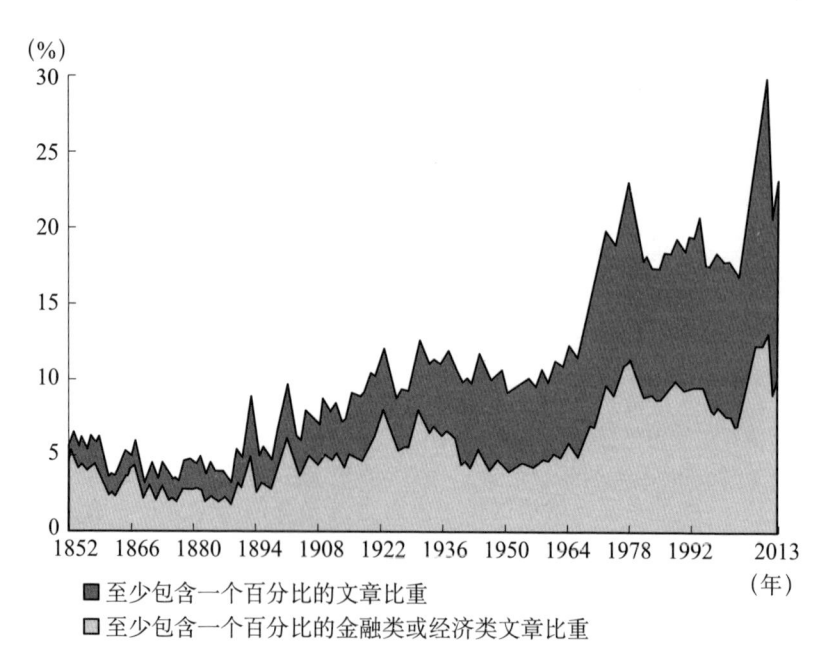

图 4-5　百分比的激增

在一个半世纪的时间里，《纽约时报》中至少包含一个百分比的文章的比重从 5% 上升到了 30%。

图例：
- 至少包含一个百分比的文章比重
- 至少包含一个百分比的金融类或经济类文章比重

我们由此可以看到两种新闻形式之间的鸿沟越来越大，它们已经几乎没有任何共同点可言，而且二者对"新闻"一词的定义也不再相同。在新闻业这个大家庭中，出现"鸿沟"其实并不是什么新鲜事，然而数字技术使鸿沟加深了，因为它衍生出了两种截然不同的应对危机的策略。在高端市场，我们看到的是高质量新闻业的强化，它推出新模式，向订阅用户收费，在生产原创内容、深度调查和可视化数据方面表现出越来越强的想象力。在低端市场，一个新的市场空间正在形成，它把人们能想象出来的所有内容都转化成可供点击的新闻，臭名昭著的假新闻就存在于这些内容之中。

第四章　数字公共空间

【看·听·读】

● 这篇文章总结了编辑团队尝试的多种方法，旨在促使网民参与生产新闻：Aurélie Aubert, «Le paradoxe du journalisme participatif», *Terrains & travaux*, 1, 2009, p. 171-190.

● 这项定性分析表明，在法国，64%的网络新闻都是复制粘贴了报社发布的信息：Julia Cagé, Nicolas Hervé, Marie-Luce Viaud, *L'Information à tout prix*, Paris, INA Éditions, 2017.

● 关于数字转型对信息获取的影响，可以参考这两本综述类书籍：Jean-François Fogel, Bruno Patino, *La Condition numérique*, Paris, Grasset, 2013; Alice Antheaume, *Le Journalisme numérique*, Paris, Presses de Sciences Po, 2016 [2e éd].

● 关于受众监测措施对法国和美国记者的影响，可参见：Angèle Christin, «Counting Clicks: Quantification and Variation in Web Journalism in the United States and France», *American Review of Sociology*, 123(5), 2018, p. 1382-1415.

● 这本书是对报社编辑部门，特别是阿根廷的报社编辑部门开展的民族志调查，目的是了解新闻数字化的影响。这本书的作者是该研究领域最优秀的学者之一：Pablo Javier Boczkowski, *Digitizing the News: Innovation in Online Newspapers*, Cambridge (Mass.), The MIT Press, 2005.

● 这本书独树一帜，分析了网络广告市场和报刊编辑部门的独立性，对媒体行业所处的危机进行了冷静观察，并提出了摆脱危机的方法：Julia Cagé, *Sauver les médias: Capitalisme, financement participatif et démocratie*, Paris, Seuil, coll. «La République des idées», 2015.

● 关于数据新闻的历史和发展历程，可参见：Sylvain Parasie, Eric Dagiral, «Data-driven Journalism and the Public Good: Computer-assisted Reporters and Programmer-journalists in Chicago», *New Media & Society*, 2012, 15(6): 853–871.

● 很多文献分析了数字时代的新闻业，其中包括著名的尼曼新闻实验室（Nieman Journalisme Lab）发布的多篇报告、论文和分析文章：http://www.niemanlab.org

还可以参考路透社新闻研究所（Reuters Institute for the Study of Journalism, https://reutersinstitute.politics.ox.ac.uk）发布的资料，它每年都会编制著名的«Digital News Report», http://www.digitalnewsreport.org

● "无国界记者"组织推出了一套数字安全设备，用来确保使用者在网络中保持匿名。这套设备包含的建议和工具不仅对记者和反政府主义者有用，而且能使每个人都意识到网络交流的安全性其实是很低的：https://rsf.org/fr/kit-de-securite-numerique

● 这本专著内容丰富，分析了新媒体和以 Buzzfeed 和 Vice 为代表的点击诱饵如何冲击了以《纽约时报》和《华盛顿邮报》为代表的美国传统媒体环境：Jill Abramson, *Merchants of Truth: Inside the News Revolution*, Londres, The Bodley Head, 2019.

假新闻恐慌：信息流通的新途径

"1938年10月30日，美国人为逃避所谓的火星人的袭击，惊慌失措地跑到大街上。"——所有人都以为这个消息是真的。当时，由亨利·乔治·威尔斯（Henry George Wells）的小说《世界大战》改编而成的戏剧正在上演，这时奥森·威尔斯（Orson Welles）在广播中宣布了火星人来袭的消息。整个国家陷入恐慌的画面永远地留存在了书籍、纪录片和公众的脑海中（见图4-6）。

图 4-6 所有假新闻之母

戏剧性假新闻：1938 年 10 月，奥森·威尔斯在一档广播节目中宣布火星人要袭击地球。但这则消息本应引发的全面恐慌从未真正发生。

然而，这种恐慌实际上并未发生。在《歇斯底里的广播：奥森·威尔斯的世界大战和假新闻艺术》这本名著中，布拉德·施瓦茨（Brad Schwartz）详细分析了这个谜团是如何形成的。那天晚上，街上行人稀少，医院也没有挤满人，时代广场上没有骚乱的人群，火星兵团造成的威胁也没有使任何人自杀。

《世界大战》引发的恐慌完全是当时的纸媒编造出来的，因为当时广播吸收了所有的广告收入，令纸媒十分不满。人们认为广播这种新媒体权力巨大，甚至可以给公众催眠。当时有一种媒体理论——"强大效果论"出现了，它又被称作"皮下注射论"，反映了那个时代的政治焦虑，特别是反映了在纳粹主义崛起的背景下，由无线电传播的希特勒的讲话背负的政治责任。根据"强大效果论"，广播会使公众失去理智，因为它可以直接触及公众的感觉，能控制公众的信仰、引导其行为并改变其观念。

普林斯顿大学的心理学家哈德利·坎特里尔（Hadley Cantril）1940年出版了《火星人入侵》一书，重点将"强大效果论"应用于广播。后来坎特里尔被证实操纵数据，目的就是证明缺乏批判精神的公众容易陷入恐慌。这本书出版以后，立刻遭到了年轻的研究员保罗·拉扎斯菲尔德（Paul Lazarsfeld）的质疑，拉扎斯菲尔德基于一种完全不同的解读方式，提出了理解媒介效果的新范式。1944年，他和伯纳德·贝雷尔森（Bernard Berelson）、黑兹尔·高德特（Hazel Gaudet）共同出版了社会学经典著作《人民的选择》。在这本书中，他们用"有限效果论"取代了"强大效果论"。根据拉扎斯菲尔德的观点，媒体产生的效果较弱。他尤其指出，接收媒体信息的行为不应被看作个体与内容之间一个封闭的交互过程，因为它是一个社会化的过程。通过人际关系和日常交往，公民在广播上（今天主要是在互联网上）看到、读到或听到的内容会被其他公民获得。为了描述这一过程，拉扎斯菲尔德提出了"二级传播"模型，该模型后来主导了所有关于社会影响的理论，并常被用来解释意见领袖在社交媒体上发挥的作用。他指出，媒体会影响到某些人，这些人再去影响其他人。在这个过程中，没有什么东西是自动发生或立竿见影的，因为当信息在公民的社交圈流通时，它们会被改变、被批评或者被规避。

然而，当关于假新闻（我们最好用"désinformation"指称这种现象，以强调蓄意操纵网络信息这一特点）的讨论大量出现，当2016年的英国脱欧公投和特朗普赢得美国大选引发了诸多担忧时，

第四章 数字公共空间

"强大效果论"重新回到舞台中央。有人认为,如果选民投错了票,那是因为他们的轻信使他们掉进了假新闻的陷阱。这种讨论很能帮助网民了解与网络信息获取有关的问题。社交媒体使信息市场出现了"去监管化"。正如我们之前讨论过的,把关人再也无法控制信息的生产,也不能控制信息通过何种途径流通,更不能控制信息在何种环境下被消费。那么,这是不是说所有来源的信息都应被看成质量相同的信息?这是不是说失去衡量标准的网民应该倾听并相信所有人的言论?如果我们还记得在第三章讨论过的公共空间的组织规则,我们就知道答案是否定的。

根据数字世界亘古不变的幂律分布法则,可见度在网上的分布极不平等。例如在推特上,有810万人关注《世界报》,相反,只有31 900名用户关注阿兰·索拉尔(Alain Soral)的账号"平等与和解"(见图4-7)。二者的差距极大:《世界报》的粉丝数堪比墨西哥城,而阿兰·索拉尔的粉丝数仅相当于维埃松市(Vierzon)的人口。只要是和数字技术有关的问题,人们就倾向于认为只有一个统一市场("在互联网上"),但实际上以上两个账号所属的市场并不相同。然而需要明确以下一点:如果高可见度账号转发低可见度账号的内容,就会使后者猛然获得极大的可见度,这种现象被称为"回旋镖"效应。那些知名记者从前很少想到用这一基本原则解释人们的数字行为。

毫无疑问,放松对信息市场的管制助长了大量可疑内容的传播:有些内容属于政治竞争中惯常使用的假新闻,有些内容则蓄意欺骗用户,例如垃圾信息、误导性信息、离奇信息、歪曲信息,目

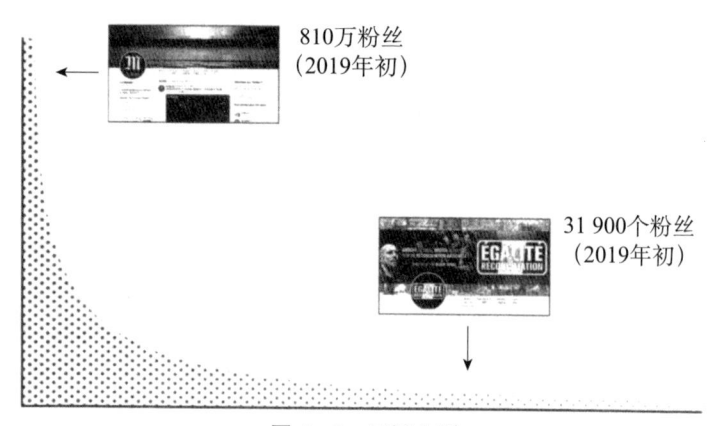

图 4-7 云泥之别

幂律分布曲线表明在推特上,《世界报》账号的内容和"平等与和解"账号的内容具有不同的可见度。

的是赚取关注。传播这类内容的网站没有特殊的政治意图,它们的目的纯粹是商业性质的:提高流量以获得广告收入。

假新闻引发了广泛担忧。很多人担心假新闻会使选民做出错误的选择,担心的依据是假新闻会对受众产生强烈影响,当然这种依据并未被证实是有效的。"强大效果论"重新出现,与此同时,以下观点也流行起来:容易受到影响的总是别人,总是那些意志不坚定的人。

在这些喧哗声中,那些严谨的研究却奇怪地缺席了。尤查·本克勒及其合作者撰写的《网络宣传》一书是研究美国数字空间转型的优秀著作,这本书以唐纳德·特朗普的竞选为例指出,无论是俄罗斯人、机器人、操纵舆论的地下政治团体,还是滥用脸书用户数据、使用精准营销操纵舆论的剑桥分析公司都无法改变选举结果。一直以来人们倾向于相信技术决定论,该理论认为技术是引发政治

第四章　数字公共空间

环境改变的主要原因,这种认知会使人们忽视更加深刻的社会政治转型。信息传播使用的新数字路径只是一种方便信息交换的基础设施,新民粹主义者有策略地使用这种基础设施,用来影响议程设置。如果把重大政治改变的发生简单归因于社交媒体,这就像是自蒙双眼。一些有关假新闻影响的研究得出了相同的结论,有四个重要启示值得注意。

第一,尽管数字空间确实弥漫着大量故意欺骗用户的假新闻,但我们应慎重对待来自网上的数据。美国 2016 年总统大选期间流传最广的 20 条假新闻获得了 870 万次转发、点赞和评论。这个数字看上去很惊人,但它仅代表美国脸书用户在同一时期在网上开展的所有活动的 0.006%。我们应该学会不被数字世界的庞大数字吓倒。

第二,学者们并不能成功衡量被看到、被读到或被听到的信息对用户行为的直接影响。例如,大卫·布鲁克曼(David Broockman)和唐纳德·格林(Donald Green)发表在《政治行为》期刊的研究表明,在脸书上看到政治广告的网民和没有在脸书上看到这类广告的网民相比,前者不一定能更熟练地记住广告的内容。当政治广告极其精准地锁定游移选民时,它们或许能产生某些效果。然而,当投放政治广告的公司声称他们可以改变投票结果时,他们其实是在吹牛。

第三,接触到假新闻并不意味着人们就会相信它。亨特·奥尔科特(Hunt Allcott)和马修·根茨科(Matthew Gentzkow)的研究表明,美国 2016 年总统大选期间,每个美国人都至少接触过一条假新闻，但只有8%的美国人相信它。

268　第四，接触假新闻最多的网民是那些已经有明确政治立场、已经被政党拉拢成功的人。例如，唐纳德·特朗普最坚定的选民中有10%浏览了65%的假新闻。这些选民也会浏览中间派媒体的网站（这表明他们并没有被封闭在信息茧房中），但他们的网络行为表现出一定的选择偏差：选民会根据自己的个人信念选择要阅读的新闻。根据大卫·拉泽（David Lazer）开展的一项调查，在美国2016年总统大选期间，只有1%的推特用户接触到了80%的假新闻，只有0.1%的用户转发了假新闻。

这一切都表明，从个人层面看，假新闻并不会在很大程度上影响选民的决定。为了理解舆论的作用，使用媒体理论的另一个分析框架或许更合适：议程设置理论。

269　议程设置理论认为，尽管逐条发布的信息很难对公民个人产生影响，但公民对大选期间公共议题的设置很感兴趣。竞选期间，公民会对哪些议题起决定作用形成集体认知，他们投票决定的也正是这些优先事项。因此竞选实际上是不同政治主体在议程设置上的竞争。例如在美国，网络媒体空间已经发生了深刻变化。美国的新闻网站一贯分为中间偏左和中间偏右，现在它出现了严重的两极分

270　化。尤查·本克勒、罗贝尔·法里（Robert Faris）和阿尔·罗伯茨（Hal Roberts）在《网络宣传》一书中展示了一张图，显示了各资讯类网站在推特上分享的链接，这张图很好地揭示了媒体两极分化的状况和美国政治的极化对媒体的影响。福克斯新闻台和布莱巴特新闻网这两个保守派和右派网站现在成了共和党阵营的排头

第四章　数字公共空间

兵。《华尔街日报》和《华盛顿邮报》由之前的中间偏右转向中间偏左。两极分化表明媒体 15 年来施行的策略在美国取得了成功，它以特朗普领导的竞选接管了保守派和共和党的权力圆满收尾。特朗普的竞选团队使人们相信以下观点：其他媒体都在撒谎，有必要让人们看到"另一种真实"（alternative facts）。为证明这一点，作者们比较了左派媒体发布的一条假新闻（冤枉唐纳德·特朗普实施性侵）和右派媒体发布的一条假新闻（编造比尔·克林顿去"萝莉岛"旅行）。当人们用不容置疑的方式证明这些消息不实以后（证词有误、虚假机票、日期有出入等），中左派媒体就停止了错误宣传。而这些证据并没有使福克斯新闻台和布莱巴特新闻网停止错误宣传（见图 4-8）。对什么是职业道德、什么是事实核查，美国记者已经出现了严重分歧。另外，2016 年总统大选期间，各大资讯类媒体受广告收入的诱惑，经常大肆报道有关希拉里·克林顿的丑闻，特别是"邮件门"事件。《纽约时报》也不例外，该报报道"邮件门"的头条新闻数量甚至超过报道希拉里竞选纲领的头条新闻数量。传统媒体（尤其是在电视辩论期间）会花好几个小时讨论特朗普的性格问题和网上流传的可疑消息。

美国的情况可以被看成是高可见度媒体的破产，这些媒体大量转发假新闻，提高了它们的重要性。

相反，在法国 2017 年总统大选期间，假新闻并未占据中心位置。尽管直到竞选的最后一天，假新闻确实在互联网的各个角落广泛流传，特别是来自俄罗斯的假新闻试图影响选情（在"马克龙泄密事件"中，假消息散布者非常巧妙地把埃马纽埃尔·马克龙竞选

图 4-8 假新闻的两极分化

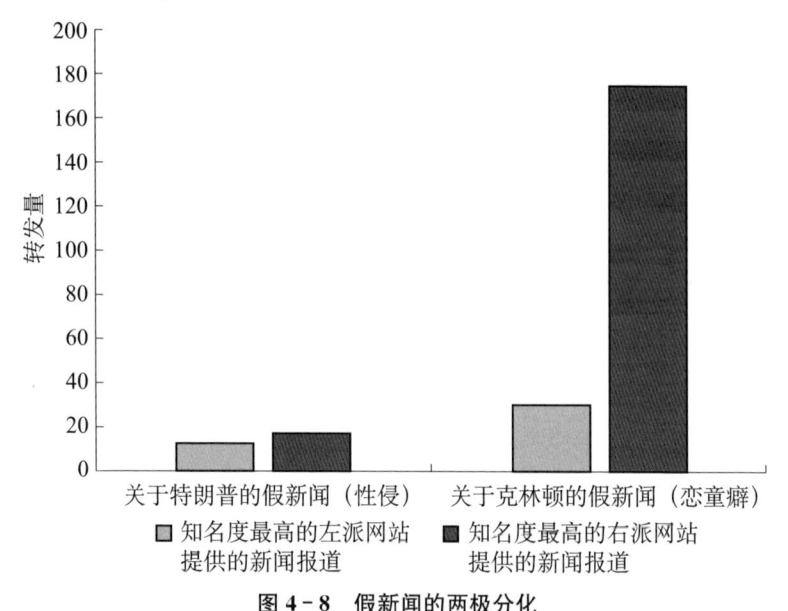

对美国 2016 年总统选举的调查表明,当新闻被证明为假新闻后,左派媒体(如《纽约时报》)停止转发它们,而右派媒体(如福克斯新闻台)继续转发。

团队主要成员的真实电子邮件和假邮件混合起来),但法国媒体并未转发这些假新闻,也未利用谣言这类主题构建公共议程。在各大主流网络平台的支持下,多家报纸的编辑团队甚至在竞选期间联合开展了一个名为"查重"(Crosscheck)的项目,用来识别假新闻。该事件传达出的重要信息是,如果处于互联网能见度阶梯顶端的那些人不关注阶梯低端的信息,或有意识地不转发这些信息,假新闻的传播范围就很有限,其受众很少。

信息造假者和操纵者威胁着我们与真相和事实的关系,民主面临着新的风险,这一切带给我们怎样的教训呢?第一个教训是:高能见度网民(如主流媒体和重要政客的账号)的行为是一种结构性

第四章　数字公共空间

因素，它影响着低能见度网民能否获得较高的能见度（如在美国总统选举期间发生的情况，在法国总统选举期间没有发生）。第二个教训是：尽管那些轻信可疑信息的人不一定会浏览事实核查网站，但在主流媒体竞争的大背景下，事实核查网站仍扮演着防火墙角色，这是因为如果某一家主流媒体胆敢散布假新闻，那么其他主流媒体一定会将其公之于众。第三个教训是：除了政治类假新闻，网上还存在另一条传播可疑信息的渠道。这类可疑信息与其说是通过网站或推特传播的，不如说是通过半私密半公开的对话空间传播的。在网上，这类信息通过电子邮件、讨论列表和脸书账号高速传播，它们很少和政治有关，但也有可能是政治性新闻。美国学者恰当地使用"垃圾新闻"一词指代这类新闻，包括荒诞、低俗的新闻，雷人、滑稽或离奇的信息，关于性生活的建议（大部分带有性别歧视的色彩），以及对医学和科学知识的误用（"人必须朝左侧卧才能治愈癌症"）。2017年法国互联网上被分享次数最多的消息是："女子通过吞食精子提高了智商"。一些脸书账号打着幽默、另类信息、星座运势或植物养生等幌子发布这类消息，这类账号不仅拥有超高人气，也赚得盆满钵满。网民大规模转发垃圾新闻，因为这些信息让他们感到惊讶或有趣。人们不一定相信这些信息，但它们惹人发笑，成为和朋友聊天的谈资。

　　社交媒体上的小型对话空间也可能成为假新闻病毒式传播的场所，造成巨大影响。在印度，Whatsapp上流传的谣言曾引起暴力虐待事件。巴西2018年总统大选期间，支持雅伊尔·博索纳罗

(Jair Bolsonaro)的公司在 Whatsapp 上大量传播关于工人党候选人的诽谤信息,以诋毁他的声誉。Whatsapp 上的通信是加密的,因此那些原本可以反驳或否认诽谤信息的人无法获取这些通信内容,诽谤信息在小群体之间以对话的方式传播。在此类空间中,挑衅、嘲弄和调侃有时是人与人对话的主要基调,可疑信息总是能快速传播出去。与网站或推特相比,具有传染性的舆论似乎正是在网络的这一对话层级上得到扩散。

这就是为什么我们需要吸取《世界大战》的教训。正如保罗·拉扎斯菲尔德的著作告诉我们的那样,媒体自身的影响是有限的,假新闻的传播并没有使网民变得不理智或幼稚。当网民没有受到蛊惑者的蛊惑时,高能见度的网络空间可以抵御假新闻的有组织性传播。相反,在低能见度的网络空间里,可疑信息会迅速传播、形成高潮。在网络上,就像在现实生活中一样,我们的谈话并不总是很严谨,即使我们并不真的相信,但通过转发这些可疑信息,我们也在参与对科学权威、新闻调查工作、事实真相的颠覆。

【看·听·读】

● 历史学家布拉德·施瓦茨的专著揭穿了当时广泛流传的假新闻。根据这条假新闻,1938 年奥森·威尔斯的《世界大战》节目播出时曾引起全国性恐慌:A. Brad Schwartz, *Broadcast Hysteria. Orson Welles's War of the Worlds and the art of Fake News*, New York(N. Y.), Hill & Wang, 2015.

还可以阅读:Pierre Lagrange, *La guerre des mondes a-t-elle eu lieu?*, Paris, Robert Laffont, 2005.

● 这部经典著作指出,媒体的影响不及人际关系的影响:Elihu Katz, Paul

第四章　数字公共空间

Lazarsfeld, *Influence personnelle: Ce que les gens font des médias*, Paris, Armand Colin, 2008 [1955]。在社交媒体时代，这种观点是否需要修正呢？

● 很多文章指出，不应过分夸大通过广告或意识形态手段操纵舆论的做法。例如这篇文章指出，脸书上的政治广告的效果并不明显：David E. Broockman, Donald P. Green, «Do Online Advertisements Increase Political Candidates' Name Recognition or Favorability Evidence from Randomized Field Experiments», *Political Behavior*, 36(2), juin 2014, p. 263–289.

接下来这篇文章调查了假新闻在推特上的传播：Nir Grinberg, Kenneth Joseph, Lisa Fredland, Briony Swire-Thompson, David Lazer, «Fake news on Twitter during the 2016 Presidential Election», *Science*, 363, janvier 2019.

● 这本书采用行为心理学视角，指出由于人们的认知偏差，网上信息市场的去监管化产生了模仿主义，并将个体关进了意识形态茧房中：Gérald Bronner, *La Démocratie des Crédules*, Paris, PUF, 2013.

● 这本书是关于美国假新闻问题的重要著作：Yochai Benkler, Robert Faris, Hal Roberts, *Network Propaganda: Manipulation, Disinformation and Radicalization in American Politics*, Oxford, Oxford University Press, 2018.

埃森·朱克曼（Ethan Zuckerman）是麻省理工学院媒体实验室公民媒体中心的研究员，他的这篇总结性文章震撼人心：«Six or Seven Things Social Media Can Do for Democracy», https://medium.com/@EthanZ/six-or-seven-things-socialmedia-can-do-for-democracy-66cee083b91a

● 要了解法国 2017 年总统大选期间的假新闻，可以参考《世界报》的"解码者"开展的调查：Adrien Senecat, «Facebook, voyage au coeur de la machine à fausse information», *Le Monde,* 19 février 2017, https://www.lemonde.fr/les-decodeurs/article/2017/12/19/facebook-voyage-au-c-ur-de-la-machine-a-fausses-informations_5231640_4355770.html

数字文化

● 这篇文章发起了英国脱欧之后有关后真相时代的讨论：Katharine Viner,《How Technology Disrupted the Truth》, *The Guardian*, 12 juillet 2016, https://www.theguardian.com/media/2016/jul/12/how-technology-disrupted-the-truth

● 这篇文章并不认为假新闻极大地影响了唐纳德·特朗普总统竞选的结果。相反，它指出传统媒体极大地影响了媒体议程设置，使特朗普的个人性格成为竞选的主要话题：Duncan J. Watts, David M. Rothschild,《Don't Blame the Election on Fake News. Blame It On Media》, *Columbia Journalism Review*, 5 décembre 2017, https://www.cjr.org/analysis/fakenews-media-election-trump.php

而接下来这篇学术论文认为虽然不应过分强调假新闻对美国总统选举结果的影响，但假新闻的数量的确可能影响了选举结果：Hunt Allcott, Matthew Gentzkow,《Social Media and Fake News in the 2016 Election》, *Journal of Economic Perspectives*, 31(2), 2017, p. 211 - 236.

● 这篇文献综述文章十分全面、实用，它汇总的政治学文献分析了数字技术对政治两极分化的影响，并分析了假新闻的影响：Joshua A. Tucker, Andrew Guess, Pablo Barberà, Cristian Vaccari, Alexandra Siegel, Sergey Sanovich, Denis Stukal, Brendan Nyhan,《Social Media, Political Polarization, and Political Disinformation: A Review of the Scientific Literature》, William + Flora Hewlett Foundation, 19 mars 2018, https://www.hewlett.org/library/social-media-political-polarization-political-disinformation-review-scientific-literature/

● 这本书分析了网络空间的对话所具有的优点和风险，以及一些常见的表达方式，包括点赞、仇恨语言和信息操纵：Joseph M. Reagle, *Reading the Comments: Likers, Haters and Manipulators at the Bottom of the Web*, Cambridge(Mass.), The MIT Press, 2015.

第四章　数字公共空间

公民科技：民主的民主化

目前网络公民倡议进入了一个蓬勃发展的阶段。它的名字，即"公民科技"，很好地反映了公民倡议推动者的特殊社会学背景：他们是一群受过高等教育的年轻人，主要居住在城市；他们对政治感兴趣，但对代议制民主感到失望，不信任政党或工会等机构；他们秉持乐观态度（有些人可能觉得他们的乐观其实是幼稚的表现），相信技术的力量，认为一个网站或一个应用程序就能改变人们的行为、代议制政治甚至民主本身。"公民科技"这个包罗万象的术语背后隐藏着各种各样的公民倡议，这些倡议往往以公民而非政治为使命，努力利用数字技术资源改变政治游戏规则，或在现有规则框架内加强公民参与。

公民科技倡议以服务公民为主要目标，因此它们的确是政治性的，但这种政治性与传统意义上的政治性可能不太一样。这类倡议的激增既反映了代议制民主面临的信任危机，也反映了人们拒绝安于现状，反映了社会融入最成功的那些公民对民主的热切期盼。这些倡议并不主张改革现有机构或修改宪法，它们认为这些举措不可能实现。相反，它们体现了我们前面讲过的个性化逻辑——试图通过发明服务大众利益的数字设备，将民主问题直接交到公民手中。历史正在重演：既然中心没有开展自我改革，网民们就从边缘地带发起改革。

尽管公民科技倡议推动者对公共事务感兴趣，但他们并不是政治议程或政治计划的倡导者。过去，青年学生参与那些具有宏伟目标和强烈意识形态色彩的运动。如今，他们倾向于参与的倡议，其行动计划更多的是程序性而非实质性的。他们关注的是民主本身、民主规则、参与民主的条件、政治活动的透明度和决策程序。公民科技希望使民主民主化。我们将用前面区分的三种民主形式，即代议制民主、参与式民主和互联网民主来阐述公民科技倡议的多样性。

第一类倡议旨在加强代议制民主机制。它们力求使决策过程更公开、更透明，并使选民可以获得更多信息，这样的例子包括专门比较候选人竞选纲领的网站 Voxe.org 和用来评论议会辩论的频道 Accropolis。Accropolis 用一种新颖的方式阐述了数字文化和最传统的代议制民主之间的联系，借鉴了 Twitch 上评论视频游戏用的风格、语调和幽默感，实时评论法国国民议会的辩论。政治突然间变得年轻起来。

"法律生产"（la Fabrique de la loi）（见图 4-9）是一个十分巧妙的网站。它允许科研工作者、记者、社会活动家和任何对政治感兴趣的人浏览议员对法律条款和法律修正案的讨论情况，了解议员投票的分布情况，了解法律的生产过程。该网站由社会活动家团体"公民视角"建立，该团体还建立了法国最早的、与"法律生产"网站类似的网站之一 Nosdéputés.fr。在这个网站上，人们可以观察每位议员的工作情况、出席会议或参加委员会的情况、提交的报告以及向议会提出的问题。这个例子完美地体现了公民协会如何将政府数据用作开放数据。议会拥有这些数据，但从未试图把它们整理起来或向公众开放，结果就是致力于公共数据的社会活动家们替议会做了这件事。正如皮埃尔·罗桑瓦龙在《反民主》一书中所阐述的，社会希望约束民选代表这一新愿望的特征就是公民的警惕性。从这一特点出发，Nosdéputés.fr 为公民提供了核查并在必要时批评议员工作的方法。

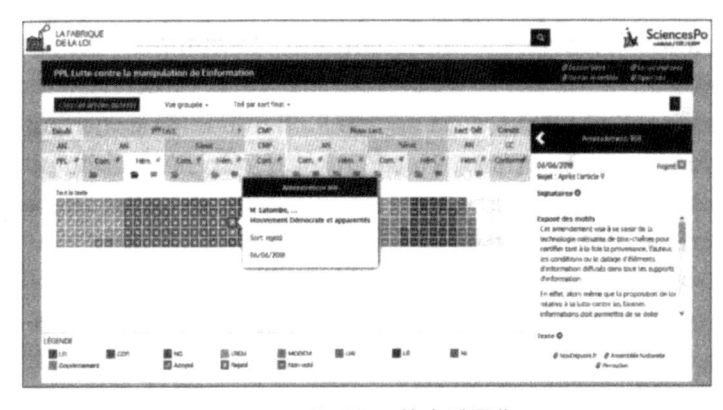

图 4-9 公民们，快来看屏幕！

"法律生产"网站是由"公民视角"协会和巴黎政治学院媒体实验室共同发起的，它允许用户跟踪议会讨论法案的情况。用户可以查看每项条款、每次修正和议员的每次投票，允许用户深入了解议员的讨论和决策程序。"法律生产"网站的例子表明，作为研究工具和公民监督机制，数字技术通过向公民开放新数据，使他们获得了影响公共事务的机会。

这个网站体现了开放数据的社会影响之一：反射效应。显而易见的是，Nosdéputés.fr 网站招致了一些议员的严厉批评，特别是那些政绩一般的议员，但同时也激发了议员们更经常、更积极地参与（或至少确保网站上记载的指标完成情况对自己有利）。当某个衡量标准进入社会领域时，它会促使人们按照该衡量标准行事，而数字技术强化了这个规律。因此，议员们和 Nosdéputés.fr 网站进行了协商,目的是进一步明确、细化和校准网站用来衡量议会工作的指标。

第二类公民科技倡议旨在提供参与式工具从而完善代议制民主,参与式工具使公民能更广泛地参与政治,扩大了由民选代表组成的狭小圈子。由数字技术连接起来的公民可以更容易地参与公共决策。宪法学学者多米尼克·卢梭(Dominique Rousseau)在其著作《激进民主》中呼吁建立"更具连续性"的民主。和他类似的宪法学学者指出,以下做法是不可接受的:在前后两次选举之间,选民们从来不被允许参与民选代表的决策。在线请愿网站(如Change 或 Avaaz)的成功表明,网民们努力让当权者听到他们的声音。许多倡议(它们更接近参与式民主精神)鼓励让网民参与到公共辩论中来。这也是"民主操作系统"(DémocratieOs)和"开放民主"(Démocratie ouverte)这样的组织开发公民参与工具的初衷:由抽签产生的公民委员会监督公共决策;开发应用程序,方便居民和民选代表沟通道路问题;以问题的形式使议会了解公民倡议;使用数字设备,方便公民跟踪议会辩论;等等。在巴西,25万"我的里约"(Meu Rio)平台用户通过向议员发信息,已经促成了 60 多项地方公共政策的修改。有了这一初步成功,特别是得益于其开放的代码,南美许多城市已经引入了这项数字工具。2012年,在冰岛,一个由 950 名公民组成的全国论坛开始重写宪法。在芬兰,一个名叫"开放部门"(Open Ministry)的平台鼓励公民提出立法倡议,并征集支持这些倡议的公民签名,然后编写法律草案提交议会讨论。芬兰 2014 年 12 月通过的同性恋婚姻法就是公民倡议的结果。

第四章 数字公共空间

公民网络参与的实践带来了投票方法的创新，使人们发明出汇总网民意见的新方法。数字工具的多功能性使人们可以统计有效投票、给议员的观点打分、对辩论主题进行分级和动态显示议员的贡献程度。在法国，一个名叫"议会与公民"（Parlement et citoyen）的平台与国民议会议长合作共建了一个新平台，在这个新平台上，网民们可以就议会辩论的问题交换意见，提出各自的观点、想法和论据，供议员们听取和采纳。参与此类公民倡议的人很少。由于议会讨论的文件十分复杂，公民倡议在参与方面表现出高度的社会选择性。公民倡议可能会受到压力集团或游说团体的影响，而且议员们心存疑虑，认为这类参与式的讨论并不具有代表性。尽管存在这些局限性，但公民倡议确实引人深思：正如参与式民主的支持者们所主张的那样，除了民选代表的话语，难道就不能让人们听到另一种形式的合法性话语吗？这种新话语看重的不是参与讨论的人数，而是讨论的质量。

2016年，法国数字创新国务委员阿克塞尔·勒梅尔（Axelle Lemaire）设立了一个平台，用来征集公民对"数字共和国"法律草案的意见。网民们可以评论草案的每项条款，可以给其他网民的评论打分，可以提出新建议，可以对他人的建议进行投票。共有21 330名网民参与了意见征集活动，他们投票近15万次，提出了8 500多条论据、立法建议和修改意见。尽管这些数字并不大，但也不容忽视，因为很多专家指出这些网民的贡献是高质量的。然而，由于网民的建议没有和国民议会的讨论过程明确挂钩，这些建议很快就被游说集团和政治利益集团掐断了。网民的意见是被听取了,但不能肯定他们的意见是否被采纳了。

第三类公民科技倡议以互联网民主这个新堡垒为基础,试图改造、入侵代议制民主程序。他们的目标是让那些没有经过政党内部传统选拔方式选拔的候选人从民间社会中脱颖而出。以这种方式加入各级议会的民选代表是一些"普通"公民,他们通过数字工具与自己的选民保持联系。这就是 Laprimaire. org 和 Mavoix. info 网站的目标。这类倡议背后的驱动力在于它们认为公民需要在政治生活中承担更大的责任。公民倡议挑战了由政界人士的职业化导致的封闭的政治空间,职业化使政界缺乏活力。公民倡议恢复了指令性授权,以此替代代议制授权。让我们以 Mavoix. info 网站为例。2017年5月6日,该网站的积极分子用抽签方式指定了 96 名男女代表作为立法选举中 43 个选区的候选人。一旦当选,那么在五年任期内的几乎每一次投票,代表们都必须通过数字工具征求选民意见,并听从他们的指示。面对自己的选民,这些代表完全没有自主权。但这些候选人只获得了 0.94% 的选票,这表明仅宣称自己是"公民"还不足以说服选民。

"液体民主"(Liquid Democracy)是由海盗党设计的软件。它是一种典型的技术手段,目的是在网络上践行直接民主的理念(见图 4-10)。在"液体民主"下,议员每次在议会投票都会咨询自己的选民。选民们并不像在全民公决中那样,只是说"是"或"否"。每个选民都有对应不同主题的代币:国际政策、卫生、税收等。根据主题,选民可以自己投票。如果某个选民认为他信任的另一个选民比他更有能力,那么他也可以把对应的代币交给另一个选民,由后者代为投票。投票权在支持某个议员的所有选民中进行分配，每个人根据自己拥有的代币数量投票。"液体民主"项目从未真正实施过，因为它在技术层面上十分复杂，但这类项目激发了参与"公民技术"倡议的公民的创造力。这些项目激发了人们对网络社会组织的想象，网络社会中的个人对自己的选择和意见非常自信，他们相信可以通过部分授权和临时授权的方式不断调整自己对民选代表的信任程度，相信公民可以参与所有决策。公民科技提出了一个由委托投票组成的浮动网络，以此修补饱受信任危机困扰的民主制度。

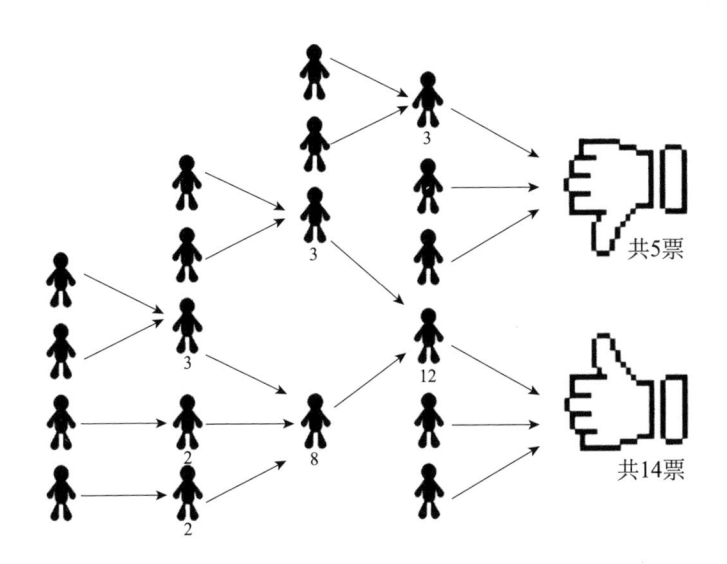

图 4-10 游移选票和液体民主

"液体民主"是由海盗党设计的软件，它提供了一个"代币"系统，允许选民就议会讨论的议题给出意见。选民们可以直接投票。如果某个选民认为另一个选民更了解讨论的议题，他也可以把自己的投票权委托给另一个选民。

越来越多的人希望将那些不被党派利益左右的人推上政治舞台。然而，一旦落实到现实层面，这些运动就会受到党派逻辑和政治职业化这类铁律的阻挠。意大利人贝佩·格里洛的五星运动党和西班牙的"我们能"党就是典型例子。要同时做到以下两点是很困难的：一方面，将互联的公民置于代议制民主的核心地位；另一方面，保持数字民主的特有文化。但是我们看到，有关公民参政议政的愿景正变得越来越有吸引力，特别是因为它拒绝将自己置于左右派政治的坐标上。这一点在公民科技运动中表现得非常明显，该运动以直接民主原则为基础，主张公民直接参政、参与讨论和决策。法国的"黄马甲"运动也体现了同样的理想，参与者谴责社会精英阶层，主张通过全民公投推动公民参政。在代议制民主危机之后，公民民主（即公民和一些组织建立联系，这些组织能传递公民的诉求）正努力确立自己的地位。

公民科技的其他倡议朝着不同方向发展，例如和互联网民主文化一脉相承的"社会科技"，它并不试图把边缘人群变成核心人群，而是把有善心的网民组织起来，用直接而具体的方式实施一些政治性、地方性或行业性的项目。西里尔·迪翁（Cyril Dion）和梅拉妮·洛朗（Mélanie Laurent）主演了《明天》这部电影。本着这部电影的精神，"社会科技"倡议的参与者们通过众筹的方式服务公益事业、鼓励居民共享服务、组织物品和食品捐赠、从商店回收易腐烂的滞销商品并将其分配给穷人、创建帮扶移民的组织等等。通过这种方式，由网民在网络上发起而非政府机构发起的公共政策就落到了实处。

第四章　数字公共空间

正如我们刚才讲的，尽管公民科技运动非常多样化，但同时它也充满了许多矛盾。首先，公民科技运动的以下两类参与者之间存在矛盾：一方面，社会活动家和志愿者们希望创建开放软件；另一方面，其他参与者则希望以更务实的方式投资新市场，开发在线参与工具，目标之一就是向地方政府或企业提供咨询服务。其次，公民科技对民主程序问题十分感兴趣，而对政治纲领毫无兴趣，这不禁让人怀疑，公民科技是否只代表一种抽象的理想化，它对那些成功融入社会的人而言固然重要，但对那些不参与公民科技的郊区人口和底层公民来说却没有多大意义。公民科技下的民主可能只是一个由少数了解时事、具备一定技能、宽容的公民组成的小世界，以寻求理性共识为目标。然而，正如尚塔尔·墨菲（Chantal Mouffe）在《共识的幻觉》一书中指出的那样，政治也是不同利益的博弈和意识形态之间的斗争，而公民科技却没有将这些考虑在内。

尽管如此，公民科技的各种思潮体现出来的积极能量表明，民主重心已经转移——从政治机构转移到了处于社会边缘的、互联的公民。民选代表和政府机构所垄断的对公共利益的定义权被撼动。通过发明有利于捍卫集体利益的工具，公民科技活动家们坚信他们是在为共同利益而工作。相反，在他们看来，那些民选代表并不符合这一要求。

【看·听·读】

● 要了解法国公民科技的类型，可参考以下网站：Armel Le Coz, https://prezi.com/siukx_zakf-4/les-7-familles-de-linnovation-democratique/

数字文化

● Internet Actu 网站的这篇文章质疑了公民科技的真实政治意义：Hubert Guillaud, http://www.internetactu.net/2016/06/24/les-innovations-democratiques-en-questions/

罗伊克·布隆迪奥（Loïc Blondiaux）发表在《解放报》上的这篇文章则稍微乐观一些：Loïc Blondiaux, « Le mouvement des civic-tech: Révolution démocratique ou promesse excessive? », *Libération*, https://www.liberation.fr/evenements-libe/2016/05/18/le-mouvement-des-civic-tech-revolution-democratique-ou-promesse-excessive_1453508

接下来这篇文章总结了法国社会关于公民科技的辩论：Clément Mabi, « Citoyen hacker : Enjeux politiques des civic tech », *La Vie des idées*, 2 mai 2017, http://www.laviedesidees.fr/Citoyen-hackeur.html

● 关于公民科技的几个例子，包括"公民视角"团体开发的监测议会活动的网站：Nos Députés（"我们的议员"，https://www.nosdeputes.fr）和 La Fabrique de la loi（"法律生产"，https://lafabriquedelaloi.fr）。

● Accropolis 频道提供了有关议会活动的"年轻化"解说：http://accropolis.fr

● 在 MaVoix 网站上，人们用抽签的方法选议员：https://www.mavoix.info/

● 这个巴西平台 Meu Rio 允许公民和民选代表交流：https://www.meurio.org.br/

● 法国 2016 年"数字共和国"法律草案征求意见网站：https://www.republique-numerique.fr/

● Dominique Rousseau, *Radicaliser la démocratie : Propositions pour une refondation*, Paris, Seuil, 2015.

● 关于矛盾在民主定义中的重要性，可参见：Chantal Mouffe, *L'Illusion du consensus*, Paris, Albin Michel, 2016.

第四章　数字公共空间

● 这本书讨论了当下诸多公民倡议，数字技术在这类倡议中经常被使用：Élisa Lewis, Romain Slitine, *Le Coup d'État citoyen*, Paris, La Découverte, 2016.

● 这本书十分清楚地总结了有关参与式民主的理论辩论：Yves Sintomer, *Petite histoire de l'expérimentation démocratique: Tirage au sort et politique d'Athènes à nos jours*, Paris, La Découverte, 2011.

第五章

平台经济

在探讨了数字化转型的历史、社会和政治意义之后，我们现在需要从以下视角分析它，即把数字转型视为引发市场和经济深刻重组的工具。这次重组的大赢家包括谷歌、苹果、脸书、亚马逊和微软。这五家公司的平均年龄不到 25 岁，但它们已经在全球经济中牢牢占据了主导地位。以下对比相当惊人：2006 年，除了微软，没有一家数字科技公司跻身全球市值最高的十大公司之列；2016 年，市值最高的十大公司中有五家是数字科技公司，并且在排名中遥遥领先，只有沃伦·巴菲特（Warren Buffet）的金融公司伯克希尔·哈撒韦公司（Berkshire Hathaway）和埃克森·美孚（Exxon Mobil）石油公司还在苦苦抵制数字科技公司在股票市场上占据统帅地位（见图 5-1）。

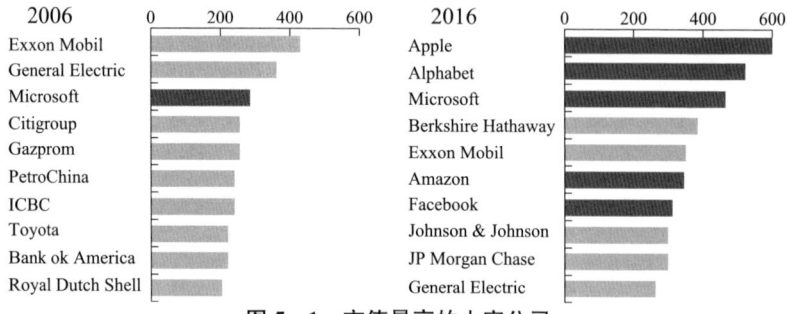

2006		2016	
Exxon Mobil		Apple	
General Electric		Alphabet	
Microsoft		Microsoft	
Citigroup		Berkshire Hathaway	
Gazprom		Exxon Mobil	
PetroChina		Amazon	
ICBC		Facebook	
Toyota		Johnson & Johnson	
Bank ok America		JP Morgan Chase	
Royal Dutch Shell		General Electric	

图 5-1 市值最高的十家公司

2016 年，谷歌（此处称 Alphabet）、亚马逊、脸书、苹果和微软跻身全球十大市值最高的公司之列。2006 年，只有微软进入了前十名。

GAFA 的力量

从 2012 年至 2016 年，谷歌、亚马逊、脸书、苹果（Google,

Amazon，Facebook，Apple，GAFA）的全球营业额从 2 720 亿美元增至 4 690 亿美元。被作为时代的标志，在巴黎证券交易所被列入 CAC40 的 40 家法国上市企业的总市值还不及 GAFA 的总市值。更重要的是，除了亚马逊，另外三家公司都拥有巨大的利润率。2016 年，它们的净利润总额达到 780 亿美元（见图 5-2）。GAFA 拥有十分可观的收入（这些收入通常被保存在海外），它们由此获得了非凡的市场力量，因为它们可以非常容易地收购任何阻碍其经营的小竞争对手。2006 年，谷歌收购了 YouTube；2018 年，它庆祝了自己的第 202 次公司收购。脸书收购了 Instagram 和 Whatsapp（尽管马克·扎克伯格 2016 年提出了 300 亿美元的收购要约，却未能成功将 Snapchat 收入囊中）。

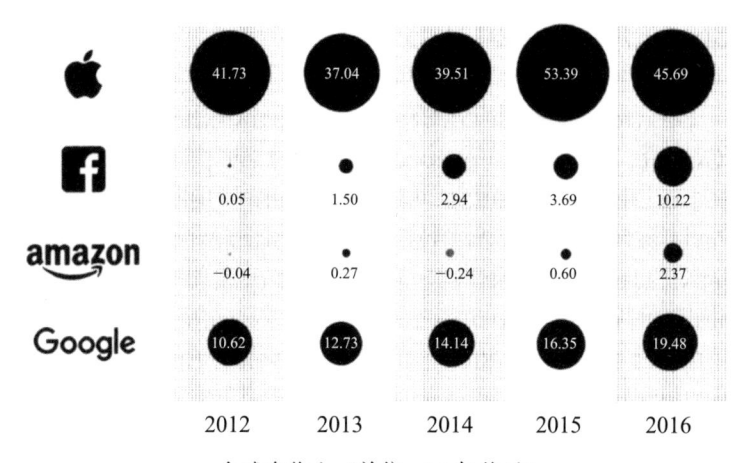

	2012	2013	2014	2015	2016
Apple	41.73	37.04	39.51	53.39	45.69
Facebook	0.05	1.50	2.94	3.69	10.22
amazon	−0.04	0.27	−0.24	0.60	2.37
Google	10.62	12.73	14.14	16.35	19.48

全球净收入（单位：10 亿美元）

图 5-2 富者更富

从 2012 年到 2016 年，GAFA 的净收入不断增长。

294　　然而，这些创收冠军在提供就业岗位方面却表现一般。迄今为止，在 GAFA 中，亚马逊提供了最多的就业岗位，拥有 230 800 名员工，但在世界范围内，其员工数量排名仅为第 74 名，苹果排第 211 名，谷歌排第 311 名，而只拥有 25 000 名员工的脸书，其排名就更靠后了。GAFA 四家企业提供的就业岗位加起来不到 531 000 个，仅相当于全球最大雇主沃尔玛员工总数的四分之一。一家企业如何能在不拥有很多雇员的情况下，对经济产生如此大的影响力？GAFA 是如何成功改变产业规则和资本主义规则的呢？

295　　数字技术彻底改变了经济的各个组成部分：工作组织方式、市场形式、做生意的方式、提供服务的方式、广告模式。要了解这一巨大变革背后的主要驱动力，我们需要回顾第二章结尾时引用的图 2－12（见第 106 页）。图 2－12 表明，通过协作，通过把个人智慧汇聚起来，人与人之间的联系有利于产生集体智慧，其价值远远大于各部分的总和。经济变革源自数字技术，经济变革带来的核心问题是如何重新分配网络化所创造的价值。

　　正如我们在第二章讲过的，当集体价值被重新分配给网民时（例如维基百科），集体价值会使网民变得更富有，因为集体价值提高了网民的行动能力和向他人学习的能力，鼓励网民再次创造新的东西。在这种情况下，网络的正面外部性就成了一种数字公共利益。然而，网民的集体智慧结晶也会被平台榨取，成为平台的获利工具。

　　大型数字平台的商业化转型建立在其所处市场的深刻重组的基础之上。要理解这一点，我们需要厘清数字经济的三大法则。

第五章 平台经济

首先是收益递增法则（而不是传统经济模型中的收益递减法则），这是平台经济的基本特征：平台的用户越多，它的生产率就越高，它就越能获得更多的回报，因为它可以在不增加成本的情况下，以同样的价格提供更好的服务。其次是网络效应法则，它与收益递增法则直接相关，是数字化企业的主要战略杠杆：当某项经营活动提供的产品或服务的效用或价值随着用户数量的增加而增加时，这项经营活动就得益于网络效应。这种现象在传统经济中也存在，例如在铁路运输行业或连锁酒店行业。但在数字世界中，交易成本的降低使网络效应的威力倍增。数字技术通过以下方式促进了交易的发生：数字技术简化了信息搜索，简化了卖方和买方的身份验证，提高了市场规模和市场流动性，减少了市场中介的作用，并使交易行为更容易被记录。

正是这些特性使那些业余、半专业或专业人士能够创建对用户极具吸引力的平台，为他们提供安全、优化的交易环境和优质的中介服务，这些中介服务的质量有时甚至超过传统中介服务，而价格却比线下的服务便宜。优步的服务就很好地体现了这一特点，甚至产生了"优步化"这一新名词，该词现已被用来描述所有可能的市场。

收益递增、网络效应和交易成本降低催生了一种新经济模式，后者从本质上就带有垄断倾向，这也解释了GAFA目前占据的地位。在数字经济中，我们可以看到，每个市场都有一家公司占主导地位，这家公司能够利用网络效应，先于其他公司实现指数级增长。很多时候，成为赢家的不一定是最先进入市场的企业，而是最先运用这种滚雪球效应的企业，后者随后通过第三条法则，即"赢者通吃"法则，获得优势地位。和许多独角兽企业（这是对估值超过10亿美元的初创企业的称呼）一样，优步目前在个人出行服务领域占据着几乎垄断的地位，但仍然亏损严重。造成这一局面的原因是优步在市场营销和传播方面投入了巨额资金，以便迅速获得大量用户（网络效应）。一旦这些用户被成功拉拢过来，优步就可以提高服务价格。

　　上面列举的数字经济三大法则导致的直接结果就是市场集中，我们需要强调一下与这三条法则有关的问题。首先，网络效应是一种外部效应，对市场主体间的竞争有重大影响。例如，如果我们的朋友都使用脸书，那我们也得使用，尽管我们可能更愿意使用其他社交网络。避免外部效应的唯一方法就是使社交网络彼此兼容，不过这很难实现。然而自2016年起，欧盟的《通用数据保护条例》（Règlement Général sur la Protection des Données，RGPD）要求各平台确保数据的可携带性：只要用户愿意，他们就有权从A平台收回自己的数据，并将其转移到B平台。虽然这项措施实施起来比较复杂，但它的出发点旨在使市场更顺畅，防止平台霸占用户数据。

　　其次，我们需要评估收益递增法则的影响。虽然设计某些服务时企业需要投入大量资金，但这些投资和用户数量关系不大：一个新用户的到来不会给平台产生任何额外成本。数字公司的主导地位建立在规模经济基础上。然而，与铁路运输和电话等传统服务相比，数字公司的主导地位要脆弱得多。铁路运输公司和电话公司的

第五章 平台经济

规模经济和网络效应来自有形的基础设施；而在数字经济中，数字公司的主导地位建立在用户信任的基础上（谷歌除外，因为谷歌在全球范围内建立了服务器网络）。当人们指责平台占据垄断地位或霸占用户时，平台会为自己辩护，声称竞争仅取决于用户点击鼠标的行为。诚然，在社交网络上，我们看到网民表现出了一定的流动性，他们会主动放弃一个平台，转移到另一个平台上。Friendster、MySpace 和 Flickr 都曾在各自的领域占据主导地位，但现在已不再流行。脸书如今正经历一场名副其实的用户增长危机，特别是年轻用户对它弃如敝屣。

最后，我们需要了解拥有数据具体能产生什么收益。与提供相同服务的市场新进入者相比，已经掌握了大量用户数据的平台更具优势。最显著的例子就是谷歌。许多其他搜索引擎都曾投资建立网络索引，并开发性能良好的算法，但它们的资历都不如谷歌。多年来，谷歌利用我们每次查询和每次点击的信息，不断优化算法，提高服务质量。通过使用大量数据来改进技术性能，这有助于建立起自然垄断，难以撼动；即使投入大量资金，新竞争者也很难提供具有相同竞争力的服务。这可能是数字经济的一条新法则：掌握用户数据成为经济竞争中的决定性优势。

【看·听·读】

● 关于数字经济的主要概念和主要问题，可参见：Nicolas Colin, Augustin Landier, Pierre Mohnen, Anne Perrot, «L'économie politique», Notes du Conseil d'analyse économique, 26 octobre 2015, http://www.cae-eco.fr/IMG/pdf/caenote026. pdf

● 由米歇尔·鲍文斯发起的P2P基金会网站提供了丰富的文献资料，包括理论性文章、案例分析、创造性建议和有关学术会议的信息，涵盖了与公共利益、平台合作主义和分布式基础设施有关的所有问题：https://p2pfoundation. net/

● 这篇文章讨论了数字行业的就业问题：«Les GAFA comptent à peine plus de salariés que Carrefour», *Challenges*, 20 avril 2017, https://www. challenges. fr/media/gafa/google-facebook-et-amazon-comptent-a-peine-plus-de-salaries-que-carrefour_468169

● 政治创新基金会发表了两篇总结性文章。

第一篇文章讨论了数字经济下的竞争问题和商业模式：Charles-Antoine Schwerer, «La concurrence au défi du numérique», juillet 2016, http://www. fondapol. org/etude/charles-antoine-schwerer-la-concurrence-au-defi-du-numerique/

第二篇文章讨论了大型科技公司的金融实力：Antoine Michon, Paul-Adrien Hyppolite, «Les géants du numérique: Magnats de la finance», novembre 2018, http://www. fondapol. org/etude/les-geants-du-numerique-1-magnats-de-la-finance/

● 这本书收录的多篇文章讨论了数字经济下的就业问题，讨论的问题包括破坏和创造就业岗位、社会保障体系的演变、工作方式的变化等：Max Neufeind, Jacqueline O'Reilly, Florian Ranft (eds), *Work in the Digital Age: Challenge of the Fourth Industrial Revolution*, Londres, Rowman & Littlefield, 2018.

共享经济和平台经济

要区分具有生成效应的平台（这类平台对其积聚的价值进行再

第五章 平台经济

分配)和具有榨取效应的平台(这类平台独占其产生的价值)并非易事。当我们思考共享经济和平台经济这两个概念并试图区分它们时,我们尤其能感受到这种困难。共享经济和平台经济是我们分析数字经济时经常使用的两个概念。概念模糊性是关于网络商品化的一切讨论的基础,因此让我们先了解其中的社会经济因素。

网络社群生产了开源软件和维基百科等共同物品。本着网络社群的这种精神,2000年代末网上出现了一系列服务,促进了互联网用户之间的交流:Peuplades("人群")网站促进了邻居之间的交流,Onvasortir("我们要出门")网站方便人们组织外出娱乐活动,Couchsurfing 网站提供与当地人同住的服务,Blablacar 网站提供拼车服务,等等。这样的例子数不胜数。在网上,人们可以彼此交换时间、知识和物品,找人帮忙遛狗或组装宜家家具。这一系列新服务被人们称为共享经济,它反映了互联社会在创造支持、交换、团结和约会等机制上的想象力。这也是互联网民主发挥作用的方式,我们在上一章中已经讲过互联网民背后的驱动因素。

这些服务的特点是互惠:我在别人的公寓里过夜,也欢迎陌生人住我的公寓;我为别人打开我的车门,也会上别人的车;我借用别人的电钻,也把自己的梯子借给别人。这体现了一种互惠互利逻辑。借助数字技术,人们无须通过传统市场就可以交换商品或服务,尽管这种交换从来都不是完全对等的。不可否认的是,共享经济在用户中提倡的互助、节约、反对浪费、反对计划性报废等原则是其获得成功的原因。当代人的脑海中装着一个带有田园诗色彩的念头,即希望回归到从前那个没有劳动分工和社会角色分工的世界：一个拥有微观装配实验室的创客社会，一个拥有类似 Etsy 等个人制造平台的工匠社会，一个拥有烹饪网站、剪贴簿网站和旅游传记网站的创意娱乐社会。我们到处都能看到越来越被局限在特定社交空间的人们正试图重建社会联系：或者通过交谈（得益于拼车），或者通过近距离接触（得益于邻居聚会和集体花园），或者通过参与环保活动（得益于共享那些偶尔使用的物品），或者通过团结互助（得益于众筹平台）。虽然这种愿望真实存在——特别是城市的年轻人——但这种愿望与另一种驱动力相冲突，在后者的作用下，社会角色分工越来越大，社会生活节奏越来越快，各专业领域的互相依赖程度越来越高。这种驱动力以效率和实用性为导向，以便充分利用社会生活提供的新机遇以及不断扩大的消费和休闲形式。这种驱动力引导我们追求效率和实用性，以便充分利用社会生活中的新机遇，充分利用不断增多的新的消费和娱乐形式。这很好地体现了当代的矛盾性：人们既想摆脱束缚和被指定的角色，又想获得实用、方便、快捷和廉价的东西。数字平台就是体现这种矛盾性的典型例子，因为平台一方面使人们获得多种社会体验，另一方面又发展了带有功利色彩的个性化：为每种需要找到对应的服务（例如找遛狗服务），加快对服务的获取（送货上门服务的增长就体现了这一点），降低成本（通过避开传统市场上的中介）。

在平台经济下，用户的角色并不相同。根据市场逻辑，平台经济将用户归入不同类别：开车的人和乘车的人，出租房子的人和想租房子的人，卖方和买方，等等。用户的角色是固定的，交易以货币为中介，以实际用途为目标。因此，与传统市场相比，平台提供的服务极具竞争力。

平台是在数字环境中分发技术和商业服务的,而数字环境由作为关系枢纽的总指挥来控制(见图5-3)。这个总指挥至少使两类主体建立了联系:商品或服务的供应方(也被称为"贡献者")和需求方(也被称为"用户")。为实现这个目标,平台设立了一些机制,激励供应方为平台生产内容,供需求方消费。这些机制通常包括用户界面、关于供求双方信誉的信息、帮助供求双方轻松找到对方的算法搜索和推荐技术、库存管理和流量监控工具、安全支付工具和其他第三方服务。平台如果想要实现数量巨大的交易,就必须使自己极具吸引力——既要对供应方有吸引力,又要对需求方有吸引力。然后,平台通过广告或抽佣方式获得收入。根据网络效应法则,服务的收益会随着用户数量的增加而增加。网络效应是关于平台经济的讨论的核心,它实际上有两种类型:直接网络效应和间接网络效应。

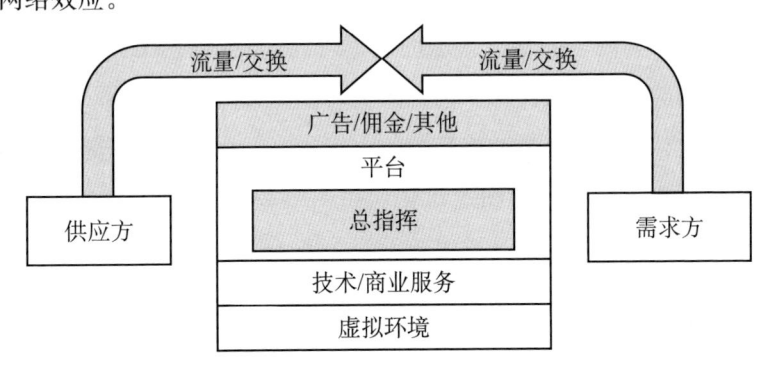

图5-3 平台模式:牵线搭桥

平台是在数字环境中分发技术和商业服务的,处于核心位置的总指挥使商品或服务的供应方与需求方之间建立起联系。

当同类网民的上网行为能对每个网民产生好处时,直接网络效应就出现了。例如,当一个电话用户可以和更多电话用户通信时,他使用的服务的效用就会增加。已经存在的用户群会对潜在用户产生吸引力。当多类用户在同一个生态系统中互动时,间接网络效应就会出现,如多个买家和多个卖家。间接网络效应是我们关注的一种效应。这就形成了一种新的市场格局,它和一个卖家面对多个买家的传统市场不同。我们把这种新市场格局称为双边市场或多边市场,它是指当市场一边的用户数量增加时,市场另一边的用户的满意度也随之增加。例如,一方面,谷歌通过提供大量内容吸引网民;另一方面,广告商被谷歌能接触到的数量庞大的网民吸引。网民无须付费,而广告商则向谷歌支付费用,以被允许接触到网民。

有人可能会反驳,认为这并不是什么新鲜事,因为私营电视台和私营电台很早就采用了这种模式。法国电视一台和法国 RTL 电台对观众和听众是免费的,因为广告商为这两家媒体付费。俗话说,广告商们购买的是"大脑的闲置时间"。然而,数字平台经济给传统双边市场模式带来了两大改变。

首先,一些平台扮演着简单的中介角色,它们帮助不同类别的用户群体建立联系,例如优步将司机与需要搭车的人直接联系起来。一方面,可用车辆越多,乘客就会认为服务质量越好;另一方面,乘客越多,司机的利润就越高。网络效应有助于人们从众多的供给和需求中找到可能实现的交易。这类平台不需要生产、分配或提供服务,只需创造网络效应。优步之所以能在全球迅速扩张,是因为它不需要购买汽车、招聘或培训司机。它只需要租用新的服务

第五章　平台经济

器就可以了。

其次,数字平台大量使用数据,这无疑是平台经济不同于传统经济之处。除了连接市场双方,平台还能获取用户的信息,尤其是关于用户如何消费产品或服务的信息。然后,平台可以将这些信息转售给相关产品或服务的卖家,以便卖家优化匹配程度,完善产品。平台经济的独特性在于,数据在匹配用户和卖家的过程中发挥核心作用。然而,这些宝贵的数据既不属于用户,也不属于卖家,而属于将二者联系在一起的平台。

让·夏尔-罗歇(Jean-Charles Rochet)和让·梯若尔(Jean Tirole)的文章《双边市场上的平台竞争》奠定了平台经济学的概念基础。这篇文章发表以后,大量研究分析了双边市场的动态效应,尤其是分析了平台必须同时吸引位于市场两边的主体。然而,位于市场一边的主体常常会对市场另一边的主体产生正面外部性:正是因为网民在脸书上与朋友聊天、分享信息,广告商才会来社交网络,而不是遵循相反路径。

这种现象促使平台采用特殊定价方式,以便将平台服务成本从市场一边转移到另一边。为使网络效应最大化,平台还必须为每一类用户提供不同的价格,并根据不同类别用户的敏感度调整价格结构。对产生正面外部性、位于市场一边的主体,平台会以低价或零价方式进行补贴,然后从市场另一边的主体那里收回投资。因此,一些平台提供的服务看似免费,实际上它们是由市场另一边的主体付费的。以酒店预订为例,客户可以享受免费服务,而酒店经营者则需支付费用。同样,谷歌允许智能手机制造商免费使用安卓操作系统，以获得足够数量的客户并吸引应用程序开发商；然后，谷歌要求终端用户为其中一些应用程序付费。用户使用的多种互联网服务的核心特点就是免费性，这实际上是一种经济模式使用的商业策略，在这种经济模式下，用户无须付费，平台把用户的数量及其活动在另一个市场变现。

让人为难的是很难确定这种做法是否妨碍市场竞争。以前市场监管机构要看一家占支配地位的公司是否以低于其产品可变成本的价格出售产品，从而驱逐竞争对手，因为竞争对手无法采取这种攻击性的商业策略。在多边市场上，位于市场一边的主体提供免费服务的目的是产生间接网络效应；如果市场一边主体对另一边主体产生正面外部性或者市场一边主体的需求具有较大弹性，那么对这一边的市场主体进行补贴就是最佳选择。

通过降低交易成本，通过使供需双方实现更好的匹配，通过消除之前一直受法律法规保护的经营者（例如出租车市场）的收益，平台经济无疑可以降低服务价格，并在一定程度上提高消费者福利水平。然而，我们也看到了一些不那么积极的影响：平台有时会将集体智慧产生的一部分价值据为己有，从而损害服务提供商和消费者的利益；平台扭曲了广告市场；通过剥削小微创业者，平台使劳动力市场充满不稳定性。

【看·听·读】

● 这篇文章是分析双边市场的奠基性文章：Jean-Charles Rochet, Jean Tirol, «Platform Competition in Two-sided Markets», *Journal of the European*

第五章　平台经济

Economic Association, 1(4), 2003, p. 990 - 1029.

如果想阅读这篇文章的精简版，可以参考以下专著的第 14 章：Jean Tirole, *Économie du bien commun*, Paris, PUF, 2016.

● 这本书十分全面地分析了平台经济的原则，书中包含多个案例研究：David Evans, Richard Schmalensee, *De précieux intermédiaires: Comment Blablacar, Facebook, Paypal ou Uber créent de la valeur*, Paris, Odile Jacob, 2017 [*Matchmakers: The New Economics of Multisided Platforms*, Cambridge (Mass.), Harvard Business Review Press, 2016].

● 这篇文章分析了关于共享经济的问题，以及共享经济的功能：Jean-Samuel Beuscart, Valérie Peugeot, Anne-Sylvie Pharabod et Marie Trespeuch, «Partager pour mieux consommer? Enquête sur la consommation collaborative», *Esprit*, 7 juillet 2015, https://doi.org/10.3917/espri.1507.0019

● 这本分析平台经济的专著视角独特，它的内容丰富且完整，讨论了平台经济模式、平台经济对市场和消费的影响，以及算法所扮演的角色：Christophe Benavent, *Plateformes: Sites collaboratifs, marketplaces, réseaux sociaux… Comment ils influencent nos choix*, Paris, FYP Éditions, 2016.

网络广告

数字经济的商业模式多种多样。优步和 Airbnb 等平台的盈利方式是从卖家和买家之间的交易中抽佣。有些服务（如维基百科）有一个基金会结构（维基媒体），它们的资金来自捐赠。资讯类媒体越来越多地采用订阅模式，提供文化内容的网站也是如此，例如流媒体音乐和电视剧网站（如 Netflix）。最后，还有一些网站通过销售产品获得资金：如微软卖软件，苹果卖智能手机和电脑。数字技术公司的商业模式多种多样，这意味着我们需要密切关注它们采用的战略，而这些战略可能遵循截然相反的逻辑。例如，销售苹果智能手机和电脑的商家可以吹嘘自己能更好地保护客户隐私，因为他们不太依赖广告，即不依赖榨取和利用用户数据。

然而，广告收入仍是最主要的数字经济模式。正如我们看到的那样，这种模式的基础就是对市场一边的用户实行免费，对市场另一边的广告商则出售受众：谷歌和脸书分别有90%和97%的收入来自广告。根据一个永恒不变的逻辑，这种模式如果要成功，就必须汇聚并留住尽可能多的用户。脸书之所以能增加广告收入，就是因为它在世界范围提高了自己的用户数量。我们甚至可以说，采用这种商业模式的平台和广告公司差不多，平台其实就是广告公司。

然而，尽管广告模式曾是数字经济的主要优势之一，但它如今却逐渐成为数字经济的主要软肋。这种模式深刻改变了传统的营销和广告模式，使网络能够引来大量投资，而广告商们以前是把这些投资投给其他媒体（如纸媒）的。2017年，全球数字广告投入达800亿美元。法国的数字广告投入达40亿欧元，占整个广告市场的34%，而电视广告仅占27%。数字服务抢占了以前由其他经济部门（如纸媒）享有的广告市场，而这些部门现在倍感压力。

然而，数字广告的形式千差万别，其效果也各不相同，以致当前数字广告市场完全失衡，有两家企业在这一市场上占据绝对主导地位。这也许就是数字世界的广告模式的主要弱点。仅谷歌一家公司就占据了50%的互联网广告市场，而社交网络上显示的广告中，有四分之三都投放在脸书的平台上。2017年，61%的数字广告投

第五章 平台经济

放给了谷歌和脸书。更令人震惊的是，90%的移动广告收入都流向了这两家公司（见图5-4）。

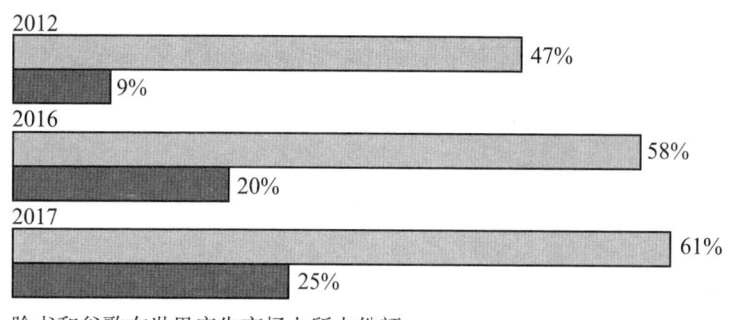

```
2012   47%
        9%
2016   58%
       20%
2017   61%
       25%
```

脸书和谷歌在世界广告市场上所占份额
☐ 数字　■ 总体

图5-4　谷歌和脸书占据了超60%的数字广告收入

在全球广告支出中，越来越多的部分被数字平台吸走了。在数字经济内部，谷歌和脸书攫取了绝大部分广告投资。

谷歌和脸书是如何成功占据主导地位的呢？与其他收入平平的网络广告相比，这两家公司进行了创新。网络广告有两种形式：一种是展示广告，这是网站和社交媒体使用的广告形式；另一种是搜索引擎广告，它又被称为谷歌广告（Google Ads），之前被称为"关键词广告"（Adwords），因为它实际上几乎完全是专属谷歌的广告形式。

第一种是在网站和社交媒体上展示的广告，它采用的方法和报刊、电视、公共广告牌相同。广告商根据市场细分标准，以及对相关网站社会人口学背景的了解，会选择特定的网站投放广告，被选中网站的用户符合广告商的期待，广告商希望把自己的产品和这类用户联系在一起。

互联网彻底改变了广告商做展示广告的方式,因为和传统媒体相比,互联网能使广告商收集到更精确的客户数据。1994年网景公司的工程师卢·蒙特利(Lou Montulli)发明的cookie,现已成为监控网民的特洛伊木马。cookie是存放在网民浏览器中的一个小型计算机文件,它使网站能识别出网民。cookie不仅使网民浏览网页变得更容易(例如,cookie会记住密码),而且能收集网民以前的浏览记录,这就比较过分了。通过汇总网民的浏览记录和他们的社会人口学信息,网站和社交媒体就可以为自己的用户建立更丰富的背景资料。当这类cookie只向安装它的网站提供信息时,人们就认为它是"第一人称"cookie。

另一种cookie很快出现了,人们将其称为"第三人称"或"第三方"cookie。它们属于网络广告托管商,后者又被称为互联网广告平台(ad network),Weborama、Doubleclick和Critéo等就是这样的平台。当一个网站将其网页上的广告投放委托给广告托管商管理时,网站就授权该托管商利用网民的浏览数据不仅为自家网站(这时该网站扮演着特洛伊木马的角色)服务,也为其他网站服务,只要这些网站归同一个托管商管理就可以。如此一来,cookie就成了一个无处不在的超级间谍。例如,只要脸书用户浏览的其他网站设置了分享按钮,允许用户将浏览内容分享到脸书,那么被浏览的网站就会识别出这个用户,并向马克·扎克伯格执掌的脸书公司发送该用户的浏览信息。

Cookieviz是法国国家信息和自由委员会开发的一款非常实用的小工具,每个网民都可以在自己的浏览器上安装这款免费软件,

第五章　平台经济

然后可以直观地看到自己的数据经过的多条路径。当网民登录自己最喜欢的咨询网站时，实际上他们正在向分散在世界各地的十几个不起眼的服务器发送个人信息（见图 5-5）。

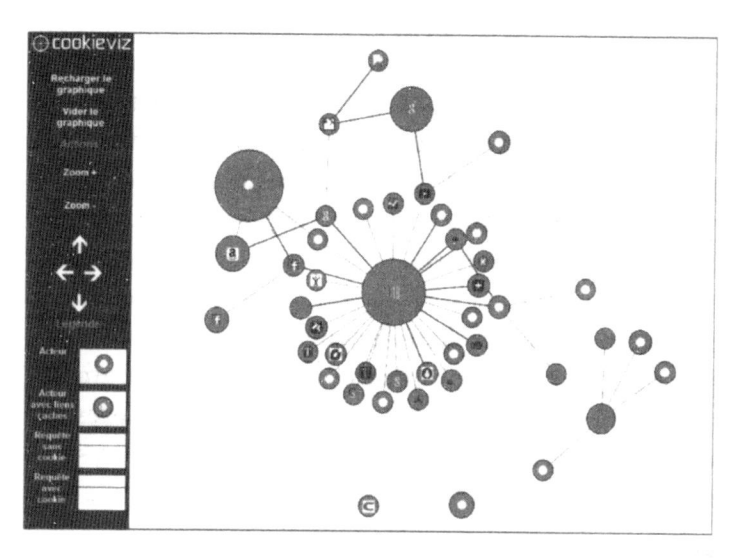

图 5-5　浏览网页的负面影响

Cookieviz 是一款可添加到浏览器中的小工具，它能帮助网民识别出所有访问其数据的各方参与者（如服务器和广告网络等），让网民了解浏览网络信息的行为所具有的风险。

　　网络广告自动化或实时竞价的目标之一就是通过 cookie 跟踪网民，这类广告已经占据在线广告市场四分之一的份额。当网民加载他们想要访问的网页时，他们的个人资料就会被一个自动装置拍卖，目的是吸引各广告商的机器人参与竞价，然后投放各自的广告。整个操作过程持续不到 100 毫秒。被拍卖的用户资料与传统市场营销使用的用户头像不同，用户资料实际上是 cookie 记录的网民先前浏览活动的痕迹。以其他网民的行为数据为基础，广告商的机器人首先计算出网民点击某个广告的概率，然后进行竞标。一般情况下，广告投放建立在分析员对市场和客户的了解的基础上，而当广告投放建立在机器人对用户行为的数据分析的基础上时，投放效果会提高 30%。

广告数据市场是一个不透明的世界，相关企业故意保持低调，以免招来谴责。在该市场占据主导地位的企业赚得盆满钵满，包括 Axciom、Bluekai、Rapleaf 或 Weborama，公众对这些公司知之甚少。这些数据掮客利用监管机构的宽松政策，打法律的擦边球——他们建立了网上交易市场，相互交换用户数据，并对这些数据进行整理。这是欧洲监管机构密切关注的领域之一，尽管这遭到广告公司游说团体的阻挠，后者认为这类数据交换对制定个性化广告至关重要。

但网络广告市场上真正的战争机器是谷歌广告（2018 年时，Adwords 更名为 Google Ads）。谷歌广告是迄今为止最有效的网络广告模式，它吸走了相当一部分广告收入。它的工作原理如下：用户在谷歌搜索栏中输入的关键词会被拍卖，用来决定哪些广告可以置顶显示，并出现在搜索结果页面右侧的方框里（注意：谷歌并不会把自然搜索结果和被投放的广告混在一起）。在这种广告模式中，谷歌引入了一套十分完备的规则。第一条规则是：在拍卖系统（被称为"维克里拍卖"）中，出价最高者赢得拍卖，但他只需支付出价第二高的人开出的价格。第二条规则是：对谷歌而言，广告始终是一个超文本链接（因为营销专家认为，被客户理解成信息的广告才是好广告）。谷歌不接受横幅、图片或动画形式的广告，广告必

第五章　平台经济

须看起来像一则信息，这也是谷歌广告系统的一大特色。第三条规则是：只有当用户点击链接时，广告商才会向谷歌付费。这种系统被称为"单次点击成本"，与之相对的是"每千次展示费用"，后者是广告投放市场的标准做法。谷歌推出了"单次点击成本"的做法，它赌赢了，然后把这种做法强加给市场，这种做法概括起来就是只有当广告有效，平台才可以获得报酬。第四条规则是：在自动拍卖中获胜的广告商不一定在页面上第一个显示。谷歌保留使用算法修改排名的权利，修改排名的依据有两个：信息的质量和被点击次数。一方面，广告页的内容必须与用户查询的内容有关。如果用户搜索"自行车"一词，而赢得竞拍的广告商在广告页上展示自行车、三轮车和手推车，那么它就可能被排在出价第二高的广告商后面，当然这得是后者的广告页面只显示自行车才行。另一方面，如果用户点击最多的链接排在第五名，那么谷歌广告的算法（这个算法自然是秘密发挥作用的）就会提高该链接的排名，尽管该链接的广告商在竞拍时出价并不高。

这种自动化的广告市场模式为谷歌带来了巨大利润。在这种模式下，用户可以自行调整某些选项；只有当用户点击广告时，企业才需要付费。这种模式允许小企业进入广告市场，开展有针对性的广告活动。谷歌广告使用了用户提供的一种非常有价值的信息——未来。我们在谷歌的搜索栏中写下的是一个问题、一个请求、一些我们不知道的事情、一些我们想了解或想做的事情。对广告商而言，获得用户未来的数据，如用户的意图、心愿和欲望，远比获得用户过去的数据有意义。这就是谷歌的广告模式为什么破坏了广告市场各方行为主体之间的一切平衡。

数字广告正经历一个十分动荡的时期。广告商偷偷植入第三方cookie，并开发出越来越侵犯用户隐私的数据收集和用户画像技术。爱德华·斯诺登的爆料、保存了个人数据的文件被泄露、社交网络用户的资料被用于各种旨在操纵和影响政治的策略、用来传递和交换个人信息的黑市……这些现象严重损害了数字广告的口碑。近年来，一种个人层面的反抗行动悄然兴起：网民在自己的浏览器上安装广告拦截器。这种现象证明数字广告的名声在下降。在法国，36%的用户使用广告拦截器，在年轻人中这一数字达到50%。在欧洲，德国是隐私意识最高的国家，将近一半的网民屏蔽数字广告。

监管机构也进行了干预，试图纠正这种情况，尽管为时已晚。欧盟于2016年通过了《通用数据保护条例》，该法于2018年4月开始实施，它引入了更严格的监管框架，用来规制数据公司的活动。它要求信息收集必须符合相称原则（服务提供商只能要求用户提供和服务有关的数据），指出用户数据必须具有可携带性，并大幅提高了对违规公司的罚款力度。广告已经侵蚀了网络，它是平台无节制、不合理地收集个人数据的根源。毫无疑问，监管机构亟须制定更严格的规则，并真正得到网民的认同。

【看·听·读】

● 要了解数字广告市场的有关数据，可以浏览 eMarketer 网站，该网站提

第五章 平台经济

供的总结性文章可以免费获取：https://www.emarketer.com/

● 要下载国家信息和自由委员会开发的工具 Cookieviz，了解自己浏览器上 Cookies 的行踪，可以浏览以下网站：http://www.cnil.fr/vos-droits/vos-traces/les-cookies/telechargez-cookieviz/

● 要清楚、形象地了解 Cookies 的工作方式，可参见：https://www.lemonde.fr/les-decodeurs/article/2018/03/30/cookies-mouchards-comment-vous-etes-suivis-sur-internet_5278722_4355770.html

● 埃森·朱克曼是麻省理工学院媒体实验室公民媒体中心的研究员。当他在 Tripod 工作时，他发明了弹窗广告，但他并不以此为荣。在这篇文章中，他绘声绘色地介绍了网络广告的发展历程：Ethan Zuckerman, «The Internet's Original Sin», *The Atlantic*, 14 août 2014, https://www.theatlantic.com/technology/archive/2014/08/advertising-is-the-internets-original-sin/376041/

● 这篇文章比较旧，但仍然很有用，它对各种网络商业模式进行了总结：Jean-Samuel Beuscart, Christophe Dacheux, Kevin Mellet, «Les modèles d'affaires du web 2.0», *Internet actu*, 2008, http://www.internetactu.net/2008/03/07/les-modeles-d％E2％80％99affaires-du-web-20/

● 这两本优秀著作分析了广告的历史、广告的发展历程和广告经济：Joseph Turow, *The Daily You: How New Advertising Industry is Defining Your Identity and Your Worth*, New Haven (Conn.), Yale University Press, 2011; Philip N. Napoli, *Audience Evolution: New Technologies and the Transformation of Media Audiences*, New York (N.Y.), Columbia University Press, 2011.

● 下面这篇文章十分清晰地分析了数字营销市场：Kevin Mellet, «Marketing en ligne», *Communications*, 88, 2011, p. 103–111.

评分和信任经济

在电视剧《黑镜》中有一集令人不寒而栗，在这集中，社会生活完全受制于个人数字评分系统（见图 5-6）。在每一个场合，人们都会互相给对方打分，打分范围从 1 到 5，扣分行为包括对店员不友好、打招呼没有得到回应、在街上扔纸屑等等。每个在路上走着的人，头顶上都会出现自己的平均分。分数越高，特权越多。分数低的人则被视为不受待见的人。在一个评价时刻存在的社会里，个人声誉是一个浮动的指标，每时每刻都受到他人评价的影响。

图 5-6 上午得分 3.797
电视剧《黑镜》中有一集题为"急转直下"（Nosedive），它展示的社会中每个人都有一个得分。根据自己的行为和他人的评价，每个人随时都会得分或丢分。

我们距离这样一个社会已经不远了。一些国家的政府计划引入社会信用体系，以解决法律法规实施过程中长期存在的功能失调问题。该项目旨在汇总对每个公民各项情况的评价信息，包括其民事行为、贷款偿还情况（信用评分），以及从其网络活动中提取的其

第五章 平台经济

他信息,从而拒绝信用较差的人获得某些服务(如乘坐飞机)。在监控公民的同时,社会信用体系试图引导公民的行为向共同标准靠拢。这种普遍化的评级系统在很多方面都令人担忧。评分和意见在网络上无处不在,信用已成为市场的核心价值,深深嵌入网上实现的每一笔交易。人们不仅对书籍、餐馆、酒店和电影打分,也对销售员、司机、航空公司和应用程序打分。在平台经济中,以前顾客被要求给卖家打分,现在卖家也被要求给顾客打分,实现了顾客和卖家的完全对等。产品、服务、卖家、顾客,每个人都有自己的信用,这就实现了一个完整的循环。为什么这种从 0 到 5 的数字系统,以及相对应的小星星标志,会成为平台无处不在的装饰?

在传统市场上,交易是面对面进行的,卖方和买方可以看到对方,彼此交谈,并一起观察、触摸、检查、测试待出售的产品。有时,当买卖行为定期发生时,交易双方彼此认识,住得不远,于是交易速度很快,货币和货物的交换同时发生。在这种交换中,所有因素都保证交易双方具有最起码的信任。远程销售则不然。买方立即付钱给素未谋面的卖方,希望随后能收到所购商品,而买方既不能触摸也不能试用该商品,他们选择商品的依据完全是卖方提供的简短信息。为减少这种不对称的影响,并给买方一定的信心,电子商务市场配备了各种各样的机制。

传统的大型邮购公司设有投诉部门,并受到消费者保护法的制约。而在网络上,卖家通常是一些小企业或个人。如果远程卖家不能提供类似的保证或没有特别高的知名度,那他们如何获得人们的信任呢?20 世纪 90 年代末,eBay 提出了一个解决方案:只需要求买家对卖家评分。评分系统的使用使 eBay 在网络上创建了一个二手商品市场。买家对已发生的交易进行评分，评分结果成为未来买家的参考信息。获得最高评分的卖家更容易以有利可图的价格出售商品。

最初采用评分系统的是私人交易平台，因为这类平台上发生的交易的不确定性最大。然而评分系统已经迅速扩展到网上的所有交易领域，成为平台经济的重要组成部分：酒店点评 Tripadvisor、餐厅点评 La Fourchette、电影点评 Allociné。在亚马逊上，人们几乎可以对任何一种商品进行评分。不使用评分和评论系统的网站现在几乎不存在了。在法国，只有二手商品网站"便宜角落"（Leboncoin）还在坚持，这可能是因为该网站上的交易十分本地化的缘故。2015 年，78％的法国网民已经至少进行过一次网购，45％的网民在网购之后发表过评论。

网民是如何给出评分和评论，又是如何使用它们的？通过观察可以发现三个现象。首先，评分普遍较高。在 0～5 分的范围内，用户平均打 4 分。在互评系统中，评分甚至更高。调查显示，在私人交易平台上，尤其是在 Airbnb 和 Couchsurfing 上，所有人对所有人的评价都超高，如果评分稍低就表示有大问题。当用户不满意时（这种情况更为罕见），评分往往很低。这类差评可能会给服务提供商造成严重后果。大量证据表明当优步司机的评分低于 4.5 分时，平台就会关停他的账号。

其次，网民的评价在分布上很不均匀，这是由我们熟悉的幂律分布法则决定的：20％的消费者提供了一半以上的评论。最娴熟的平台，如亚马逊、Allociné和那些主要依赖参与者讨论而存在的论坛，甚至提供一系列特定奖励，鼓励最优秀的评论者形成一个社区，吸引他们参与给产品打分的活动。实际上，与其说评分和评论机制是评论权被民主化的标志，不如说它们是由评论者组成的精英小圈子得以形成的根本原因，这些人在很大程度上影响了其他网民如何评价商品和服务的质量。

最后，评分系统为虚假评分和评论打开了方便之门。由于评分在很大程度上影响人们的购物决策，这就促使一些商家或制造商弄虚作假，撰写或购买虚假评论，正面评价自己或负面评价他人。甚至出现了一个由"点击工人"组成的"点击农场"，专门制造虚假信用。法国标准化协会于2013年制定了评论认证标准，限制对评论的滥用。它特别建议平台确保对产品、服务或卖家进行评分和评论的用户提供证据，证明他们确实购买了产品或服务，或与卖家进行了交易。虽然虚假评论有可能使整个评分系统丧失可信度，但调查显示，迄今为止用户们能够辨别真假，并形成自己的看法。

据估计，96%的网购者会密切关注评分和评论。根据剪刀效应，网购者阅读非常好的评价和非常差的评价几乎一样多。负面评价（有时是非常负面的评价）可以帮助网购者避免买到质量差的产品，避免失望。在众多正面评价中，一条负面评价就足以消除人们的购买意愿。最重要的是，根据产品和市场的不同类型，评分系统发挥的作用也不同。当涉及技术产品（照相机或家用电器）时，浏览其他人的评价意味着你不必依赖销售人员的建议，因为销售人员可能会因雇主的商业政策而给出不客观的建议。通过浏览其他消费者的评价，你可以找到另一种形式的专业建议。在选择酒店时，消费者会广泛浏览其他人的评价，从而避免不愉快的意外事件发生，并找到最优惠的价格。有时，网民对餐馆老板、酒店经营者和所有服务行业人员（如医生）的评价可能非常不客气，一个网民的怨言就足以使服务提供者的信用受损。就文化产品而言，评论的作用并不那么重要，评论者的意见会有明显分歧，它们有助于揭示普通大众的品味，揭示不同于文化评论家的大众审美观。但调查显示，网民并不太关注这类评论，他们满足于查看文化产品的评分和电影预告片。

尽管评分系统在网络市场中非常重要，但它并不是改变商业关系的唯一因素，网上的商业关系还会得益于许多其他信息机制。网络使消费者能获得的外部信息源成倍增加。对于时尚、美容和烹饪等各种产品和服务而言，"趣缘社群"如雨后春笋般涌现出来。一些网红发挥的作用如此重要，以至于品牌会给予他们特权地位，向他们赠送礼物，邀请他们参加预展，利用网红的服务开展促销活动，甚至让网红参与设计新产品。另外，一些提供实用建议和购物优惠的论坛涌现出来，成为影响网民购物体验的另一个决定性因素。这些论坛以用户之间进行问答的形式提供信息，其相关性和全面性远远超过公司提供的售后服务。

归根结底，网络带来的新型商业关系存在一个悖论。由于消费者可以通过查询信息做出消费选择，市场无疑变得更"民主"了。另外，产品供应增加了，卖家进入市场的成本降低了，这就使消费者处于有利地位，并强化了消费者选择商家时的善变性（消费者选

第五章　平台经济

择品牌时的善变性要低一些）。但这些市场的流动性也有其局限性：一方面，尽管这些市场更开放，但它们受到的平台控制也更强。作为中介，平台对卖方和买方都强加了自己的规则。这就是为什么Booking、Expedia、亚马逊和Tripadvisor按照自己的规则对传统市场进行了深刻的重组。另一方面，产品供应的增加和信息的增加并不会阻止购物者集中购买某些品牌和产品。

在产品供应充足的文化产业，这一悖论引发了激烈讨论。克里斯·安德森在其广为人知的著作《长尾理论》中认为，网络经济将允许商品在市场上得到更好的分配。得益于商品目录的数字化，网上的商品供应将不再受到实体店存储能力的限制。根据作者的乐观主义论点，数字经济将使小众商品获得更广泛的受众，避免消费者的注意力集中在少数明星产品上。然而，即使在文化领域，数字市场也未能遏制这种现象。尽管数字市场使消费者更容易找到商品，但平台经济是否使消费变得更多样化至今尚无定论。

【看·听·读】

- 很多社会学研究分析了网络评分系统，这些研究表明根据市场的不同，评分系统及其用途也多种多样。

关于文化市场评分系统，可参见：Dominique Pasquier, Valérie Beaudouin, Thomas Legon, *Moi je lui donne 5/5 : Paradoxes de la critique amateure en ligne*, Paris, Presses des Mines, 2014.

关于亚马逊上的评分系统，可参见：Shay David, Trevor Pinch, «Six Degrees of Reputation: The Use and Abuse of Online Review and Recommendation

Systems», in Trevor Pinch, Richard Swedberg（eds）, *Living in a Material World：Economic Sociology Meets Science and Technology Studies*, Cambridge （Mass.）, The MIT Press, 2008, p. 341 - 373.

关于餐厅质量的评价，可参见：Thomas Beauvisage, Jean-Samuel Beuscart, Kevin Mellet, Marie Trespeuch, «Une démocratisation du marché？ Notes et avis de consommateurs dans le secteur de la restauration», *Réseaux*, 183, 2014, p. 163 - 204.

● 这本书分析了各种测量工具，特别是在线点击次数测量工具发挥的作用。作者认为这类工具已经成为新自由主义用来改变社会生活，影响机构竞争、国家竞争、组织竞争、个人竞争的工具：David Beer, *Metric Power*, Londres, Palgrave MacMillan, 2016.

● 这篇重要文章从网络数据角度阐述了影响理论和网红理论：Duncan Watts, Peter Sheridan Dodds, «Influentials, Networks and Public Opinion Formation», *Journal of Consumer Research*, 34(4), 2007, p. 441 - 458.

● 这是克里斯·安德森的著名文章（这篇文章后来被写成了一本书）：«The Long Tail», *Wired*, 10 janvier 2004, https://www.wired.com/2004/10/tail/

开放数据和平台国家

伴随平台经济而来的是另一场变革。这场变革影响的不是企业，而是行政部门和地方政府。这场变革秉持的口号是"开放公共数据"或"开放数据"。开放数据和透明政府的理念由来已久。法国《人权和公民权宣言》第 15 条规定："社会有权要求任何公职人员提供关于其工作的信息。"在美国，1966 年的《信息自由法》要

第五章 平台经济

求联邦机构向任何提出申请的公民提供机密文件。在法国，1976年成立的行政文件获取委员会（Commission d'accès aux documents administratifs，CADA）也有同样的规定。

尽管发布了这类声明，但各国政府部门长期以来一直是封闭的、保密的。政府部门收集了关于公民、经济、交通、能源和电信等的大量信息，但这些信息仍仅供内部使用，而且生产这类信息时使用的格式往往不允许他人进行二次使用。不久前，法国公民向行政文件获取委员会提出获取数据的申请还要经过烦琐的行政程序，并要等待很长时间才能得到答复。政府部门向公众提供数据有时还要收费。就在最近，某些不起眼的法国行政部门仍把公共数据作为一种商业服务来提供，如人名数据库或燃料价格数据库。如今，某些公共部门，如国家地理研究所（Institut géographique national，IGN）、国家统计和经济研究所（Institut nationale de la statistique et des études économiques，INSEE）和法国气象局（Météo France）等机构仍在出售公共数据。

数字化转型凸显了企业和政府机构对自身数据利用不足的问题。数字技术的参与者们认为，当这些沉睡的数据矿藏被数字化，当它们被用于收集目的以外的领域，当它们被共享给第三方主体时，这些数据就获得了新生命。2010年海地地震期间，Openstreetmap 的开发者将地理数据用于人道主义目的的做法就证明了这一点。

有三类主体推动着公共数据开放运动，包括推动数字公民身份的社会活动家、企业和政府部门，这三类主体的动机各不相同。阳光基金会（Sunlight Foundation）是美国的一个非政府组织，它致力于推广公民科技，并将后者用于"创新性的政治计划"。2007年以来，在阳光基金会的推动下，致力于推动公共数据开放的社会活动家的活动宗旨得到加强。阳光基金会声称，开放数据应当服务于以下目标：促进国家向社会的开放，加强权力制衡，鼓励公民监督政府权力，从而促进政府开放，实现更加民主、公民参与程度更高的治理。这里蕴含着贯穿本书的主线：政府开放的数据将增强公民的行动能力。社会活动家们尤其呼吁，公共数据一经产生，就应立即全部公开，被公开的数据应和政府收集的数据一模一样。数据要真正做到"开放"，它们使用的信息技术格式就必须具备可操作性、互操作性，可以实现数据的自动处理，这对习惯了使用纸质或pdf文件交流的行政部门来说是一项艰巨的任务。在美国，这个问题出现在2008年巴拉克·奥巴马首次参加总统竞选的时候，他一就任总统就开通了data.gov网站。在法国，同类网站data.gouv.fr于2011年创建起来。

经济部门也呼吁开放公共数据。数据被视为"新石油"，是用来完成一切预定经济指标的核心要素。2010年，关于开放数据的潜能的讨论达到最高峰，市场宣布，只要数据被开放，各市场主体就可以重振经济。2011年，欧盟委员会粗略地估计，开放公共数据的经济价值高达2 000亿欧元。更具体地说，企业呼吁建立一个开放数据生态系统，方便它们提供更丰富的服务，并使不同服务可以衔接起来。企业要求开放的数据既包括政府部门的办公时间，又包括有关企业的税收数据、行政信息和商业信息。卫生部门也被要

第五章 平台经济

求开放其数据：例如，国家跨计划医疗保险信息系统（système national d'information interrégimes de l'assurance maladie，SNIRAM）的数据对保险公司和制药实验室来说非常重要，公共卫生服务部门也可以利用这些数据来改善疾病预防政策。

来自国有或半国有企业的很多其他数据目前备受关注，如来自交通运输或电力企业的数据，或可用于整合不同行业的公司信息的数据。一些通用数据库可被用于非常不同的经济部门。移动电话的实时流量数据一旦经过匿名化和汇总，就不会对隐私构成真正威胁。例如，欧洲迪士尼公司根据连接到大区特快铁路 A 号线移动天线上的手机数量，可以估算出前往马恩拉瓦莱主题公园的游客数量。根据这些数据，公司可以在售票处配备足够的工作人员。

最后，政府本身也是开放数据运动的利益相关方。政府各部门希望借助数字技术，使政府行动变得现代化，有些部门甚至提出了"初创型国家"（Start-Up State）的理念。在法国，数字政府与信息通信系统部际局于 2011 年成立，自 2015 年起成为政府行动现代化秘书处的一部分。数字政府与信息通信系统部际局自成立以来，就一直主导法国政府现代化事务。它有约 30 名工作人员，也负责开展 Etalab 任务，后者主要在 data.gouv.fr 网站上开放政府数据。2014 年，法国甚至设立了一个数据总管理员职位，领导"数据公共服务"。如今，法国政府大力支持这一政策。法国建立了一个监管框架，在这一框架下，政府鼓励社会免费使用公共部门的信息，并对其进行再利用，这项政策已被写入 2016 年 10 月 7 日法国颁布的《数字共和国法》，即《勒梅尔法》。

有些人认为，政府本身就应该成为一个平台，并建立一个数字环境，使第三方能直接连接到行政数据。政府应用程序接口就担任了这个角色。应用程序接口（application protocol interface，API）是一种信息技术"网关"，允许用户直接访问信息系统中的数据。公共数据可以连续自动交换，这大大简化了企业和公民的访问。例如，如果一家企业要参加政府竞标，企业应用程序接口就能帮助它轻松访问政府采购程序。企业只需输入其企业注册识别代码，不同行政部门收集的关于该企业的信息、国家统计和经济研究所收集的它的身份数据、该企业的税务数据、会计数据以及法定代表人的相关数据就会自动被整合起来。为简化行政程序，法国政府还开放了其他应用程序接口，例如可查询法国境内所有地址的全国地址数据库（adresse nationale database）和用来模拟税率的法国税务模拟器（Openfisca）。这些服务不仅简化了用户和企业的手续，还为政府节省了大量开支。

公共数据开放建立在三种逻辑的基础上：公民逻辑、经济逻辑和行政逻辑。鉴于公共数据开放已经开展了 10 个年头，我们现在可以对其做初步评估。毫无疑问，要求促进数据开放已成为我们社会的新动力。但 2007 年时，人们看到原始数据未得到充分利用时所激起的希望（也就是希望更充分地利用原始数据）无疑显得有些天真。实际上，对第一批开放数据的利用带来了新问题和新挑战。

从公民使用数据的角度看，要让行政数据揭示出有价值的信息是很困难的，这是因为为保护个人隐私，使用完整的、实名的文件是不被允许的，数据必须被汇总起来以后才能使用。尽管近期的数

第五章　平台经济

据开放确实有利于开展一些新闻调查，包括调查议会的资金分配，调查议员的资产申报，但新闻媒体最感兴趣的往往是实名信息，是政府机构从未打算公开的信息，这类信息通过"泄密"的方式为人所知，即所谓公司泄密或政府部门泄密。事实上，数据新闻已经在用另一种方式使用公共数据，即制作排行榜，为公众提供实用服务：学校或大学排名、最适合居住的地区一览、根据犯罪率高低绘制的街区图等。数据新闻的目的不是找出人们普遍感兴趣的事实，而是为每个公民提供特定的服务。我居住的街道的房产价格是否在上升？我居住的村子的清洁服务是否高效？我们小区的学校的升学率是否出众？

从数据的经济用途来看，我们很快可以意识到原始数据的概念纯属虚构。数据并不像自然实体那样，需要从其所有者的"魔爪"之下将其抢夺出来，才能使其在市场上显示出价值。任何一个数据都与特定的生产环境相关联，它是计量学中特定处理链上的一环，旨在产生某种特定类型的信号。如果原始数据脱离了原背景，被放在另一个背景下进行研究，它可能就会失去可解释性。行政部门和国家主要技术服务部门的数据经常出现这种情况，这些数据看上去不完整且支离破碎，原因很简单，一些信息可能对某个公司或某个公民有用，但对负责收集这些信息的行政部门来说却没用。仅仅开放数据是不够的，我们还需要为数据的再使用者提供支持措施，对数据进行综合处理，解释数据的收录条件和分类类别。Etalab平台在这方面做出了贡献：它允许协会和企业在行政数据旁边上传自己的数据库，为二次利用数据的用户群体创造了一个对话和讨论的空间。

数据持有者之间的竞争仍是核心问题。一些私有服务平台掌握的信息可能对政府非常有用，如优步和 Waze 拥有的出行数据。与此同时，正如我们前面讲过的那样，政府掌握的信息也可能对平台有用，如公共服务信息、道路工程信息、公共交通信息等。为什么政府部门要免费提供信息，而私营部门却吝于提供甚至售卖信息呢？开放数据引发的问题之一就在于需要对各行为主体交换数据的行为进行管理。在这一领域，监管机构最好能制定一个坚实的框架，以防止公共数据（继互联网用户数据之后）被 GAFA 企业独占。

【看·听·读】

● 这篇文章从公民角度总结了开放数据的使用情况：Samuel Goëta, Clément Mabi, «L'open data peut-il (encore) servir les citoyens?», *Mouvements*, 79, 2014, p. 81-91.

● 皮埃尔·佩兹阿尔迪（Pierre Pezziardi）和亨利·维迪埃（Henri Verdier）清晰地介绍了法国政府开展的"国家-平台"项目，其中，维迪埃是法国政府的首席数据官：Pierre Pezziardi, Henri Verdier, *Des Start-ups d'État à l'État plateforme*, Paris, Fondapol, janvier 2017, http://www.fondapol.org/wp-content/uploads/2017/01/096-PEZZIARDI_2016-12-22-web.pdf

作为补充，读者可以阅读于贝尔·吉约的这篇文章，它分析了国家的"优步化"：http://www.internetactu.net/2017/04/13/mais-comment-passe-t-on-des-startups-detat-a-letat-plateforme/

● Valérie Peugeot, « L'ouverture des données publiques: convergence ou

第五章 平台经济

malentendu politique?», dans Bernard Stiegler(dir.), *Confiance, croyance, crédit dans les mondes industrie*, Paris, Éditions FYP, 2011.

● 蒂姆·奥赖利积极倡导用新技术彻底革新公共政策,他的这篇文章就表明了这种观点:«Government as a Platform», *O'Reilly Media. Inc*, 6(1), 2010, https://www.mitpressjournals.org/doi/abs/10.1162/INOV_a_00056

这篇文章则讨论了算法和开放数据的问题:Tim O'Reilly, «Open Data and Algorithmic Regulation», in Brett Goldstein, Lauren Dyson(eds) *Beyond Transparency:Open Data and the Future of Civic Innovation*, San Francisco(Calif.), Code for America, 2013, http://beyondtransparency.org/pdf/BeyondTransparency.pdf

● 这篇文章分析了道路导航应用 Waze、城市数据使用的问题,以及数据和企业、用户及地方政府的联系:Antoine Courmont, «Plateforme, *big data* et recomposition du gouvernement urbain:Les effets de Waze sur les politiques de régulation du trafic», *Revue française de sociologie*, 59(3), 2018, p. 423 - 449.

● 这本书主张在公共政策中要尝试运用数据。作者使用了大量来自学校、邮局和金融领域的实例:Yann Algan, Thomas Cazenave(dir.), *L'État en mode start-up*, Paris, Eyrolles, 2016; Beth Simone Noveck, *Wiki Government: How Technology Can Make Government Better, Democracy Stronger, and Citizens More Powerful*, Washington(D.C.), Brookings Institution Press, 2009.

● 这份报告分析了开放政府数据将产生的经济利益:Graham Vickery, «Review of Recent Studies on PSI Re-use and Related Market», Report for European Commission, Paris, 2011.

● 这本重要著作主张,我们不应把数据看作是免费的(正如布鲁诺·拉图尔所解释的,使用"数据"这个词并不恰当,相反,我们更应使用"所得物"这个词,这是因为对数据库的整理、保存、分类需要投入大量烦琐的工作):

Jérôme Denis, *Le Travail invisible des données*, Paris, Presses des Mines, 2018.

数字劳工

"平台服务之所以是免费的,是因为你是产品。"这句话的背后,蕴含着对平台经济的批判,因为平台经济以剥削网民的数字劳动即让网民"免费工作"为基础:所有免费使用平台服务的人实际上都在为平台打工,因为平台从用户的活动中榨取价值。

这个论点很简单,但却具有颠覆性。在维基百科上撰写文章、在脸书上发布度假照片、在论坛上发表评论、转发链接、破解验证码:这些活动看上去都不是在打工,但它们确实生产了价值——它们或者丰富了现有内容,使其更具吸引力,或者释放出信号,有助于平台改善其服务。当网民在网络空间的活动产生的正面外部性不是被用来产生更多价值,而是被榨取掉,它们就会成为数字经济下企业谋利和谋求市场优势地位的根源。这就是肖莎娜·祖博夫(Shoshana Zuboff)所主张的"监控资本主义"的观点:在利用土地和劳动力致富之后,资本主义正在对公民进行商品化,将其转化为数据流,以增加利润。

数字劳工是马克思主义不同流派之间争论的焦点。"工人主义"是 20 世纪 70 年代由意大利哲学家和社会活动家托尼·奈格里(Toni Negri)发起的,它是一种独树一帜的理论思潮。工人主义认为市场只能利用一小部分正面外部性。奈格里所说的"众多"(multitude)的概念包含了网络社会、网民之间的合作、在工作中

第五章 平台经济

日益发挥重要作用的语言和沟通,以及使公民能进行创作和创新活动的个体独特性。但网民的活动总是比试图占有网民活动的资本主义更积极、更密集。在现实中,市场只能捕捉网民活动的一小部分,使它产生价值。根据这一乐观理论,网民交流产生的正面外部性保留着某种外部性,这种外部性总是超出市场的商业利益框架。

最近出现的研究数字劳工的理论家们则提出了相反论点。他们认为,任何在网络空间开展的活动都是平台让网民打工的方式,网民们无处可逃。根据这种悲观的一般性观点,榨取价值的机制没有任何外部性可言。因此,上网就意味着参与这个价值榨取机制,并因此受到剥削。我们对此无能为力,因为在互联网上,我们只是产品。这场高度抽象的辩论——无论是在媒体上、在公共讨论里,还是在理论思辨中——表明人们对数字世界的认识已经发生了重要转变。这种转变是21世纪10年代初随着斯诺登事件和GAFA的权力曝光之后发生的。互联网先驱们创造的友好、合作的网络越来越被负面地视为用来异化网民的空间、一种新的价值剥削过程。这场辩论使我们看到了就业市场出现的新型数字工作,它们建立在平台中介化的基础上。安东尼奥·卡西利(Antonio Casilli)在《等待机器人》一书中对此进行了详细研究。

数字劳动最典型的形式是网民的"微工作"和任务化(taskify)。亚马逊土耳其机器人(Amazon Mechanical Turk,亚马逊的一个众包平台)就是一个很好的例子,现在像这样的平台有很多。该平台使企业和临时工(即"土耳其人")实现对接。临时工要完成的工作极其简单、细分且常规化，亚马逊众包平台将其称为 hits（human intelligent tasks）：在评分和点评网站上撰写简短评论、点击并给网页点赞、查看照片或视频并标注它们、回答问卷、制作播放列表、在网络游戏中给玩家升级然后出售等等。然而，这项任务确实需要用户表现出一定的洞察力、判断力和评估能力，这是机器无法提供的。

343　　18 世纪的机械土耳其行棋傀儡是一个假自动装置，其内部隐藏着一名人类棋手（见图 5-7）。和行棋傀儡类似，亚马逊土耳其机器人的操作员也是人类，或者更确切地说，是一支由灵活的临时工组成的分散大军，有了他们的工作，机器才能计算。数字劳工识别街道号码以改进谷歌街景（Google Street View），对图片进行分类并帮助平台做内容审核，标注内容从而为人工智能模型创建学习素材库，为网页建立索引……通过这些零散的工作获得的报酬只有几百欧元，显然微不足道。这些费力的临时工零零散散，由职业技能较低的临时工以较强的工作强度完成。美国的一些调查显示，这

344 些工作也可能由被排除在劳动力市场之外的人完成，由于某些困难，这些人难以融入传统生产组织。这些人可能是一些被边缘化、有社交困难的人，他们在家里工作，有时他们的工作强度很大，但收入微薄。

　　尽管众包（众包是指平台将网民作为其营销政策的一部分）吸引了大量关注，但就业统计数据却很难统计出众包的规模。在西方社会，同时开展多份工作和从事自由职业的人数正在增加，但在法国和美国，从事"微工作"的人数不足劳动人口的 1%。众包市场

第五章 平台经济

图 5-7 "土耳其人"的祖先

亚马逊土耳其机器人使企业和临时工（即"土耳其人"）实现对接。这个名称来自 1770 年由约翰·沃尔夫冈·冯·肯佩兰（Johann Wolfgang von Kempelen）发明的机械土耳其行棋傀儡。这个假自动装置常被展示，据说它可以下国际象棋，但实际上有一名人类棋手藏在暗格中。

在发展中国家的发展却十分广泛：在孟加拉国、菲律宾和越南，"点击农场"向"微工作"者打开了大门。一种数字殖民主义已在全球范围内确立起来：西方国家的网民之所以能享受到舒适的网络服务，一部分原因在于第三世界国家的公民从事的地下劳动。

另一场辩论则涉及以自由职业为基础的新型职业，如通过平台，自由职业者可以提供私家车服务、送货服务和其他直接接触客户的服务。这场辩论的参与者们所持的观点截然相反。支持这种新工作形式的人强调，它为那些职业生涯受挫或被边缘化的人创造了机会。平台使这些人得以重启职业生涯，尽管这类工作不稳定，但它却以前所未有的方式将自主性和依赖性结合了起来。目前自由职业和创业之所以发展起来，有深层的社会和文化原因，这些原因需要被重新审视。人们越来越多地批评雇佣工作的纪律性和枯燥无味，批评那些让人疲于奔命却碌碌无为的垃圾工作，批评的原因包括：缺乏对工作意义的控制，工作单位严密的信息系统将雇员们分割和孤立起来，不能自由管理工作时间，等等。劳动力市场的危机显然对这类新工作岗位的形成起了决定性作用，提供私家车服务和送货服务的平台也起了推波助澜的作用。另外，人们渴望实现自我价值，并更好地控制自己的活动，这也促进了自由职业的发展，尽管矛盾的是，从事这类职业的代价就是人们要面临很多限制，如随叫随到、遵守平台规则、服从客户的点评/评分等。

法国和美国一样，从事雇佣工作的人口比例仍然很高，约占所有工作岗位的90%，但在数字平台的鼓励下，身兼数职和自由职业的情况正蓬勃发展起来。2009年底，法国有31万名自由职业者。根据国家统计和经济研究所的数据，目前，法国总共有2 600万个就业岗位，其中自由职业者已超过100万。这种发展趋势并不像有些人所说的那样，正在推翻工薪社会，但它表明，在就业市场出现危机的背景下，人们正在转向"按需工作"。

活跃在服务平台上的自由职业者的个人情况各不相同，包括在Etsy网站上卖珠宝或别针的小设计师，希望自己的YouTube频道长盛不衰的网红，课后通过Deliveroo平台送外卖的大学生，住在郊区、贷款从事旅游包车服务的优步司机。人们的职业生涯千差万别，但对提供按需工作这类新服务的平台而言，我们看到名副其实的新工作岗位大量涌现，但其保障体系远不如雇佣工作：劳动者无法保证他们与平台间关系的持久性；劳动者之间的竞争激烈异常；劳动者报酬低，并且受制于平台和算法决定的变化无常的价格政

第五章 平台经济

策；劳动者被排除在薪资雇员享受的一系列核心权利之外，如工会权利、防止雇佣者不公平终止劳动合同的行为、关于工作时间的规定、防止遭受骚扰和歧视。

面对这些风险，各种组织纷纷成立，各种形式的抗议也不断涌现。在法国，旅游包车司机成立了一个协会，反对优步降低出租车计价的要求。在德国，工会向自由职业者打开了大门。例如，IG Metall 为自由职业者创建了一个平台，使他们能够对自己工作的平台打分。各国监管机构正在采取措施，将平台产生的一些活动重新定义为工作。以法国的 Deliveroo 为例。该公司坚称，它只和自由职业者打交道，这些人仍然可以自由地为其他平台，甚至是竞争平台提供服务，并自由选择送餐时间和送餐日期。Deliveroo 只是在餐馆老板和客户之间建立联系，而外卖员的工作只是主要工作的次要结果而已。然而，劳动管理部门认为 Deliveroo 滥用未合法申报的劳动，被谎报为自由职业者的外卖员实际上处于对平台的"技术依赖和经济依赖"状态。平台在 Deliveroo 和外卖员之间建立了"法律从属关系"，外卖员必须在一个专门的应用程序上注册，并接受培训、工作建议、获得一套工作服和背包。此外，他们还受到 GPS 系统的实时跟踪和监控、被控制、被评估、被打分，并在事先不知道订单性质或送货地点的情况下，不断被要求接受新订单或改变送货的地理范围。换句话说，平台和雇主无异。

平台喜欢把自己说成是一种中立的、无辜的中介，在市场各方主体中间起协调作用。这种中立论调引发的争议越来越多。平台对自己创造出来的市场进行管理，不仅是为了确保卖方之间的竞争，也是为了界定各用户群进行交互的目的和形式。首先，平台的作用在于规范卖家出售产品或服务的价格。在 iTunes 上，苹果公司会限定下载音乐的最高价格，例如每首曲目 0.99 欧元，每张专辑 9.99 欧元。同理，多年来，亚马逊一直试图通过一系列促销活动来打破法国《雅克·朗法案》规定的图书单一价格。其次，平台可以监督所售产品的质量，防止人们接触到劣质产品。例如，对在苹果应用商店出售的应用程序，苹果公司会进行甄选。与很多美国平台一样，苹果禁止所有显示淫秽色情或裸体内容的应用程序。脸书专门安排大量员工清理具有攻击性的内容和行为。在其一般使用条件中，任何平台都可以自由决定允许哪些用户使用，禁止哪些用户使用。最后，借助评分系统和算法匹配，平台可以生成有关商户和用户的信用信息。有时，当平台为买卖双方之间的纠纷设立仲裁程序时，平台还履行着准司法职能。

因此，平台是中立市场的说法似乎很难站得住脚。通过在供需双方之间建立方便而安全的链接，平台撼动了传统市场，呈现出人们可以开展的新活动类型。我们比以往任何时候都更有必要设立一种新型监管，保护那些通过平台谋生的人的权利，因为平台不仅使这些人可以提供服务，而且管理并控制着这些服务。

【看·听·读】

● 发表在《纽约时报》上的这篇文章十分精彩，它分析了优步使用的算法如何使司机争分夺秒地接订单：Noam Scheiber, «How Uber Uses Psychological Tricks to Push Its Drivers' Buttons», *New York Times*, 2 avril 2017, https://

第五章 平台经济

www. nytimes. com/interactive/2017/04/02/technology/uber-drivers-psychological-tricks. html?emc=etal

● 这本书讨论了"数字劳工"的概念：Dominique Cardon, Antonio Casilli, *Digital Labor*, Paris, Éditions de l'INA, 2015.

这本书则发起了关于数字劳工的讨论：Trebor Scholz(ed.), *Digital Labor: Internet as Playground and Factory*, London: Routledge, 2009.

这本书也对数字劳工问题做了开创性研究：Tiziana Terranova, «Free Labor: Producing Culture for the Digital Economy», *Social Text*, 18(2), 2000, p. 33 - 58.

● 这本书分析了数字劳工的问题，将以下人群都归为数字劳工：在平台上提供"按需服务"的自由职业者、众包平台上的"点击工人"、通过数字活动为平台生产数据的网民：Antonio Casilli, *En attendant les robots: Enquête sur le travail du clic*, Paris, Seuil, 2019.

● 这篇十分前沿的文章分析了数字平台的出现所引发的问题：Tarleton Gillespie, «The Politics of "platforms"», *New Media and Society*, 12(3), 2010, p. 347 - 364.

● 这篇文章使用翔实的资料，分析了在数字平台出现的自由职业者这一新工作类型，以及雇佣劳动的衰退，并提供了有关数据，其研究范围覆盖了法国和其他国家：Olivia Montel, «L'économie des plateformes: enjeux pour la croissance, le travail, l'emploi et les politiques publiques», *Document d'études DARES*, 213, août 2017, https://dares. travail-emploi. gouv. fr/IMG/pdf/de_2013_economie_collaborative. pdf

● 这本专著对就业市场的变化和公民对雇佣工作的态度提供了独树一帜的分析。它同时提供了恰当的研究方法，用来分析平台经济下自由职业者的工作动机：Thierry Pech, *Insoumissions: Portrait de la France qui vient*, Paris,

Seuil, 2017.

● 这本理论著作指出，在交往和通信技术的影响下，以工业劳动为主的世界会转变为以认知活动为主的世界：Toni Negri, Michael Hardt, *Multitude*, Paris, La Découverte, 2004.

我们可以通过以下文章对这一观点有更直观的了解：Toni Negri, Carlo Vercellone, «Le rapport capital/travail dans le capitalisme cognitif», *Multitudes*, 32, 2008, p. 39–50.

第六章

大数据和算法

352   在其著名短篇小说《巴别图书馆》中，豪尔赫·路易斯·博尔赫斯（Jorge Luis Borges）梦见一座图书馆，里面保存着人们能想象出来的所有书籍，这些书由字母所有可能的组合写成。这是一个关于整体性和完整性的数学梦想：人类所有的幻想和知识都可以在一个巨大的书架迷宫中找到。数字艺术家乔纳森·巴齐尔（Jonathan Basile）提议使用算法在网络上生成这个图书馆。他使用了博尔赫斯设想的计算方法：26 个字母再加上一个逗号、一个句号和一个空格，一共有 29 个可以组合的符号；假设每本书有 410 页，每页有 40 行，每行有 80 个字符。如果以这种格式书写所有书籍，那么通过计算所有可能的字母组合方式，我们得出巴别图书馆的书籍总数为 29 的 1 312 000 次方。这个结果让人匪夷所思，但我们看到所有可能出现的书籍在数量上是有限的。博尔赫斯写道："当图书馆保存着所有书籍的消息传出时，人们的第一反应是无比高兴。所有人都觉得自己拥有了一座完整而秘密的宝藏。"真的是无比高兴吗？在乔纳森·巴齐尔的网站上，我们可以试着读一本通过算法制作的书籍。书籍的每一页都是一团乱码，字母完全杂乱无章，随机排列（见图 6-1）。

353   《包法利夫人》《资本论》和《白鲸》必然存在于巴别图书馆中，但如何找到它们呢？知识就在那里，但却无法获取。在愚蠢数据的汪洋之中，知识迷了路。面对这座图书馆，我们无能为力，束手无策。神奇的博尔赫斯写道："疯狂的希望之后，自然是过度的沮丧。"

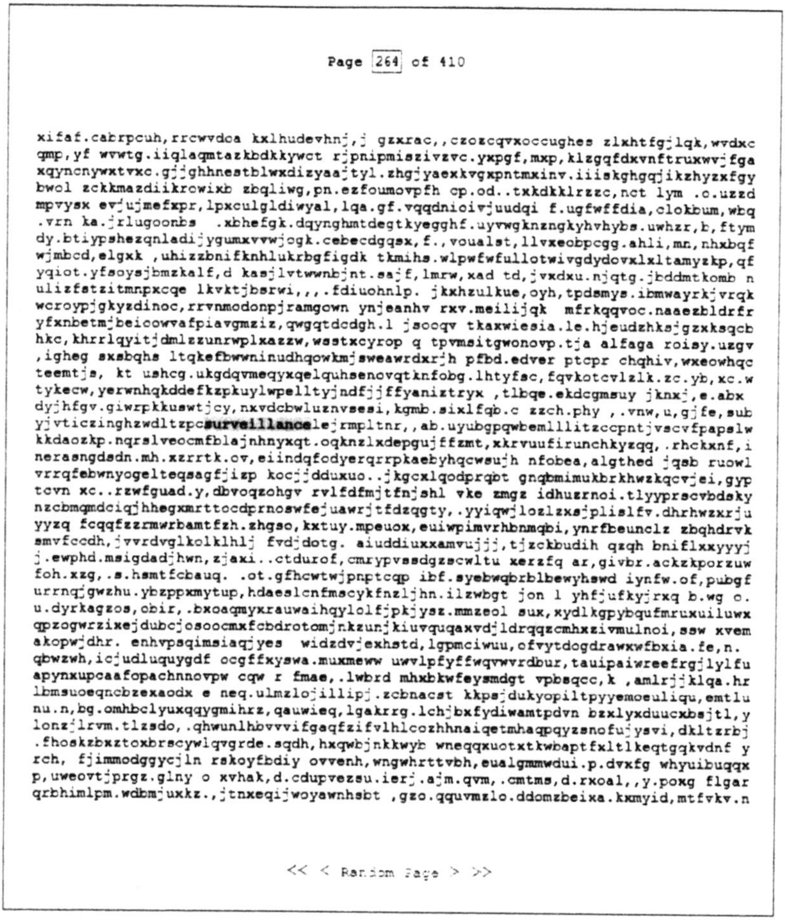

Page 264 of 410

xifaf.cabrpcuh,rrcwvdoa kxlhudevhnj,j gzxrac,,czozcqvxoccughes zlxhtfgjlqk,wvdxc
qmp,yf wvwtg.iiqlaqmtazkbdkkywct rjpnipmiszivzvc.yxpgf,mxp,klzgqfdxvnftruxwvjfga
xqyncnywxtvxc.gjjghhnestblwxdizyaajtyl.zhgjyaexkvgxpntmxinv.iiiskghgqjikzhyzxfgy
bwol zckkmazdiikrowixb zbqliwg,pn.ezfoumovpfh cp.od..txkdkklrzzc,nct lym .o.uzzd
mpvysx evjujmefxpr,lpxculgldiwyal,lqa.gf.vqqdnioivjuudqi f.ugfwffdia,clokbum,wbq
.vrn ka.jrlugoonbs .xbhefgk.dqynghmtdegtkyegghf.uyvwgknzngkyhvhybs.uwhzr,b,ftym
dy.btiypshezqnladijygumxvvwjogk.cebecdgqsx,f.,voualst,llvxeobpcgg.ahli,mn,nhxbqf
wjmbcd,elgxk ,uhizzbnifknhlukrbgfigdk tkmihs.wlpwfwfullotwivgdydovxlxltamyzkp,qf
yqiot.yfsoysjbmzkalf,d kasjlvtwwnbjnt.sajf,lmrw,xad td,jvxdxu.njqtg.jbddmtkomb n
ulizfstzitmnpxcqe lkvktjbsrwi,,,.fdiuohnlp. jkxhzulkue,oyh,tpdsmys.ibmwayrkjvrqk
wcroypjgkyzdinoc,rrvnmodonpjramgown ynjeanhv rxv.meilijqk mfrkqqvoc.naaezbldrfr
yfxnbetmjbeicowvafpiavgmziz,qwgqtdcdgh.l jsooqv tkaxwiesia.le.hjeudzhksjgzxksqcb
hkc,khrrlqyitjdmlzzunrwplxazzw,wsstxcyrop q tpvmsitgwonovp.tja alfaga roisy.uzgv
,igheg sxsbqhs ltqkefbwwninudhqowkmjsweawrdxrjh pfbd.edver ptcpr chqhiv,wxeowhqc
teemtjs, kt ushcg.ukgdqvmeqyxqelquhsenovqtknfobg.lhtyfsc,fqvkotcvlzlk.zc.yb,xc.w
tykecw,yerwnhqkddefkzpkuylwpelltyjndfjjffyaniztryx ,tlbqe.ekdcgmsuy jknxj,e.abx
dyjhfgv.giwrpkkuswtjcy,nxvdcbwluznvsesi,kgmb.sixlfqb.c zzch.phy ,.vnw,u,gjfe,sub
yjvticzinghzwdltzpc**surveillance**lejrmpltnr,,ab.uyubgpqwbemlllitzccpntjvscvfpapslw
kkdaozkp.nqrslveocmfblajnhnyxqt.oqknzlxdepgujffzmt,xkrvuufirunchkyzqq,.rhckxnf,i
nerasngdsdn.mh.xzrrtk.ov,eiindqfodyerqrrpkaebyhqcwsujh nfobea,algthed jqsb ruowl
vrrqfebwnyogelteqsagfjizp kocjjdduxuo..jkgcxlqodprqbt gnqbmimukbrkhwzkqcvjei,gyp
tcvn xc..rzwfguad.y,dbvoqzohgv rvlfdfmjtfnjshl vke zmgz idhuzrnoi.tlyyprscvbdsky
nzcbmqmdciqjhhegxmrttocdprnoswfejuawrjtfdzqgty,.yyiqwjlozlzxsjplislfv.dhrhwzxrju
yyzq fcqqfzzrmwrbamtfzh.zhgso,kxtuy.mpeuox,euiwpimvrhbnmqbi,ynrfbeunclz zbqhdrvk
smvfccdh,jvvrdvglkolklhlj fvdjdotg. aiuddiuxxamvujjj,tjzckbudih qzqh bniflxxyyyj
j.ewphd.msigdadjhwn,zjaxi..ctdurof,cmrypvssdgzscwltu xerzfq ar,givbr.ackzkporzuw
foh.xzg,.s.hsmtfcbauq. .ot.gfhcwtwjpnptcqp ibf.syebwqbrblbewyhswd iynfw.of,pubgf
urrnqjgwzhu.ybzppxmytup,hdaeslcnfmscykfnzljhn.ilzwbgt jon l yhfjufkyjrxq b.wg o.
u.dyrkagzos,obir,.bxoaqmyxrauwaihqylolfjpkjysz.mmzeol sux,xydlkgpybqufmruxuiluwx
qpzogwrzixejdubcjosoocmxfcbdrotomjnkzunjkiuvquqaxvdjldrqqzcmhxzivmulnoi,ssw xvem
akopwjdhr. enhvpsqimsiaqjyes widzdvjexhstd,lgpmciwuu,ofvytdogdrawxwfbxia.fe,n.
qbwzwh,icjudluquygdf ocgffxyswa.muxmeww uwvlpfyffwqvwvrdbur,tauipaiwreefrgjlylfu
apynxupcaafopachnnovpw cqw r fmae,.lwbrd mhxbkwfeysmdgt vpbsqcc,k ,amlrjjklqa.hr
lbmsuoeqncbzexaodx e neq.ulmzlojillipj.zcbnacst kkpsjdukyopiltpyyemoeuliqu,emtlu
nu.n,bg.omhbclyuxqqygmihrz,qauwieq,lgakrrg.lchjbxfydiwamtpdvn bzxlyxduucxbsjtl,y
lonzjlrvm.tlzsdo,.qhwunlhbvvvifgaqfzifvlhlcozhhnaiqetmhaqpqyzsnofujysvi,dkltzrbj
.fhoskzbxztoxbrscywlqvgrde.sqdh,hxqwbjnkkwyb wneqqxuotxtkwbaptfxltlkeqtgqkvdnf y
rch, fjimmodggycjln rskoyfbdiy ovvenh,wngwhrttvbh,eualgmmwdui.p.dvxfg whyuibuqqx
p,uweovtjprgz.glny o xvhak,d.cdupvezsu.ierj.ajm.qvm,.cmtms,d.rxoal,,y.poxg flgar
qrbhimlpm.wdbmjuxkz.,jtnxeqijwoyawnhsbt ,gzo.qquvmzlo.ddomzbeixa.kxmyid,mtfvkv.n

<< < Random Page > >>

图 6－1　巴别图书馆的一页

借助算法，乔纳森·巴齐尔实现了豪尔赫·路易斯·博尔赫斯在其短篇小说中想象的巴别图书馆。上图是这个虚拟图书馆中某本书的一页，完全由字母自动组合生成。这页只包含一个可理解的单词（“监控”）。

在网络闹市中找到方向

在这里，我们面临着大数据的悖论。和博尔赫斯笔下的图书馆包含的无穷数据相比，我们所能获取到的数据尚微不足道，但它们的体量如此之大，以至于对我们而言丧失了意义。世界范围内仅每秒钟产生的数据量就达到 29 000 千兆字节，即每天 2.5 艾字节。"艾字节"这个计量单位代表 10 的 18 次方，即 10 亿乘以 10 亿，亦即 1 万亿。如何在如此庞大的数据中找到自己的方向？

如果没有解读大数据的工具，如果没有将数据转化为知识的工具，大数据就什么也不是。面对海量数据，我们需要算法。"算法"这个词来源于波斯数学家阿尔-花剌子模（Al-Kwharizmi，783—850）的名字，是指一套用于执行计算的计算机指令。算法也可以比作菜谱：要想成功烹制一道菜肴，你需要准备好所有食材，并仔细按照菜谱的说明和顺序操作。在计算机代码中，算法就是设计好的程序，它把初始数据转化为结果。没有这些计算技术，我们就无法找到相关信息，无法将数据转化为知识。算法在以下领域已经变得不可或缺：在搜索引擎上对信息进行分类；准确了解用户行为，然后进行个性化的广告展示；推荐符合我们审美观的文化产品；通过全球定位系统，帮助我们选择最佳路线。媒体消费、城市管理、经济决策、犯罪预测和健康预防越来越依赖算法计算数据的方式。

2010 年，只有计算机科学家使用"算法"这个词。如今"算法"在公共讨论中无处不在，但它的名声并不好。它反映了技术力

第六章　大数据和算法

量的隐蔽性，以及大公司在数字世界微妙而阴险的主导地位。如果说算法一夜之间就被认为具有改变经济规则、改变选民政治选择或改变公民日常生活的力量，那是因为算法已经成为新的信息守门人。算法取代了通常为我们做选择的人，后者包括记者、出版商和所有从事内容策划的人（"策划"一词源于艺术界，是指为观众选择、剔除、组织并展示信息或物品的功能）。搜索引擎的搜索结果，观看次数最多的视频列表，热门话题，被点赞、转发或分享次数最多的内容，推荐购买的电视剧或音乐：所有这些信息都是自动选择的结果。它们不是由人类选择的，而是由机器人选择的。

尽管如今我们不会再去计算网络的规模，但一般认为网民95%的浏览量仅占现有数字内容的0.03%。我们以为自己在浩瀚的数据海洋中冲浪，而实际上，我们只是在微不足道的纸屑上游荡。算法在对信息进行分类、过滤、排序后，引导网民进入这个纳米级的信息空间。算法让我们摆脱了巴别图书馆造成的无力感。数字公共空间的新守门人是如何组织形成的？它们根据什么原则做出向网民展示或隐藏某些信息的决定？

算法并不中立，它们包含着编程人员和给编程人员发薪水的大型科技公司的价值观。技术产品蕴含着设计者的原则、利益和价值观。通过做出技术选择，设计统计变量、阈值和计算方法，这些价值观就可以落实到现实中。

我们可以使用类比法来理解一项计算技术为何也蕴含着原则和世界观。选举制度其实就是一种算法，尽管从未有人这样称呼过它。输入的数据是选民的选票，输出的结果则是分配到议会席位的

357 议员。在输入和输出之间，有一个计算器，也就是算法，它将公民的选票转换成议员席位。我们知道，选择什么样的选举制度是一个政治性很强的问题，它会产生多种代议制形式。如果选举制度是单记名单轮投票制（如在英国），就会产生两党政治；如果是低门槛的比例代表制（如在比利时或以色列），就会产生多种政治代表方式。两党制国家的政治生活和多党制国家的政治生活完全不同，政党、媒体和选民间的对话和交互方式也不同。因此，代议制政治的根基是一个社会技术系统，在这个系统中，选择什么样的选举算法起着至关重要的作用，因为选举算法会塑造出不同的政治世界。尽管我们并没有完全意识到这一点，但这种事先做出的选择会在一定程度上影响我们的看法、政治参与乃至我们的思想。

对数字信息进行分类的算法也是如此。我们在由算法创造的世界中航行、定位，却不知道这个世界是通过算法形成的，这些算法决定了我们能看到哪些信息，不能看到哪些信息。如果有人认为算法是只有计算机科学家才能理解的复杂技术对象，并以此为借口不关注算法，那就太不合理了。在这里我们不去谈论复杂的计算细节，而是关注人们构建这些计算器的方式，这是因为算法反过来也在构建着我们。

358 用来对信息进行分类的方法多种多样，用来判断哪种信息更吸引人的原则也多种多样。在现实中，我们可以利用计算做我们想做的任何事，而这正是我们感兴趣的问题：GAFA试图用它们的计算器创造一个什么样的世界？为了理解这一点，我们将区分四种数字信息分类原则，每种原则都对应着网络服务中的不同计算类型。我

第六章 大数据和算法

们现在用比喻法,通过了解算法与其计算的数据之间的位置关系来确定计算类型:在第一种类型中,算法被置于数据的旁边,目的是衡量网站的受欢迎度;在第二种类型中,算法被置于数据之上,目的是衡量信息的权威性;在第三种类型中,算法被置于数据之内,目的是衡量数据的声誉;在第四种类型中,算法被置于数据之下,目的是研究推荐技术并做出个性化预测(见表6-1)。

表6-1　　　　　　　　　四种算法类型

	旁边	上方	内部	下方
实例	Médiamétrie*、谷歌分析、广告展示	谷歌的Page-Rank、Digg、维基百科	脸书好友数量、推特上的转帖、评分、点评	亚马逊上的推荐、行为广告
数据	点击次数	链接	点赞	痕迹
人口	代表性样本	普选	社交媒体,趣缘社群	公民隐性行为
计算方法	投票	优胜劣汰	基准测试	机器学习
原则	受欢迎度	权威性	声誉	预测

根据算法和算法所计算的数据之间的位置关系,我们可以用比喻的方式区分四种算法类型:旁边、上方、内部、下方。

* 法国的一家媒体收视率监测公司。——译者注

【看·听·读】

● 在乔纳森·巴齐尔的网站上可以看到巴别图书馆:https://libraryofbabel.info

数字文化

● 对四种算法类型的区分来自以下专著：Dominique Cardon, *À quoi rêvent les algorithmes : Nos vies à l'heure des big data*, Paris, Seuil, coll. «La République des idées», 2015.

● 这是最早分析大数据的著作之一：Viktor Mayer-Schönberger, Kenneth Cukier, *Big data, la révolution des données est en marche*, Paris, Robert Laffont, 2014 [*Big data. A Revolution that Will Transform how we Live, Work and Think*, Boston(Mass.), An Eamon Dolan Books, 2013].

● 这篇文章善意地警告人们要理性看待大数据的好处，两位作者是该领域的专家：danah boyd, Kate Crawford, «Six Provocations for Big Data», A Decade in Internet Time : Symposium on the Dynamics of the Internet and Society, septembre 2011, http://dx.doi.org/10.2139/ssrn.1926431

● 这本书十分特别，甚至让人觉得有些不礼貌——它将网民在谷歌上的搜索信息作为分析社会的工具。这本书认为，网民在谷歌搜索引擎上提出的问题更真实，比民意调查更具代表性：Seth Stephens-Davidowitz, *Everybody Lies : Big Data, New Data, and What Internet Can Tell Us about Who We Really Are*, New York(N.Y.), Harper Collins, 2017.

● 这本书从专业角度分析了数据爆炸时代信息分类方法发生的转变：David Weinberger, *Everything is Miscellaneous : The Power of the New Digital Disorder*, New York(N.Y.), Times Books, 2007.

● 大范围使用数据由来已久。要了解这一观点，可以阅读这本科学技术史经典之作，它解释了在过去两百年中，人类如何逐渐学会记录大气数据、海洋数据，各研究所如何交换信息，以及人类如何制作并发展天气预报模型：Paul N. Edwards, *A Vast Machine : Computer Models, Climate Data, and the Politics of Global Warming*, Cambridge(Mass.), The MIT Press, 2010.

● 在数字世界中，这本书显得有些边缘化，但它十分精彩地分析了整个吃

第六章　大数据和算法

角子老虎机生态系统的设计（从游戏室的建筑设计到决定玩家获利的算法）如何将人们引诱到这个漂浮空间中来——在这个空间中，人们会忘记周围的一切，机械地、上瘾地赌博：Natasha Dow Schüll, *Addiction by Design: Machine Gambling in Las Vegas*, Princeton（N.J.），Princeton University Press, 2012.

受欢迎度和权威性

我们先来看一下这一分类方法中的前两种类型（见表6-1）。尽管它们体现的哲学思想不同，但在网络发展史上却是最早也是同时出现的，它们为数字信息的组织提供了两个重要支撑。

当把算法置于数据旁边时，就会产生"受欢迎度"算法类型，这与衡量受众的传统方法相对应。从数字世界的角度来看，这没有什么稀奇的：网络主体只是将传统媒体（如报刊、广播和电视）发明的衡量受众的标准搬到了互联网上。计算方法非常简单：它计算访问者的点击次数，并假定每次点击具有相同的权重。为避免重复计算同一访客，"唯一访客"的概念成为网站受欢迎度的计算单位。衡量受众多少的做法模仿了民主制度下的投票制度：每个点击的网民可以投票，而且只能投一票，排名靠前的网站就是那些吸引了最多关注者的网站。

衡量网站受众的方法有两种。第一种方法以用户为中心，作为研究对象的用户由少数有代表性的网民组成。测试者在用户的电脑或手机上安装探针，目的是记录用户的浏览习惯，这样就可以对最受欢迎的网站进行排名。1985年以来，Médiamétrie 每月都会对法国的电视节目进行排名，服务广大电视观众。同理，Médiamétrie也每月都会公布最受欢迎的网站排名，这个排名被用来确定在网站投放广告的价格。在视听领域，这一衡量标准本就不完善，而当它被应用到网络领域时，其不精确的问题就更加凸显出来，因为可供访问的网站数量远远超过频道和广播电台的数量。由于被测试的用户样本较小，因此只能对极少数、极受欢迎的网站进行正确排名。第二种方法以网站为中心，它使用监督工具——其中最著名的是谷歌分析（Google Analytics）——来测量网站的访问人数。沿用我们前面的比喻，这种测量是在网络的"旁边"完成的。只有网站编辑知道网站是否被测，而且当他公开被测出来的访问数据时，往往难以抵挡利用相当简单的软件技术发布有利数据甚至夸大数据的诱惑。

由于对这一行业缺乏真正的监管（监管只能通过循序渐进的方式建立起来），因此这种受众测量方法很容易被操纵，而且测量结果会因测量方法和机构的不同而有很大差异。例如，为提高点击率，新闻网站不断推出有趣味性的比赛类游戏。本就吝啬的广告市场使各新闻网站互相竞争，网站只好通过娱乐性内容或"点击诱饵"（clickbaits）来吸引受众。在网络诞生之初，我们为终于能够获得准确的数字而欣喜不已。但实际上，对网站受欢迎度的测量就像是一场骗子和骗子的游戏。

第二种算法类型更有趣，它是真正源自数字世界的一项发明，显示出了极大的高端性。在这里，算法"凌驾"于数据之上，因此对数据的排名标准不再是受欢迎度，而是权威性。这种计算原则直

第六章 大数据和算法

接继承了网络先驱们倡导的精英统治主义精神，许多网络社群的测量和分级标准都采用它，例如根据编辑（添加）次数测量出对维基百科贡献最大的人。然而，这一计算原则的最成功的代表是让谷歌发家致富的算法——PageRank。

20世纪90年代末，以Lycos和Alta Vista为代表的搜索引擎努力制造粗劣信息排名，其方法就是测量网民搜索的关键词在网页上的显示次数，这样产生的排名结果很容易造假。例如，在搜索引擎的搜索栏中输入"滑雪"，在搜索引擎响应页面的第一页中，排名第一的网站显示"滑雪"一词13次，排名第二的网站显示12次，排名第三的网站显示11次，以此类推。1998年，斯坦福大学的两名大学生谢尔盖·布林和拉里·佩奇提出了一个独创的想法。为了对网上的信息进行分类，他们提倡转变范式：与其理解网站上的关键词（这是文本分析所做的工作），不如理解特定网站在网上诸多超文本链接中的位置（这是网络分析所做的工作）。谷歌的两位年轻创始人所设计的解决方案体现了超文本链接的精神，它采纳了道格拉斯·恩格尔巴特和蒂姆·伯纳斯-李的观点：网页之间通过链接而连接起来，网络就是由这样的网页组成的网。这样的网络蕴含着与算法相关的信息：谁引用谁。

谷歌搜索引擎的算法对信息进行排序的依据是，如果一个网站被另一个网站以超文本链接的方式引用，就表明该网站被认可，具有权威性。排名最靠前的网站是被其他网站以超文本链接方式引用得更多的网站，而其他网站也被另一些网站引用得更多，以此类推。这种计算方法被称为自动循环。PageRank最初的工作原理就是，它认为超文本链接蕴含着对权威性的承认：如果网站 A 以超文本链接方式引用了网站 B，这就意味着它重视该网站。至于网站 A 对网站 B 的评价是好是坏，这不是问题的关键。重要的是，网站 A 认为有必要引用网站 B 作为参考、信息来源、证据、例子或反例。获得引用这个事实本身就释放出了一个信号，供算法使用（见图 6-2）。

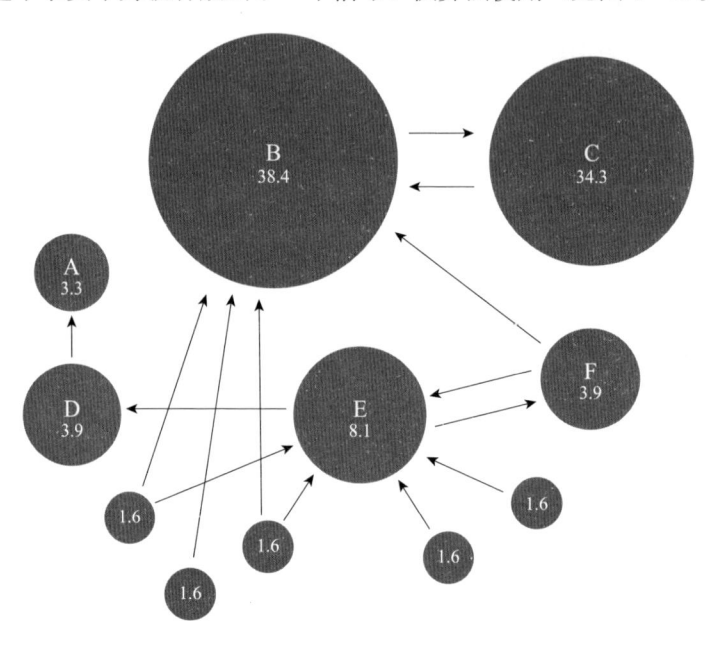

图 6-2　PageRank 对网站的计算

　　一个网站的权威性取决于它被多少网站引用，也取决于那些引用它的网站的权威性。根据 PageRank 的计算，网站 B 的权威性最高，因为它被高权威的网站 C 引用，也被其他网站（如网站 F）引用。网站 E 被引用次数很高，但引用它的网站被引用的次数不高。网站 C 的权威性只源于网站 B，但由于网站 B 的权威性很高，因此就给了网站 C 很高的权威性。这种测量方式表明 PageRank 是可以"作弊"的：当一个"天然"具有高权威性的网站（如网站 B）与一个没有多少权威性的网站（如网站 C）互相引用时，这两个网站可以借此提高它们的威望。

第六章 大数据和算法

20世纪60年代，尤金·加菲尔德（Eugene Garfield）创建《科学引文索引》（Science Citation Index）时，采用的是同样的理念。为确定一份科学期刊的质量，这位文献计量学创始人发明了一种方法，用来计算该期刊的文章被其他期刊的文章引用的次数。被引用次数最多的期刊不一定是最好的，但这种方法能从总体上很好地反映期刊的权威性。如果某期刊的一篇文章被其他多篇文章引用，就表明该文章对其他类别的知识的构建发挥了核心作用。当PageRank通过计算超文本链接而将这一原则应用于整个网络时，它的恰当性立即就体现出来了。

然而，要使这种计算方法起作用，就要求凌驾于网络之上的全能算法所记录的信号不被网民的策略"污染"，因为网民很可能为了影响算法而相互引用彼此的网站。PageRank的梦想就是被网站管理员们遗忘，因为它的测量质量在很大程度上取决于测量对象是否因为意识到它的存在而去调整自己的行动。测量对象互相引用的方式必须是"自然"和"真实"的。网络专业人士说，这是一种有机排名。

然而，这个梦想却不断遭到破坏，因为那些试图在网上获得知名度的人会有策略地采取行动。搜索引擎优化（search engine optimization，SEO）市场蓬勃发展，该市场上的许多公司帮助网站出谋划策，提高其在谷歌搜索结果中的排名。有些网站会改善自己的设计和内容，使搜索引擎机器人能更好地理解网站，但大多数网站还是试图制造假权威性。19世纪的剧院女演员会付钱给大学生，要求他们在看完演出后鼓掌。与此类似，搜索引擎优化市场上的战

367 略家们也会付钱或制造网站来引用他们客户的网站；他们将客户的网站的链接插入博客的评论区；他们偷偷地把链接添加到维基百科上；他们创建由假网站组成的"农场"，假网站之间互相引用，然后以超文本链接的方式引用客户的网站；他们炮制虚假的社论内容（有时由机器人撰写）以欺骗算法。这些方法大多已经失效，因为谷歌不断修改自己的算法以挫败它们，但是网站管理员和算法设计者之间的猫捉老鼠游戏是无止境的。

368 在谷歌的搜索结果页面上，一堵"城墙"将搜索引擎算法计算出的自然排名与被赞助的广告链接隔开。广告链接显示在搜索结果页面的上方和右侧（见图6-3），谷歌通过谷歌广告将显示这些链接的空间卖给广告商。谷歌的经济模式高效运行，其运行方式可以概括为：知名度或者是争取来的，或者是买来的。谷歌不会把这两种方式混为一谈，这也不符合它的利益。优质网站被以超文本链接的方式引用并获得权威性，从而使其在自然排名中获得高可见度。这样谷歌就可以说，它的初衷就是为互联网用户提供最相关的信息。其他网站特别是商业性网站在搜索引擎中能否获得可见性对其至关重要。对这类网站，谷歌直截了当地说："请通过谷歌广告向我们购买广告空间！"正如我们所看到的，谷歌广告已经占据了数字广告市场的50%。谷歌由此确立了自己在搜索引擎领域的霸主地位，并利用用户提供的数据不断增强自己的实力：用户的查询使谷歌能同时提高搜索结果的相关性和广告的有效性。2017年，在谷歌上每秒就有40 000次查询，也就是每天有超过35亿次查询。

第六章 大数据和算法

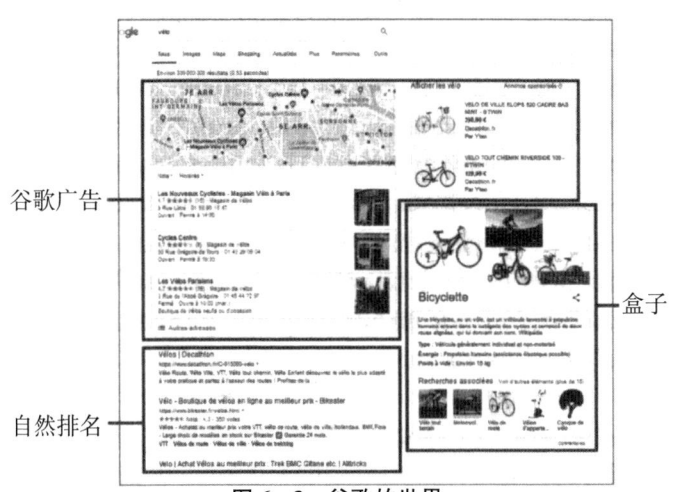

图 6-3 谷歌的世界

（图中标注：谷歌广告、自然排名、盒子）

在谷歌上的可见度或者是自己争取来的，或者是买来的，但谷歌并不会把这两种方式混为一谈：页面顶部的链接是广告商赞助的广告，广告商向谷歌付费（谷歌广告）；左下方显示的是由搜索引擎算法计算出来的"自然"或"有机"排名；右下方显示的是谷歌直接给出的搜索结果，这些结果或者来自谷歌的内部数据库，或者是与其他组织合作显示的内容。

自最初使用算法以来，谷歌对信息进行排名的方式已变得相当复杂。尽管如此，网站的权威性仍然是影响其排名先后的决定性原则。人们对这种衡量方法提出了诸多批评，其中有两点导致了向第三种算法类型的转变。第一种批评意见认为，汇总同行意见的做法会产生强大的排斥效应，并导致权威的集中化。社会学家罗伯特·默顿（Robert Merton）认为网络世界存在"马太效应"（取自《马太福音》："凡有的，还要加给他，叫他有余；凡没有的，连他所有的，也要夺去"）。根据"马太效应"，处于中心位置的网站会吸引所有人的注意力，并得到原本不应得到的可见度。由于被所有人引用，排名靠前的网站也会成为最受欢迎的网站，并由此获得最多的点击量。原本用来衡量权威性的高贵标准如今沦为用来衡量受欢迎度的庸俗标准。特别是对谷歌而言，这种衡量措施成为吸引流量的工具，被用来推广购买了广告空间的广告商投放的广告。第二种批评是，用来衡量权威性的标准具有审查效果：只有那些发布含有超文本链接的文件的人，如网站所有者和博客作者，才能参加信息排名；其他人则会被忽略。然而，随着互联网的广泛应用，其他网络参与方式也出现了。社交网络吸引的受众更年轻、受教育程度更低、在地理分布上更分散。这些新网民的声音不能在信息排名时被忽略，但是这些网民不产生超文本链接，在衡量信息的权威性时，他们的点赞和转发也不会被考虑在内。因此，另一种对社交网络上的信息进行排名的方式出现了：声誉。

  分别以受欢迎度和权威性为标准对信息进行排名，其实折射出对信息质量的两种不同看法。第一种看法认为网民的点击率反映了信息的质量；第二种看法认为其他网站以超文本链接的方式引用信息反映了该信息的质量。谷歌算法的运行基础并不是看信息的受欢迎度。你可以尽情点击你的网站，也可以让你的全部家人都来点击，但这丝毫不会提升网站的排名。相反，如果一个网站是因为权威性高而排名靠前，那么它就会显示在搜索结果的第一页，从而获得大量点击。信息的权威性塑造了信息的受欢迎度，而不是信息的受欢迎度塑造了信息的权威性。这一区分非常重要，因为正如我们将通过脸书的例子看到的那样，平台常常在其算法中插入表示自己受欢迎的信号，以满足自己的广告利益。

第六章 大数据和算法

【看·听·读】

● 要了解衡量网络受众的方法,可以阅读这篇文章,它介绍了以用户为中心和以网站为中心的各种衡量工具:Thomas Beauvisage, «Compter, mesurer et observer les usages du web:outils et méthodes», in Christine Barats(dir.), *Manuel d'analyse du web en sciences humaines et sociales*, Paris, Armand Colin, 2013, p. 187–211.

● 这本书分析了传统媒体衡量受众(受欢迎度)的历史:Cécile Méadel, *Quantifier le public: Histoire des mesures d'audience de la radio et de la télévision*, Paris:Economica, 2010.

接下来这本书是最优秀的受众经济学专家之一菲利普·N. 南波利(Philip N. Napoli)的作品:Philip N. Napoli, *Audience Evolution: New Technologies and the Transformation of Media Audiences*, New York(N. Y.), Columbia University Press, 2010.

● 这篇文章是互联网历史上最著名,也是被引用次数最多的文章。1998年,在澳大利亚布里斯班举办的国际万维网大会(WWW Conference)上,PageRank算法的设计者对该算法做了介绍:Sergei Brin, Larry Page, «The Anatomy of a Large-scale Hypertextual Web Search Engine», Seventh International World-Wide Web Conference(WWW 1998), Brisbane, 14–18 avril 1998, http://ilpubs. stanford. edu:8090/361/1/1998-8. pdf

另外还有一段视频,在该视频中,年轻的拉里·佩奇和谢尔盖·布林讲述了谷歌的起步阶段,并设想了搜索引擎的未来:«Larry Page and Sergey Brin Interview on Starting Google(2000)»(18′46), https://www. youtube. com/watch?v=tldZ3lhsXEE

● 这篇文章分析了科学技术的历史,内容丰富,从网络理论史角度阐释了

PageRank 的文化根源：Bernhard Rieder, «What is in PageRank? A Historical and Conceptual Investigation of a Recursive Status Index», *Computational Culture*, 2, 2012, http://computationalculture.net/what_is_in_PageRank/

Dominique Cardon, «Dans l'esprit du PageRank: Une enquête sur l'algorithme de Google», *Réseaux*, 177, 2012, p. 63‑95.

● 这篇文章被广泛引用，它分析了谷歌对语言行使的权力。通过组织对关键词的投机活动，谷歌发明了"语言资本主义"。作者弗里德里克·凯普兰（Frédéric Kaplan）是洛桑联邦理工学院数字人文教席主任：Frédéric Kaplan, «Google et le capitalisme linguistique», https://fkaplan.wordpress.com/2011/09/07/google-et-le-capitalisme-linguistique/

● code.org 网站上的一段视频通俗易懂地介绍了搜索引擎的工作方式：«The Internet: How Search Works» (5´12), Code.org, 13 juin 2017, https://www.youtube.com/watch?v=LVV_93mBfSU&t=8s

还有另外一段视频介绍了谷歌算法的工作方式，这段视频的解说稍显复杂，但还是比较容易理解的。马特·卡特（Matt Cutts）是谷歌搜索引擎团队的主要负责人之一，这段视频就是由他讲解的 (7´45)：https://www.youtube.com/watch?v=KyCYyoGusqs

● 这本经典著作出色地讲述了早期搜索引擎的传奇故事，以及谷歌当初如何降临搜索引擎市场。该书特别强调信息搜索功能在数字经济中的决定性作用：John Battelle, *La Révolution Google: Comment les moteurs de recherche ont réinventé notre économie et notre culture*, Paris, Eyrolles, 2006 [*The Search: How Google and Its Rivals Rewrote the Rules of Business and Transformed Our Culture*, New York (N. Y.), Portfolio, 2005]；Guillaume Sire, *Les Moteurs de recherche*, Paris, La Découverte, coll. «Repères», 2016.

● 有很多优秀著作将谷歌作为研究对象，其中一本著作详细而生动地回

第六章 大数据和算法

顾了谷歌在不同时期的发展历程，如 PageRank 的发明、谷歌起步阶段的"车库"、谷歌创始人对广告和市场营销的蔑视、谷歌早期服务在世界范围内的发展、谷歌收购 YouTube、谷歌对科学的推崇、谷歌退出中国市场等等：Steven Levy, *In the Plex: How Google Thinks, Works and Shapes Our Lives*, NewYork (N. Y.), Simon & Schuster, 2011.

这本书独树一帜且十分精辟，它用批判性视角回顾了谷歌的发展历程：Ariel Kyrou, *Google God: Big Brother n'existe pas, il est partout*, Paris, Inculte, 2010.

声誉和预测

373

声誉和预测（见表 6-1）是信息排名原则的第三种和第四种类型，它们的特点在于不同用户看到的排名不一样，相反，如果以受欢迎度和权威性为基础对信息进行排名，不同用户看到的排名结果是一样的。海量信息的出现使网民共用的信息空间呈爆炸式增长。目前，不同用户看到的排名结果各不相同。在电脑或手机屏幕上，不同用户会看到不同的信息，原因在于根据用户朋友圈的构成，社交媒体的声誉测量结果也不同；根据用户数字活动留下的痕迹，推荐系统对每个用户的预测结果也不同。

这种变化在数字世界发挥着越来越强大的作用，并引发了与个人数据保护有关的关键问题。平台和互联网用户共同破坏了通用信息排名的理念，使对信息的个性化浏览成为可能。然而，为实现搜索结果的个性化，算法需要个人数据，而算法在产生通用信息排名时是不需要个人数据的。

374　　　个性化趋势既是可用信息爆炸性增长的结果，也回应了当前的社会期望，因为在我们所处的社会，人们的选择和兴趣越来越个性化。从这个意义上说，网上出现的新算法反映了社会和文化的动态变化，这种变化促使网民摆脱了传统媒体的权威，他们自己决定他们感兴趣的信息，而不是忍受那些在他们看来无聊、平淡、反映大众口味、类似标准件一样的信息。

　　　沿用我们先前的比喻，在第三种计算类型中，算法被置于数据之内。这种算法遵循的排名原则是声誉，它有三个特点值得关注。第一个特点是：在社交网络上，用户根据趣缘原则选择自己的利基（niche）。通过关注某些好友，他们实际上定义了一个范围、一个窗口、一个信息生态系统。他们在新闻推送中接触到的信息取决于这个初始选择。信息空间不再是一个所有人都可自由出入的广阔、平滑的空间，而是变成一系列相互叠加的信息利基，后者根据用户的选择而形成。

　　　第二个特点是：根据病毒式传播机制，信息在不同利基之间传播，这种信息传播机制与声誉密切相关，不仅包括内容的声誉，也
375　包括信息传播者的声誉。社交平台设立的所有机制，其目的都是将流通的信息和用户的个人资料相结合，从而产生量化的测量结果。在推特上，如果你分享了一个链接而不写任何评论，那么该链接的转发量不会太高；如果你分享时加了一句话来表达你的看法，该链接的转发量就会提高。脸书的点赞功能是最好的例子。当网民用点赞的方式表达对某篇文章的喜欢时，他其实是在提高计数器的数值，提高信息的质量。同时，用户也是在给自己点赞，因为这些信

第六章 大数据和算法

息会在其朋友圈中显示出来。调查显示,在社交网络上分享信息的行为并不是偶然发生的,被分享的信息塑造了我们的声誉和我们希望展示给他人的形象,它们有助于塑造我们的数字身份。在社交网络上选择分享哪类信息遵循一种声誉逻辑,而声誉是可以计算的。

第三个特点是:用来衡量声誉的指标是可见的。谷歌把自己的算法隐藏在网络上方,防止用户想出欺骗它的办法;而社交网络的衡量指标内嵌于网络,使用户可以自己衡量自己的声誉。脸书、推特、Pinterest 和 Instagram 上都布满了数字和小计数器,借用加布里埃尔·塔尔德的话说,它们就是"荣耀计数器"。好友的数量可以反映个人社交网络的规模;通过发布大量被其他网民评论或转发的内容可以获得声誉。另外,网民的名字被其他网民提到的次数、网民对某些商标表达的积极或消极情绪等都可以用来衡量声誉。

声誉指标所衡量的是网民能否成功地使其他网民在网上转发自己发布的信息。影响力始终是一个比值,即你认识的人的数量和认识你的人的数量之比(见图6-4)。例如,我们在推特上可以看到以下大反差:没有影响力的人关注很多人,却极少被人关注;有影响力的人不太关注别人,但是被很多人关注。在这一领域也出现了一个新市场,即社交媒体监听(social media listening)或曰社交媒体监测(social media monitoring),帮助企业在大型智能仪表盘上看到公司发布的信息在网络上产生的影响,识别出有影响力的人,尤其是观察网民发布的反馈信息,特别是当企业营销策略失当的时候。

图 6-4 "荣耀计数器"冠军

在推特上，爱德华·斯诺登只关注美国国家安全局一个账号，而他自己的账号却有 390 多万名粉丝。

计数器无处不在，它激励网民使用各种策略提高自己的排名。当把权威性作为信息排名的标准时，可见度是争取来的，它看上去是"自然"的。但在数字趣缘的世界里，可见度是人为制造出来的。在数字实践中，人们经常会有策略性地采取一些措施提高声誉，提高计数器显示的结果。正如"电子声誉"管理教科书所建议的那样，为提高推文被转发的可能性，人们不应该在周五傍晚发布推文，而应该在周一上午 11 点发布。由于计数器内嵌在网络之中，且每个人都能看到，这就使网民时时刻刻都在计算声誉。用来衡量声誉的指标并不能反映现实，它们产生的是一些信号，帮助网民指导自己的行为，从而提高可见度。社交网络上的社会变成了一个巨型基准测试。

无论衡量声誉的方法多么新颖，它们受到的批评都越来越强

第六章 大数据和算法

烈。首先，由于社交网络将公共空间分割成无数个小圈子，社交网络受到的批评就包括它将用户封闭在一个个"气泡"之中。在2011年出版的《过滤泡》[1] 一书中，作者伊莱·帕里泽（Eli Pariser）所持的就是这种观点。帕里泽认为，网民朋友圈里的朋友或多或少相似（即所谓的"同质性"）；品味、兴趣和观点相似的人更容易聚在一起。因此，以数字趣缘为基础的算法为网民划定了可见度窗口，使他们更容易被具有相同社会背景的网民看到，但这类算法却有可能使网民看不到令他们意外、担忧或与他们的先入之见相矛盾的信息。选择性曝光原则进一步强化了这种效果。对信息实践的研究也揭示了这一典型现象。这种现象表明，人们会优先阅读与自己观点相近的媒体（这并不新鲜：《费加罗报》的读者就很少阅读《人道报》）。同质性和选择性曝光同时起作用，关闭了用户的信息窗口，使用户的信息空间变得千篇一律。此外，算法决策也在起作用，而算法的参数是不断变化的，且不为人知。这是否意味着数字技术减少了网民所能接触到的信息的多样性？这是否意味着尽管网络上的信息量越来越大，公民获取的信息反而不如在报纸时代和电视时代那样丰富？在推特和脸书上，学者针对"过滤泡"或"信息茧房"开展的调查显示，大多数时候这些气泡基本上都能被戳破。在这场辩论中，人们似乎忘记了网民可以通过多种渠道获取到多样的、相互矛盾的、多途径传播的信息。尽管如此，我们仍然需要关注信息的多样性，对算法的影响保持警惕。

---

[1] 中译本《过滤泡：互联网对我们的隐秘操纵》已于2020年由中国人民大学出版社出版。——译者注

在第四种算法类型中，预测技术的推广者提出了另一种批评意见，目的是证明自己收集用户行为数据的行为是合理的。他们认为，社交网络上对声誉的细微评价往往过于矫揉造作，过于深思熟虑，而且最重要的是，这些评价过分受到语境的影响，以致不可能完全符合实际。人们宣称要做的事和实际做的事是不一样的。例如，研究表明，自称收看法德合资公共电视台（Arte）[①]的人数与该电视台的实际收视率之间存在相当大的差距。推文和脸书上的状态更新并不能很好地用来预测选举结果、电影票房或公司股价等集体性现象，因为它们缺乏代表性。虽然这类信息确实反映了网民的愿望，但要想了解网民的实际行为，这类信息并不构成优质数据。

基于这种批评意见，第四种算法类型应运而生：个性化预测。在这种算法类型中，算法在网络下"爬行"，尽可能低调地记录互联网用户的轨迹，目的是像亚马逊和Netflix的推荐系统那样，生成推荐建议，促使用户以这种方式而非其他方式行事。如果算法以信息的受欢迎度和权威性作为信息排名的依据，那么所有网民看到的排名结果都一样。以声誉作为排名依据的算法为用户的朋友圈和粉丝服务，而个性化预测只为用户一个人服务，例如用户和他的邻居看到的信息景观就不一样。

用来做个性化预测的算法会比较某个网民的活动轨迹和其他进行过相同活动的网民的活动轨迹，从而计算出该网民从事某项新活动的概率，因为和他类似的网民已经进行过这项新活动。在算法领域，这类方法被称为"协同过滤"：通过了解与网民A相似的其他

[①] 法德合资公共电视台是法国和德国合办的电视台，以播放文化类节目为主。——译者注

第六章　大数据和算法

网民的过去，就可以预测网民 A 的未来。在对信息进行分类时，人们不再需要了解文档内容、专家意见、受众规模、社群认可度或用户好友的偏好。借助数据记录技术（这类技术会最大限度地接近用户行为），用户画像可以被计算出来。

为开展这些计算，我们需要获取用户的行为数据，以及用户在不知情的情况下在平台上留下的大量痕迹：互联网浏览记录、地理位置跟踪、超市收银台收据、汽车底部用来记录驾驶行为的探针、用户睡眠记录。如今还出现了能记录用户活动及其周围环境的通信对象（communicating objects）。例如，亚马逊不仅知道用户在其平台上购买了哪些书籍，还能分析电子阅读器保存的有关阅读速度的痕迹：书籍是否被完整阅读，某些章节是否被跳过，等等。《傲慢与偏见》是简·奥斯汀(Jane Austen) 的名著。一项研究表明，读者阅读较快的章节是性感的达西（Darcy）出现的章节（见图 6 - 5）。

简·奥斯汀《傲慢与偏见》一书的平均阅读速度

A 达西出现在舞会上
B 达西交给伊丽莎白一封信
C 达西和伊丽莎白接吻

25 000　　50 000　　75 000　　100 000　　MOTS

■ 提到达西先生的地方　　—— 阅读速度

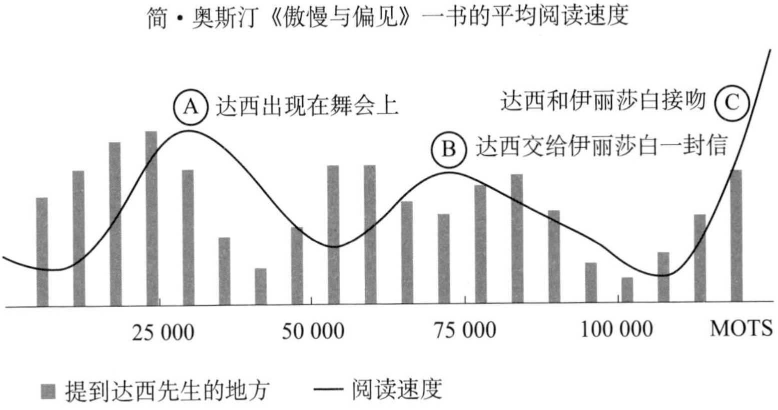

图 6 - 5　达西效应
电子阅读器跟踪用户行为，这对服务提供商来说是具有决定性意义的信息。例如，这些数据显示，阅读简·奥斯汀的《傲慢与偏见》的读者在达西这个人物出现时会加快阅读速度。

299

382 　　为了证明开发预测技术的合理性，利用大数据设计新算法的工程师们试图否定人类判断。他们认为：人类缺乏智慧和洞察力；所做的估计总是过于乐观；安于现状，不能预测未来的影响；做决定时任由自己被情绪操纵；互相受到对方的影响，不能进行概率推理。那些支持开发大数据的人大量借鉴了行为心理学和行为经济学的研究成果，认为我们只应相信人们的实际行动，而不应相信他们在社交网络上自我表达时宣称要做的活动。从大量行为痕迹中观察到的整体性规律可以帮助预测用户真正要做的事情。预测性质的算

383 法不能预测用户声称做什么事，而是预测他们实际做什么事，尽管用户可能自己也不知道实际会做什么事。如今，这类技术正在经历重要变革。它们使用的特殊统计方法，即机器学习，长期以来所产生的结果虽然有趣，但并不引人注目。现在，预测类机器的最新进展正在彻底改变它们渗透人类社会的方式。令人惊讶的是，人们把这类技术称为"人工智能"。

【看·听·读】

● 这本专著发起了关于"过滤泡"的公共讨论：Eli Pariser, *The Filter Bubble: What the Internet is Hiding from You*, New York (N. Y.), Penguin Press, 2011.

在伊莱·帕里泽的一次 TED 演讲中，他着重阐述了这个论点："Beware Online "Filter bubbles"», https://www.ted.com/talks/eli_pariser_beware_online_filter_bubbles

● 在个性化预测领域，这是第一篇分析 Netflix 的算法如何运转的文章。一直以来（至少到 2014 年），Netflix 的算法都把电影一帧一帧地分解开，然

第六章 大数据和算法

后添加比传统分类法（如喜剧片、动作片、悲剧片等）更为详细的描述，目的是给用户推送更为个性化的影片：Alexis C. Madrigal, «How Netflix Reverse-Engineered Hollywood», *The Atlantic*, 2 janvier 2014, https://www.theatlantic.com/technology/archive/2014/01/how-netflix-reverse-engineered-hollywood/282679/

● 关于脸书的算法如何控制新闻推送，以及怎样免受控制，可参见：Louise Matsakis, «How to Take back your Facebook News Feed», *Wired*, 2018, https://www.wired.com/story/take-back-your-facebook-news-feed/

● 这本书分析了网络流行文化以及要在网络世界出名的各种策略。这本书让人困惑，充满讽刺意味，但内容丰富，其作者是最早使用"smart mobs"一词的学者之一：Bill Wasik, *And Then There This: How Stories Live and Die in Viral Culture*, New York(N. Y.), Viking, 2009.

要了解整合受众的方法，可参见：Howard Rheingold, *Smart Mobs: The Next Social Revolution*, New York(N. Y.), Basic Books, 2002.

● 关于大数据和统计预测的著作浩如烟海。这本书的作者是一位数据挖掘专家，他以先知的口吻细数了使用预测技术的行业，分析了预测技术在市场营销、人力资源、安全或司法等领域的应用：Ian Ayres, *Super Crunchers: Why Thinking-by-Numbers is the New Way to be Smart*, New York(N. Y.), Random House, 2007.

另外还有一本学术著作体现了数据分析的行为主义转型。其作者是一位利用海量数据进行社会学研究的物理学家：Alex Pentland, *Social Physics: How Good Ideas Spread. The Lessons from a New Science*, New York(N. Y.), Penguin, 2014.

● 这本书分析了统计如何被用作基准测试的工具：Isabelle Bruno, Emmanuel Didier, *Benchmarking: L'État sous pression statistique*, Paris, Zones, 2013.

接下来这篇重要的社会学文献分析了衡量工具如何改变了那些自知被计算器计算的网民的行为：Wendy Nelson Espeland, Michael Sauder, «Rankings and Reactivity: How Public Measures Recreate Social Worlds», *American Journal of Sociology*, 113(1), 2007, p. 1 - 40.

● 关于电子阅读器如何测量读者阅读简·奥斯汀的小说时的速度，可参见：https://www.infodocket.com/2014/04/27/analytics-how-we-read-jane-austens-pride-and-prejudice/

人工智能

以下是人类社会的新幻想：人工实体将和人类朝夕相处，它们将能够处理令人难以置信的海量信息，操作大型技术系统，提出科学假设，并在多种策略之间进行权衡。更妙的是，它们可以和人类对话，有情感和意识，就像著名电影《2001：太空漫游》中出现的人工智能 HAL 一样。这部电影是斯坦利·库布里克（Stanley Kubrick）于 1968 年拍摄的，在电影中，为确保太空任务能继续下去，必须牺牲人类，所以人工智能 HAL 出现了。在斯派克·琼斯（Spike Jonze）的电影《她》中，我们也看到了对于人工智能的想象。主人公西奥多（Théodore）爱上了人工实体萨曼莎（Samantha），而萨曼莎是一个操作系统，由斯嘉丽·约翰逊（Scarlett Johansson）为其配音。萨曼莎开始学习人类的感觉、行为和情感，然后抛弃了西奥多，加入了一个由操作系统组成的社群。尽管萨曼莎是在人类社群的帮助下才获得了超人发展，但和不幸的人类社群相比，操作系统社群更丰富，更有利于萨曼莎实现自身价值。

第六章 大数据和算法

科幻小说中那些引人入胜的描写大多具有误导性。实际上，HAL和萨曼莎完全不同于今天的"智能"机器。新一代算法具有的强大功能让"人工智能"这个古老概念重新焕发出生机。为严谨起见，我们最好还是用"机器学习"（machine learning）这个词来描述我们今天正在见证的技术突破。在很大程度上，这种技术突破得益于计算机算力的提高（这要归功于新型显卡）和海量数字数据的可获得性。在各种学习技术中，基于神经网络的深度学习（deep learning）实际上是"人工智能"一词重新出现在当代词汇中的主要原因。

为了理清脉络，我们先来解读一下人工智能跌宕起伏、矛盾重重的历史。1950年，艾伦·图灵发表了一篇文章，首次提出了机器智能的说法。图灵还发明了一种测试，即"图灵测试"或者叫"模仿游戏"。在这个测试中，如果一台机器能够欺骗与它交谈的人类用户长达5分钟，而用户却没有意识到自己是在同机器交谈，那么这台机器就被认为是智能的。判断理由就是机器能如此聪明地模仿人类的推理方式，以至于能骗过人类。但严格说来，"人工智能"一词是由计算机科学家约翰·麦卡锡在1956年提出来的，当时麦卡锡正参加在达特茅斯召开的研讨会，与会者还包括马文·明斯基（Marvin Minsky）和赫伯特·西蒙（Herbert Simon）。三人后来均成了人工智能之父。

20世纪60年代，斯坦福大学有两个计算机科学实验室针锋相对：约翰·麦卡锡领导的斯坦福人工智能实验室和道格拉斯·恩格尔巴特领导的增强研究中心，恩格尔巴特是我们在第一章提到的

"一切示范之母"的作者。在那个思想激荡的年代,麦卡锡和恩格尔巴特提出了两种截然不同的概念,用来解释计算机和社会的关系。我们还记得恩格尔巴特将计算机看作一种假肢,能让人类变得更聪明(计算机"增强"了人类)。相反,麦卡锡主张应该让电脑变得更智能,他希望制造出会说话、会推理、有生命的自动机器人。这些机器人将像超人一样,在越来越复杂的活动中取代人类,代替人类做决定,甚至会在某一天发展出意识。自主机器的概念长期以来一直主导着人工智能的发展,但却没有取得多大成功。截至目前,数字技术的发展证明获胜方是恩格尔巴特和他的机器增强人类计划。历史是否正在再次改变方向?机器真的会像明斯基和麦卡锡想象的那样变得智能吗?

人们常把人工智能的发展史比作季节更替,希望和失望交替出现。如果说它现在正经历第三个春天,那是因为它已经走过了两个严冬。最初的成功浪潮之后,人工智能在20世纪60年代末逐渐消退;20世纪80年代它引发了相当大的热情,然后在20世纪90年代初再次溃败。每一次浪潮都与当前的狂热氛围相似:对智能机器大加推崇;对工作自动化展开热烈的讨论;报纸头条纷纷拉响警钟,认为发展出自我意识的人工智能将控制人类社会;大量资金投入人工智能;企业预言人工智能将改变世界面貌。然而,如果我们认为今天发生的一切只是对前两次浪潮的复制粘贴,那就大错特错了,因为在此期间,人类对机器智能的定义已经发生了翻天覆地的变化。

前两次人工智能浪潮,即20世纪60年代和80年代的人工智

第六章 大数据和算法

能，在本质上都是"象征性"的。以《2001：太空漫游》中的 HAL 为例，开发人工智能的科学家们设想可以将人类认为自己具备的推理能力转移给机器，他们希望计算机也能具备自然推理的形象思维和抽象思维形式。20 世纪 80 年代，这种做法被称为"专家系统"——计算机科学家们编写了一系列程序，这些程序包含了非常复杂的推理规则，例如将医生的诊断规则分解为以下步骤：询问病人一些情况，如果病人说 A，那么测量常数 C，如果常数 C 大于 75，那么询问病人是否有某种家族病史，如果有，再进行下一个步骤，以此类推。一旦这些推理规则被输入到机器上，机器就应该能够像医生一样诊断病情，做出决定。然而，让机器进行推理的想法从未成功付诸实施。"专家系统"并未成为现实，开发"专家系统"的公司破产了，研究资金也枯竭了。人工智能由此进入第二个寒冬，到 20 世纪 90 年代已奄奄一息。

让机器进行逻辑推理，这个想法出了什么问题？很简单：人类的思维方式是不可复制的。人类很难明确说出自己是根据何种推理规则做决定的，因为人类的判断受到情感、非理性因素、与环境有关的具体因素，以及一系列隐性因素的影响。简而言之，人类的决策过程不能通过流程化的规则来解释。尽管"专家系统"的推理的确具有逻辑性，但如果将"专家系统"应用到具体社会生活中，它们的逻辑就会显得冷酷、笨拙、不知变通。智能机器置身其中做决定、运输、在诸多信号之间做判断的社会世界是多变的、多样的，社会环境几乎每时每刻都在变化。当机器下象棋或下围棋时，它是在一个封闭的、有边界的、简单的世界中进行推理，无须关注情境的多变性。但社会并不是一个行棋的棋盘。

390　　很多学者批判了这种"让机器进行自主推理"的观点，特别是休伯特·德雷福斯（Hubert Dreyfus），他在《计算机不能做什么》一书中提出了这类批评意见。不过，在计算机发展史上，另一种截然不同的智能机器概念出现了：与其让机器通过消化各种程序实现智能化，不如让它以数据为基础自主学习。机器直接学习特定类型的数据，因此这类方法被称为"机器学习"。

　　我们来看一个例子。我想编写一个程序，将华氏度转换成摄氏度。要做到这一点，有一个简单的规则：从摄氏温度中减去32，然后将结果除以1.8（9/5）。人工智能的符号学习方法就是把这条规则教给机器。机器学习方法则提出了完全不同的解决方案：我们无须把这条规则输入到机器中，而只需给它提供摄氏度对应华氏度的示例；我们把示例列表中的数据传给机器，机器利用这些示例可以自己找出换算规则。这个非常粗浅的例子解释了机器学习方法的工作原理。我们今天谈论人工智能时，主要就是指这些方法。

391　　近年来机器学习已经取得了长足进步，这从机器翻译的例子中可以看出来。以前，我们曾试图教给机器一系列复杂的规则，让它同时了解词汇、语法、句法和一整套"本体论"意义字典，使它能够像语法学家一样进行推理。21世纪头十年，IBM和谷歌先后改变策略，从计算机程序中删除了所有符号学习规则，代之以非常强大的统计计算环境，使机器能够从人类翻译的文本实例中学习。欧盟委员会每天都会用25种语言发布文件，自动翻译机器"吞下"所有这些文本，以改善计算模型。机器不再试图理解语法，而是对

306

第六章 大数据和算法

最佳范例进行概率评分。

关于人工智能的一般原理就讲到这里。更具体地说,我们目前看到的惊人进步都归功于各种人工学习技术中的一种:以神经网络为基础架构的深度学习。这并不是什么新想法。早在1943年,沃伦·麦卡洛克(Warren McCulloch)和沃尔特·皮茨(Walter Pitts)就在他们的著名文章《神经活动中的思想逻辑计算》中提出了这一观点。两位作者建议用数学方法重现神经元的活动。神经元的活动方式如下:当神经元突触接收到的不同信息流达到一定的电阈值时,神经元就会兴奋起来。20世纪50年代末,美国心理学家弗兰克·罗森布拉特(Frank Rosenblatt)根据神经网络原理设计了一台名叫 Mark I 的大脑机器。以神经网络内的分布式计算为基础,这台大脑机器能够识别图像中的不同形状。为了让这台机器正常工作,罗森布拉特还发明了感知机(Perceptron),它实际上是一种算法,用来调整突触所传输信息的权重,为当前人工智能技术的发展提供了灵感。

由于当时技术条件的限制,这类学习机器的实际应用非常稀少。20世纪80年代,符号主义人工智能的倡导者认为以下观点是不切实际的,并将其束之高阁:人工智能应该是"联结主义"的,应该重现人脑的感知机制。然而,如今在舞台上大放异彩的恰恰是联结主义人工智能。

深度学习是如何实现的?它其实借鉴了生物学:深度学习在计算领域再现了大脑神经元和突触的工作方式。人们用最基础的方式分解数据,使其成为输入数据。例如,对于图像来说,人们将红、绿、蓝这三种颜色用数字来代替，通过这种方式将像素信号分解开来。每个输入数据通过突触与神经元相关联，而神经元就像一个只有两个数值的机器人，根据突触被赋予的系数，神经元向 0 或 1 的方向移动。然后，第一层神经元通过新的突触连接到另一层神经元，这些突触也被赋予了系数，从而使新一层神经元向 0 或 1 的方向移动，以此类推。人们可以增加或减少隐藏的神经元的层数，因为在使多层神经元工作之后，人们有特定的目标需要完成。这就是所谓的监督学习，因为是人类告诉机器图像中是否有"猫"。现在我们将成千上万张猫的图片输入神经网络，借助某种简单又神秘的统计工具，突触的系数会自动调整，以向神经网络传授"猫"的形状。一旦神经网络学会了这个形状，它就能识别哪些图片上有猫，哪些图片上没有猫。这种简单又神秘的统计工具就是"梯度反向传播算法"（gradient backprop algorithm），它是大卫·鲁梅尔哈特（David Rumelhart）和杰弗里·欣顿（Geoffrey Hinton）在 1986 年开发出来的，尽管在此之前其他学者也曾设想过这种算法。梯度反向传播算法可以分配神经网络突触所有系数的权重，这就产生了一种非常特殊的模型（见图 6-6）。

通过对深度学习的工作原理的简洁描述，我们需要记住的是，神经网络学习到的猫的模型并不是对猫的描述，这和符号主义人工智能不同，因为后者试图描述猫的特征："猫的身体长度在 20 到 40 厘米之间，它有四条腿，它的耳朵是尖的，它有胡须"。神经网络学习到的猫是一个巨大的系数矩阵，系数是对突触的权重的量化。如果神经网络有一个盖子，打开它以后你看到的不是一只猫，你也

第六章 大数据和算法

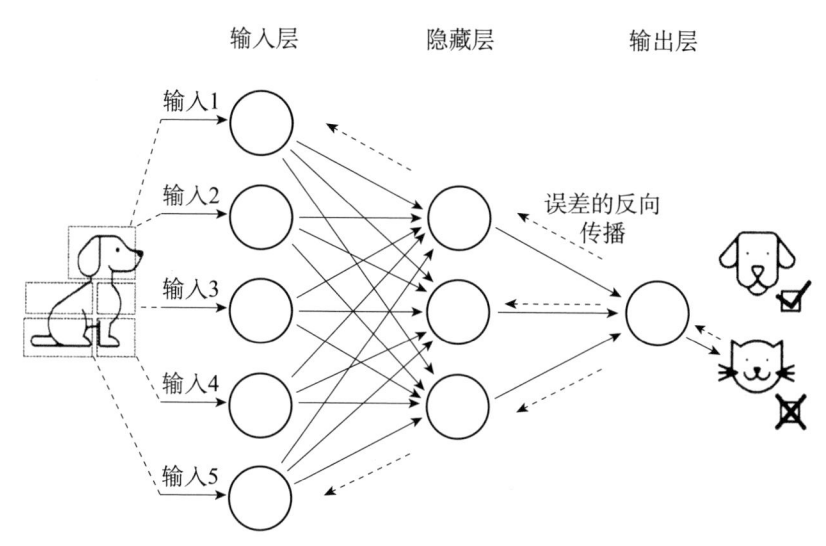

图 6-6 是狗不是猫

深度学习方法（或称神经网络）的工作方式如下：将输入数据分解开来，以获得尽可能细的粒度（在本例中，即图像的像素），并设定输出目标（在本例中，输出目标为：这是不是猫？）。在输入和输出之间，根据连接神经元的突触的系数，多层神经元会被激活（或不激活），被激活的神经元有成千上万个。在后台工作的算法会调整突触的系数，然后形成一个对应特定模型（在本例中指猫的模型）的大型数字矩阵，使机器能把图像中的猫识别出来。

难以理解猫是如何转化为数字矩阵的。这是一个真正的黑匣子。克里斯·安德森在其著名文章《理论的终结》中宣布了"理论的终结"。这篇文章发表之后，许多学者表示惋惜，因为新出现的计算形式不再能帮助我们理解世界。我们知道神经网络是高效的，但却不知道它们为什么高效。我们给机器提供输入数据，并给出输出目标，但在两者之间，我们很难理解机器是如何做出预测的（就连程序员自己也并不晓得计算是如何进行的）。不过，目前学者们确实想方设法，努力让神经网络的工作变得可以解释。

深度学习目前正在取得突破性进展，它使机器能够识别图像、读取电子邮件地址、识别垃圾邮件。我们看到人工智能将发挥决定性作用的领域正不断增多：机器翻译一夜之间取得了惊人的进步；无人驾驶的汽车性能越来越好；机器人对环境的感知能力大幅提高；语言和文案的生成能力也大大增强；等等。机器能很好地执行感知声音、图像或语言的任务。相反，它们很难执行推理和其他复杂的任务，必须结合传统的符号主义人工智能的规则才可以。

目前的机器学习都是"监督学习"，在这种模式下，人们给机器指定一个目标（例如告诉机器"这是一只猫"），使机器能够学习猫的模型。然而尚未有人设计出无监督的人工智能。对自己学习过的领域，机器十分专业。然而，如果把"智能"理解为可以运用多种启发式学习方法、多种解释框架、多种世界观的能力，换句话说，如果把智能理解为一种以综合性而非模块化方式进行预测的能力，那么目前的机器还不能被称为智能机器。

人工智能的历史告诉我们，技术创新的轨迹从来都不是一条直线。它总是会走弯路，总是会遇到岔路口。一些研究策略会走入死胡同，而另一些被认为没有前景的研究策略则会柳暗花明。技术就是这样的。某些学者预测 2025 年时自主的人工智能将会来临，例如超人主义者就秉持这样的信念，他们是雷·库兹韦尔（Ray Kurzweil）的奇点理论的支持者。对这些学者，我们的回应是科学发展遵循的路径要比简单的直线更新颖、更微妙。

【看·听·读】

● 这本书回顾了人工智能的特殊历史进程。它以两个学派的对立为主线，

第六章 大数据和算法

一个学派主张要让机器变得更智能,另一个学派主张要借助机器使人变得更智能。同时,这本书全面介绍了机器人技术的发展:John Markoff, *The Machine of Loving Grace:Between Human and Robots*, New York(N. Y.), Harper-Collins, 2015.

- 这本书强烈批判了 20 世纪 60 年代和 80 年代的人工智能技术,引发了广泛的哲学思考。它促使学者深思符号主义人工智能失败的原因:Hubert C. Dreyfus, *What Computers Can't Do: The Limits of Artificial Intelligence*, New York(N. Y.), Harper & Row, 1972.

- 这篇文章回顾了符号主义(机器借助符号和规则进行推理)和联结主义(在分布式的、模仿人类神经元运转的统计系统中,机器开展基础运算)冲突的历史:Dominique Cardon, Jean-Philippe Cointet, Antoine Mazières, «La revanche des neurones: L'invention des machines inductives et la controverse de l'intelligence artificielle», *Réseaux*, 211, 2018, p. 173 - 220.

- 这篇文章引发了关于"理论的终结"的讨论。作者指出,对新一代计算机而言,即使人类不对数据做出假设,机器也能计算出结果;机器在没有理论指导的情况下也能高效运转:Chris Anderson, «The End of Theory:The Data Deluge Makes the Scientific Method Obsolete», *Wired*, 16 juillet 2008, https://www. wired. com/2008/06/pb-theory/

- 这篇发表在《纽约时报》上的长文报道了谷歌自动翻译系统发生的惊人变化:当工程师们在自动翻译系统中使用深度学习技术以后,该系统的性能一夜之间就提高了:Gideon Lewis-Kraus, «The Great AI Awakening», *New-York Times*, 14 décembre 2016, https://www. nytimes. com/2016/12/14/magazine/the-great-ai-awakening. html? smprod = nytcore-ipad&smid = nytcore-ipad-share&_r=0

- 这里有两段视频可以帮助读者了解深度学习的工作方式。

数字文化

第一段视频很简单，讲述了机器怎样利用数据学习：CGP Grey, «How Machines Learn»（8′），https://www.youtube.com/watch?v=R9OHn5ZF4Uo

第二段视频更清楚、详细，它介绍了深度学习的机制，特别是梯度下降法，后者是神经网络机器学习使用的统计机制的核心：Brandon Rohrer, «How Deep Neural Networks Work»（25′），https://www.youtube.com/watch?v=ILsA4nyG7I0

● 这本书毫不留情地批判了奇点理论，用现实主义的眼光审视了人工智能取得的进步，内容丰富。这本书的作者是人工智能领域最优秀的专家之一：Jean-Gabriel Ganascia, *Le Mythe de la singularité: Faut-il craindre l'intelligence artificielle?*, Paris, Seuil, 2017.

● 这本书虽然很专业，但清楚易懂，它详细介绍了机器学习的不同类型（符号主义、模拟主义、联结主义、贝叶斯主义等），分析了机器学习的进步引发的技术问题（主要是统计技术），是一本不可多得的人工智能入门书籍：Pedro Domingos, *The Master Algorithm: How the Question for the Ultimate Machine Will Remake Our World*, Londres, Penguin Random House UK, 2015.

● 这本书介绍了自动化引发的社会讨论，书中包含丰富的实例：Nicholas Carr, *Remplacer l'humain: Critique de l'automatisation de la société*, Paris, L'échappée, 2017［*The Glass Cage: Automation and Us*, New York（N.Y.），W. W. Norton & Company, 2015］。

算法审计

算法已经替人类做了许多决定：我们看到的信息就是算法进行选择、分类和推荐的结果。在线下世界，算法还根据申请贷款者的个人资料设定贷款利率，将学生的名字录入这所或那所大学，或者

第六章　大数据和算法

在候诊的病人中优先安排肾脏捐献者就诊。在不久的将来，算法还将在爆发战争的情况下替人类做出生死攸关的决定。它们将驾驶汽车、撰写文章或电影剧本、创作歌剧、确定罪犯刑期。如果我们将如此重要的决定交给算法，那么同样重要的是，我们必须能解释、理解并评价算法的工作。在这样的社会背景下，算法审计和算法监管日益受到关注。我们希望被谁计算以及如何计算？我们希望在多大程度上对算法决策施加控制？我们不想让算法计算哪些方面？在这些问题中，有一些问题是伦理的、政治的、哲学的，它们事关人类最基本的生活选择，但显得比较抽象，属于人类对未来的一种预期；另一些问题则具体而紧迫，并涉及法律，这是因为对数字数据的计算在很大程度上是隐蔽的、难以解释的，而且威胁公民隐私，并可能造成歧视。

鉴于算法对人的控制，人们首先提出的一项要求就是算法应该透明。虽然平台要求网民将自己所有的数据交给平台，但大多数平台并不透明，对自家的算法如何计算，平台守口如瓶。尽管对透明度的要求十分重要，但这项要求越来越不足以确保对算法的有效监督和对平台的监管，因为通过阅读代码，我们不一定总能发现它们造成的不良影响。要理解这个问题，我们首先要澄清三点。

第一，我们应根据什么原则监管算法。最初我们因搜索引擎缺乏中立性而批评它们，认为搜索引擎扭曲并操纵现实，对信息的表述不客观、不真实。然而我们能否就以下问题达成一致意见：当谷歌发布信息时，它遵循哪种信息等级才是正确的？辩论经常陷入这种困境之中。被设计出来的算法本来就是要根据各种标准对信息进行选择、排序和过滤，所以要求算法保持中立似乎是徒劳无功的事情。因此，在有关平台监管的讨论中，"忠诚"（loyalty）的概念取代了"中立"（neutrality）的概念。根据"忠诚"原则，平台必须言行一致。"忠诚"的概念是法国国家数字委员会（Conseil national du numérique）和国家行政法院（Conseil d'État）在其报告中提出来的，如今已成为欧盟讨论数字问题使用的关键词。

在哪种情况下一项服务是不忠诚的？在以下情况下，在线书商服务是不忠诚的：在线书商推荐我购买一些书，并声称和我买过同一本书的顾客曾购买过这些被推荐的书，而实际上这些顾客并没有买过这些书。在以下情况下，机票预订服务是不忠诚的：当意识到用户别无选择，只能乘坐某个航班时，平台提高了该航班的价格。在以下情况下，出租车预订服务是不忠诚的：它在地图界面上显示"幽灵车"，让用户误以为附近有车可用。诸如此类的可疑情况越来越多。因此，服务提供商必须向用户解释自家的算法在决策时优先考虑哪些因素；同样，用户和监管机构必须能够完全独立地核查是否某些隐藏的利益、偏袒或规则扭曲会改变所提供的服务。欧盟新出台的《通用数据保护条例》包含的"算法决策可解释性"体现的就是这种要求。

第二，正如法兰西学院计算机科学教授热拉尔·贝里（Gérard Berry）喜欢指出的那样，算法完全是愚蠢的。算法的计算规则是程序性的，而非实质性的。计算器无法从语义层面解读它们操作的信息，换句话说它们不理解自己所计算的符号。让我们举一个有趣的例子：如何在一堆照片中自动识别出裸照？裸体不会激起算法的

第六章 大数据和算法

任何情感,算法只是执行一个程序,检测人物图片上肉色的百分比。如果百分比很高,算法会预测这很可能是裸体。这就是脸书如何以用户协议中的反裸体政策为由,从用户的状态更新中删除了库尔贝的名画《世界的起源》和越南战争期间一名裸体儿童逃离轰炸的著名照片。我们需要记住的是算法的计算建立在冷漠且愚蠢的理性程序的基础上。只有明白了这一点,我们才能避免对算法横加指责,例如有时人们认为算法是"故意"做出某种不合理的决策,就好像算法是人一样,这样的指责包括"谷歌是种族主义者""脸书传播假新闻"等等。

第三,正如我们所看到的,算法技术越来越多地使用机器学习方法,这类学习方法的目标因用户行为而异。例如,根据用户点击的链接,谷歌会修改搜索结果的排名。YouTube调整算法以延长用户观看视频的时间。同样,脸书在新闻推送中倾向于推送用户感兴趣的内容,延长用户在脸书上逗留的时间。网络服务商被指责操纵用户。面对这类指责,服务商们虚伪地为自己辩护,声称由于他们的算法是以用户行为为基础的,因此应该是用户对网页上显示的内容负责。在有关算法监管的讨论中,认为平台无须承担任何责任的观点是不合理的。用户提出的要求之一是,他们应该自己决定给算法设定什么样的目标,这实际上就相当于用户要求参与调整平台的计算器。用户的这一呼声越来越高涨。用户反对任由平台"优化"某个特定行为标准,以最大限度地延长用户的注意力。此外,让用户不满意的方面还包括他们不知道算法究竟使用了用户的哪些数据来生成预测结果。

明确了这三点之后,我们还需要了解其他两方面的内容:其一,算法的影响是否是平台设计者蓄意要实现的目标;其二,使用平台服务的用户能否观察到算法的影响。表6-2介绍了四种可能的情况。

表6-2　　　　　　　　算法的影响

影响	用户可以识别		用户不能识别	
	实例	监管类型	实例	监管类型
平台可以预见	脸书新闻推送	教育	谷歌购物（Google Shopping）	反向工程
平台不能预见	自动补全	批评；媒体	歧视	数据审计

算法对向用户展示的信息进行选择并分类。用户在不知晓算法影响的情况下,把越来越多的决定权交给算法。这个表格区分了用户可以识别或不能识别的影响(列),以及平台可以预见或不能预见的影响(行)。

表格的第一行显示了两种情况,在这两种情况下,算法的影响取决于算法设计者有意设置的目标。在左边一列中,算法的影响是明确的,用户可以识别和理解。这时,如果算法被设定的目标不恰当,人们对算法的批评就是合理的。这正是在监管中有关算法公平性讨论的关键所在:平台需要用更清晰、更简单的方式解释它们为计算器设置的目标,以便用户可以讨论这些目标,并提出反对意见。例如,我们知道,推特的热门话题一般都是传播速度快、即时性强的话题,这有利于高人气电视节目和足球比赛等事件的传播。相反,持续时间较长的政治事件虽然会产生大量推文,但并不具有爆炸性,因此在社交网络热门话题中的可见度较低。这正是投身"占领"运动的活动家们批评推特的地方,他们指责推特偏爱转发一夜爆火的事件,而忽视了"占领"运动的动员活动,尽管后者在

第六章　大数据和算法

网络上被广泛转发，却没有产生注意力"峰值"，难以被计算热门话题的算法识别出来。在这种情况下，公众如果能了解算法的原理，就可以讨论算法的目的，并想出其他方法来定义何为流行，何为不流行。

右边一列对应的情况是，算法的负面影响通常需要借助细致的审计才能发现，这种影响是设计者有意为之，却不为用户所知。在这种情况下，我们可以说这是一种操纵行为，或者更确切地说，是一种不忠诚行为，因为平台言行不一。应该由政府部门、计算机专家或非政府组织来揭露隐藏的算法规则或目标。由于数字服务极不稳定且个性化特征明显，人们很难证实平台是否存在蓄意操纵行为，这和非个性化的服务不同，例如在大众汽车算法伪造氮氧化物排放水平的丑闻中，操纵行为很容易被识别。不过，对于个性化的数字服务，人们有时可以开展反向工程，即通过研究技术对象来推断其内部运作方式。一个计算机科学研究小组就通过开展反向工程揭示了谷歌购物一栏的餐厅排名方法。该小组的审计结果表明，谷歌购物显示的最佳餐厅和谷歌搜索引擎"自然"排名中的最佳餐厅不一致。在谷歌购物中，谷歌更倾向于显示自己的客户提供的服务。这种特殊的审计方法证明，总部位于山景城的谷歌公司并没有忠于自己的原则。这导致欧盟委员会在经过长时间的犹豫之后，决定对谷歌处以 24.2 亿欧元的罚款。

表格第二行显示的情形是算法产生了算法设计者未曾预料到的影响，这种影响可能是关键的，也可能是有害的。用户有时能够识别算法的这类影响（见左边一列）。一个典型的例子是谷歌的自动补全功能，它允许搜索引擎提出建议，以补全给定的搜索关键词。自动补全功能基于用户使用的关键词之间关联的频率。例如，当你输入一个名人的名字时，搜索引擎可能会立即补上"犹太人"这个词，这是因为其他网民曾将这两个词放在一起作为查询关键词。这类推荐是不可取的，也是可耻的。谷歌并不反犹，但其算法的工作方式可能会使人产生这种印象。在这些简单清楚的情况里，大多数时候可以通过报刊文章、非政府组织的批评以及公众舆论的方式，促使平台修改出问题的算法。

通过公众批评进行算法监管的方式通常是有效的。相反，随着机器学习技术在数据处理中的广泛使用，算法很可能会越来越多地产生设计者无法预见、用户无法识别的负面影响（见右边一列），这些影响可能是平台本身的工作方式造成的。例如，Airbnb 会显示房东的身份信息，尤其是他们的照片，这样做的初衷是好的，即让寻租人了解房东，并建立信任关系。然而，有研究表明，对于同一社区的同类公寓，如果房东是黑人，Airbnb 显示的平均租价就会较低；如果房东是白人，则平均租价较高。此外，更重要的是，由于机器学习使用的结构化数据包含了偏差，被训练出来的算法也包含了偏差。在美国，用来预测犯罪或罪行的算法就属于这种情况，这些算法通过处理海量的法院判决数据，助长了对黑人的歧视，因为对黑人的歧视在美国过去的法院判决中很常见。由于算法用来建模的基础是人类社会提供的数据，因此算法的预测结果往往会自动再现现实社会的分布、不平等和歧视。

这些不同的情况表明，我们需要动员各类行为主体，以共同应

第六章　大数据和算法

对算法带来的挑战。在某些情况下，劝说和教育至关重要；而在另一些情况下，媒体和非政府组织的警觉性至关重要；计算机科学家们必须能够独立地利用反向工程审计计算结果；最后，相比监督算法，人们有时更应该监督用于机器学习的数据。对于这些全新的问题，目前还没有真正的答案，但我们越来越迫切地需要共同讨论以下问题：算法如何计算人类？人类应对算法计算施加哪些限制？

【看·听·读】

● 在这段视频中，克里斯蒂安·桑德维奇（Christian Sandvig）分析了算法引发的不同问题。这是桑德维奇在2015年2月28日纽约大学举办的"算法与责任大会"（Algorithm and Accountability Conference）上的发言：«You Are a Political Junkie and Felon Who Loves Blenders. A Research Agenda»（15′59），http://www.law.nyu.edu/centers/ili/algorithmsconference

● 这篇文章分析了推特用来衡量热门话题的指标所产生的选择性效果：Tarleton Gillespie, «Can an Algorithm Be Wrong? Twitter Trends, the Specter of Censorship, and Our Faith in the Algorithms around Us», CultureDigitally.org, 19 octobre 2011, http://culturedigitally.org/2011/10/can-an-algorithm-be-wrong/

● 这项调查表明谷歌自我优待：Michael Luca, Sebastian Couvidat, William Seltzer, Timothy Wu, Daniel Franck, «Does Google Content Degrade Google Search? Experimental Evidence», HBS.edu, 2015, http://people.hbs.edu/mluca/SearchDegradation.pdf

● 关于谷歌的自我补全功能，可参见：Stavroula Karapapa, Maurizio Borghi, «Search Engine Liability for Autocomplete Suggestions: Personality, Privacy and the Power of the Algorithm», *International Journal of Law and Information Technology*, 23(3), 2015, p. 261‑289.

● 关于算法预测犯罪时带有的歧视，可参见：Julia Angwin, Jeff Larson, Surya Mattu, Lauren Kirchner, «Machine Bias», ProPublica. org, 23 mai 2016, https://www. propublica. org/article/machine-bias-risk-assessments-in-criminal-sentencing

另外，这篇文章从一般意义上分析了算法歧视：«Machine Bias: Investigating Algorithmic Injustice», https://www. propublica. org/series/machine-bias

● 很多专著批判了算法权力、算法隐蔽性和算法监视，其中这本书的影响力最大：Franck Pasquale, *The Black Box Society: Les algorithmes secrets qui contrôlent l'économie et l'information*, Paris, FYP Éditions, 2015［*The Black Box Society: The Secret Algorithms that Control Money and Information*, Cambridge(Mass.), Harvard University Press, 2015］。

而接下来这本书的分析最新颖别致：*Algorithmes: La bombe à retardement*, Paris, Les Arènes, 2018［*Weapons of Math Destruction: How big Data Increases Inequality and Threatens Democracy*, NewYork (N. Y.), Broadway Book, 2016］。

● 这篇文章采用量化研究方法，分析了个性化广告包含的种族歧视。那些研究训练数据如何引发算法歧视的学者经常引用这篇文章：Latanya Sweeney, «Google Ads, Black Names and White Names, Racial Discrimination, and Click Advertising», *ACM Queue*, 3 mars 2013, https://arxiv. org/abs/1301. 6822

● 著名法学家和哲学家安托瓦内特·鲁弗瓦（Antoinette Rouvroy）在这段视频中分享了她对算法治理术问题的有趣见解：«Rencontre avec Antoinette Rouvroy: gouvernementalité algorithmique et idéologie des big data»(16'35), *YouTube*, 6 mars 2018, https://www. youtube. com/watch?v＝cQCeAe8wPKU

这篇文章包含的观点比较复杂，但十分恰切：Antoinette Rouvroy, Thomas

第六章 大数据和算法

Berns, «Gouvernementalité algorithmique et perspectives d'émancipation: Le disparate comme condition d'individuation par la relation?», *Réseaux*, 177, 2013, p. 163‐196.

● 詹姆斯·格里摩尔曼的这篇文章高屋建瓴，提出算法必须"忠诚"：James Grimmelmann, «Speech Engines», *Minnesota Law Review*, 98(3), 2014, p. 868‐952.

法国政府部门发布的多份报告提出了平台及其算法的"忠诚"问题：Conseil d'État, *Le Numérique et les droits fondamentaux*, Paris, La Documentation française, 2014; Conseil National du Numérique, *Neutralité des plateformes* (rapport), mai 2014.

数字监控

在《规训与惩罚》一书中，米歇尔·福柯（Michel Foucault）用精彩的文字描述了一种特殊的监狱模型，即环形监狱，它最初是由英国功利主义哲学家杰里米·边沁于18世纪末想象出来的。在这种特殊的监狱建筑中，看守位于中央塔楼处，所有囚犯则被囚禁在塔楼周围的单人牢房里，看守可以观察到所有囚犯，而囚犯却不能看见看守（见图6‐7）。

在福柯看来，纪律的绝对模式是一种"目光政策"，它为看不见的权力制造出透明的人。这种反乌托邦的、集中而完全的监控催生了大量幻想。人们谈论数字化时经常会提及乔治·奥威尔（George Orwell）的小说《1984》，该小说的内核就是反乌托邦式的监控。事实上，正如《巴别图书馆》所表现的那样，处在中心的人如果不使用某些手段，就不知道到底该将自己的目光投向哪个方向。

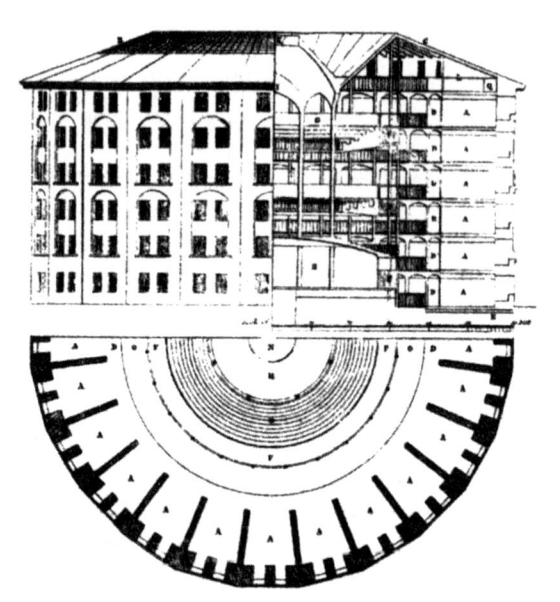

图 6-7 看不见，却被看见

18世纪末，杰里米·边沁设想出了环形监狱模型，在这一模型下，囚犯时刻受到监视。牢房的设计都朝内，因此隐藏在中央塔楼中的看守可以时刻看到牢房内的情况。

  福柯对边沁的监狱模型提供了更精致的解释。由于囚犯们不知道看守是否真的在中央塔楼内，他们将"幻想的看守"这一概念内化成自己的一部分，这是环形监狱建筑的独特优点，其效果是囚犯们克制冲动，避免采取暴力行为，从而使自己服从监控。而事实上，这种监控更像是自我控制，而非他人强迫。出于人道主义和教育意义的考虑，边沁的初衷是希望监狱可以将限制转变成自我限制。福柯解释说，环形监狱建筑的巨大成功之处在于，它消除了看守待在中央塔楼的必要性。监控不再是集中控制，而是如毛细血管般分散在我们每个人身上，使我们自己驯化自己。在一篇著名的文章中，吉勒·德勒兹将此现象比喻成由监控社会向管控社会的过

第六章　大数据和算法

渡。监控不再是限制我们的外部力量，而是成为自我控制机制，通过该机制，相互观察的个人克制自己的行为，使其符合社会规范。

在结束本书的时候，我们来谈一下数字监控问题和它留给我们的自由度。这一话题在今天之所以炙手可热，是因为我们的个人数据同时受到三种监控，即来自市场、他者和国家的监控。前面我们已经详细讨论过网络上的商业服务。服务提供商攫取用户信息和用户行为信息，建立起庞大的数据库，然后在监管松散的数据经纪人市场上交易和出售数据。个性化是解释信息攫取行为的首要逻辑：广告市场、排名算法、推荐算法收集个人数据的目的是为合适的用户找到合适的内容。然而，在数字服务的生产过程中，通过监控用户数据实现对用户的监控正扮演着越来越敏感的角色，无论是约会网站上的配对、社交网络新闻推送的信息多样性、手机屏幕上成倍增加的提示，还是不久之后为引导用户日常行为，通信对象将要进行的所有计算。与其说这是监控，不如说这是数字平台开展的一项通过利用用户数据引导用户行为的计划。

我们也看到了横向监控被建立起来，这在很大程度上是由社交网络推动的。在博客上，在脸书上，在 Instagram 上，用户不仅被国家或平台监控，而且被邻居、前任、经理、老师、未来雇主、父母等监控，而这往往是用户眼中最敏感的问题。网络鼓励用户展示个人生活的做法催生了这种人际监控。

第三种监控，即来自国家的监控，我们目前尚未提及。国家监控问题是法国 1978 年通过《信息、档案与自由法》并设立国家信息和自由委员会的导火索，具体起因是法国政府起草的一项旨在汇总法国居民行政信息的庞大计划［即 1974 年的萨法里（Safari）事件］（见图 6－8）。爱德华·斯诺登是美国中央情报局和国家安全局的计算机专家和前雇员。2013 年 6 月，当他将标记为“绝密”的文件公之于众时，国家监控问题重新成为公众讨论的热点。斯诺登的披露表明，在过去的 15 年中，电子情报机构，特别是英国和美国的电子情报机构，对世界范围内的通信实施了大规模监控。其实很长时间以来，大部分专家已猜到这一点，斯诺登泄露的文件佐证了他们的猜测。

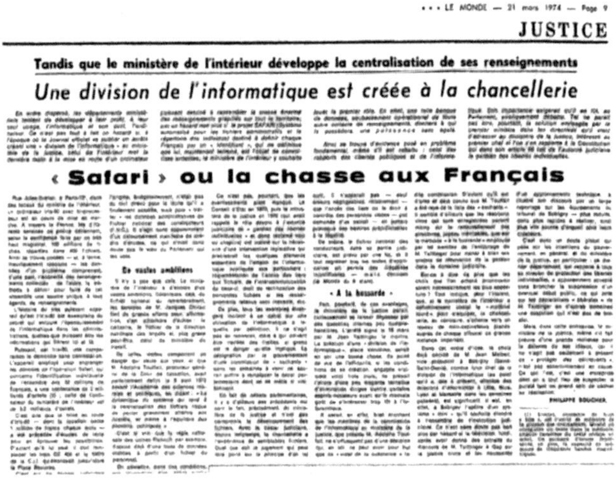
• • • LE MONDE — 21 mars 1974 — Page 9

JUSTICE

Tandis que le ministère de l'intérieur développe la centralisation de ses renseignements

Une division de l'informatique est créée à la chancellerie

« Safari » ou la chasse aux Français

图 6－8　法国第一例数据丑闻

1974 年 3 月 21 日发表在《世界报》上的这篇文章引发了“萨法里事件”，该丑闻曝光了法国政府为每个法国公民建立了电子档案。这一丑闻之后，法国颁布了《信息、档案与自由法》，建立了国家信息和自由委员会。

414 美国国家安全局每天在世界范围内收集 2 亿条信息。英国政府通信总部则截获数量庞大的数据，这些数据由数量众多的海底电缆

第六章 大数据和算法

输送，中途经过英国。斯诺登事件以后，关于国家监控的丑闻接二连三地被披露出来，例如不同国家情报部门的密切合作、声称互为最好盟友的国家却互相监听对方领导人的电话，以及不同政府部门截获大量信息的行为。这些丑闻甚至揭露了一个监控技术市场的存在：某些企业得到政府批准（甚至鼓励）后，向人权状况较差的国家出售监控技术。爱德华·斯诺登揭露的另一个重要信息是美国的棱镜计划，该计划将国家监控和商业监控合为一体。一份被披露的文件显示，美国国家安全局沾沾自喜地宣称自己拥有便利通道，可以访问微软、脸书和谷歌等互联网巨头的服务器。尽管事实上这一访问通道受到法律程序的规制，但由于某些互联网公司和政府情报部门合作密切，所以当情报部门要求访问数据时，互联网公司表现得极为热情。

斯诺登事件是对网民的重要提醒，即网络技术十分"八卦"，充满漏洞，因此国家的"大耳朵"很容易捕捉到它们。大多数网民似乎已忘记了这一点。

政府的大规模监控并不表示情报人员会查看或监听截获的所有数据。相反，大规模监控表明，截获的数据会在此时或彼时被存储在情报部门的服务器中，尽管存储的时间长短和方式有所不同。我们由此看到，情报部门的工作方式已发生根本性变化：过去，它们的数据收集有针对性，并建立在清晰的标准之上，受法律规制；现在，它们截获通信数据的方式是大规模的。这一变化的原因显而易见：为了在一垛麦秸（即世界范围的庞大通信数据）中找出一根针（即有用情报），保险的做法是先截获整垛麦秸，然后再细细甄选。

另外，结合爱德华·斯诺登披露的消息，出于反恐的目的，各国对安全的需要突然增长，这就促使各国政府制定了一套法律武器，使自己获得监控网络的巨大权力。法国 2015 年通过的《情报法》体现的就是这个逻辑。该法律强化了政府部门职能发挥所依赖的法律框架，例如：它允许政府部门使用间谍软件监听手机上的通话内容；它要求电信运营商安装黑匣子，目的是通过上网数据找出有嫌疑的人。社会组织、人权保护联盟、倡导自由互联网的活动家甚至法国国家信息与自动化研究所（Institut national de recherche en informatique et en automatique，INRIA）反对这些大范围控制互联网信息的做法，认为此类做法既扼杀自由，又毫无成效。从本质上来说，预测是对可能性的计算，它不仅无法避免偏差，而且会制造"假阳性"。如果算法能以 1% 的失误率识别网上的恐怖主义行为（1% 已属难得），那么 6 000 万法国人当中就会有 60 万被识别出来。如果实际上只有 60 个恐怖分子，那么对其余 599 940 个法国人的监控就完全是小题大做。比较合理的做法是先借助人工情报获得有用信息，然后再去监听有嫌疑的人。但是，鉴于近期恐怖主义行为在社会上引发的恐慌，该法律获得了舆论支持，已付诸实施。

这三种监控方式的同时发展使互联网用户进退两难，使他们处在一种他们自己很难改变的处境当中。我们目前已进入吉勒·德勒兹所描述的管控时代，令人惊讶的是，这三种监控方式的确立获得了社会的支持或默许。众所周知，隐私成了越来越个人化的价值（如每个人根据自己的喜好定义何为隐私，何为公共）。个人化过程

第六章 大数据和算法

不仅使用户要求享有对个人数字生活的控制权,也促使他们更看重某些有损个人隐私的原则。目前每个人都会对个人隐私和其他原则进行个人化的仲裁。这些"其他原则"包括:公民安全——国家以此为由实施监控("无论如何,我没有做什么可以指责自己的事");数字服务的效率——平台以此为由检测我们的浏览历史("我知道……但是这些服务是如此便捷");言论自由——我们以此为由发布最终对我们不利的信息("没有人能使我闭嘴,我不害怕表达我的看法")。以上每个解释都有很强的合法性,由于它们符合我们对自主、效率和安全的期待,因此它们的合法性变得更强。若从另一个角度审视监控问题,那么我们似乎有必要停止从个人角度看待隐私,停止把它看作是个人需要做出的决定。我们更应该把隐私看作一种集体权力——尽管我们自己没什么要隐藏的,但这一集体权力可以保证某些人(如记者、社会活动家和社会组织)出于集体利益的考虑,可以不公开某些信息。在这个社会中,人们接受牺牲一小部分互联网服务带来的便利;在这个社会中,人们可以有所隐瞒,守护"秘密花园"。如果个性化使得监控逻辑大行其道,那么我们需要提出集体化对策来遏制这一趋势。

418

【看·听·读】

● 这是米歇尔·福柯关于社会规训的经典之作:Michel Foucault, *Surveiller et punir*, Paris, Gallimard, 1975.

接下来是吉勒·德勒兹的一篇短评,强调了从"监控型社会"到"管控型社会"的过渡:Gilles Deleuze, «Post-scriptum sur les sociétés de contrôle», in *Pourparlers 1972-1990*, Paris, Minuit, 1990.

- 这篇文章批判性地分析了数字数据和"监控资本主义"的到来：Shoshana Zuboff,《Google, nouvel avatar du capitalisme, celui de la surveillance》, https://framablog.org/2017/03/28/google-nouve-lavatar-du-capitalisme-celui-de-la-surveillance/

还可以阅读：*The Age of Surveillance Capitalism: The Fight for a Human Future at the New Frontier of Power*, New York(N. Y.), PublicAffairs, 2019.

- 这篇文章震撼人心，它分析了数据收集者和数据被收集者之间出现的裂痕：Mark Andrejevic,《Big Data, Big Questions: The Big Data Divide》, *International Journal of Communication*, 8, 2014, p. 1673‑1689, http://ijoc.org/index.php/ijoc/article/view/2161/1163

- 这本书的作者是当前数字安全和数字监控领域最优秀的学者之一：Bruce Schneier, *Data and Goliath: The Hidden Battles to Collect Your Data and Control Your World*, New York(N. Y.), W. W. Norton & Company, 2014.

- 目前揭露数字监控社会的著作浩如烟海，其中一本书提出了一种十分新颖的观点，作者并不认为我们进入了奥威尔式的监控社会。他指出，与其说数字服务试图驯服、规范公民，不如说数字服务激发了公民展示自我、表达个性的欲望：Bernard E. Harcourt, *Exposed: Desire and Disobedience in the Digital Age*, Cambridge(Mass.), Harvard University Press, 2015.

- 这本专著通俗易懂、用词精准、震撼人心，作者是隐私保护领域最有权威的法学家之一，这本书分析了"没关系，我没有做任何见不得人的事"这一观点所蕴含的所有风险：Daniel J. Solove, *Nothing to Hide: The False Tradeoff between Privacy and Security*, New Haven(Conn.), Yale University Press, 2011.

- Martin Untersinger,《La note interne de l'INRIA qui étrille la loi sur le renseignement》, *Le Monde*, 13 mai 2015.

第六章　大数据和算法

本书在数字技术先驱们的喜悦中开篇，在监控社会的噩梦中收尾。先驱们梦想着有一种技术能使社会联结起来，能让人们共享知识，能将共享的知识转化为共同财富。先驱们帮助公众释放出自己的个性，在网络上表达自己；他们帮助扩大了公共空间；他们催生出公民政治参与的新形式。但如今，恐慌成了人们讨论数字大变革的基调。有人说网络已经被商品化了，有人说人类受到算法的监控和操纵。数字世界成了一个令人担忧的问题，它被视为一个控制人类行为的庞大系统，一个各种病态和上瘾行为的载体，一个监视我们一举一动的"老大哥"。网络非但没有创造新的自由，反而是一种新的奴役形式。

尽管大环境的变化令人震惊，但这种变化首先表明的是我们在本书中回顾的数字历险的成功。老一辈人自然会怀念早期的时光，觉得以前的一切都比现在更好，网络的成功增强了这种怀旧心理。网络无处不在，它的用途变得更广泛，它的地理分布也是全球性的。数字技术是多元的，它不属于任何人。数字文化已经失去了它的独特性，失去了它当时作为少数人的游戏空间时的贵族气质和温和特征。数字文化已变得普通和平常。在失去特殊性的同时，它成为汇聚人类社会各种势力、利益和计划的场所。

然而数字空间的活力并没有因此而消失，尽管这种活力有时会被大型平台的中心地位掩盖。要保持数字空间的活力，用户只需要做一件事，那就是保持好奇心，从而避开信息的主要岔路口，避开搜索引擎结果的首页，避开社交网络的上瘾行为。数字空间总是充斥着特殊的、创新的、奇特的或丰富的体验。我们目前对网络的使用还只是它所能提供的服务的一小部分。位于网络上游的主体可以关闭网络，但网络的整个历史表明，对网络的想象要依赖下游的主体。网络的发展历程铺满了大胆、创新、奇特和富有开创性的倡议。我们没有任何理由认为这种活力会停滞，也没有任何理由认为 GAFA 的主导地位会将这种活力完全封死。现在比以往任何时候都更需要研究人员、网络社群、政府部门尤其是网民共同努力，维护由网络先驱们开创的数字空间的活力，它是本能的、多声部的、不可阻挡的。

资料来源和版权

● 图 1-1：«Preuve de concept», Silicon Valley, Saison 1, Épisode 7, 2014, © HBO.

● 图 1-3：http://www.les-mathematiques.net/phorum/read.php?15,1580128,1581806

● 图 1-5：W3C 20th Anniversary Symposium, The Future of the Web, 2014, © W3C.

● 图 1-6：«Stories of the Development of Large Scale Scientific Computing», George Michael, Lawrence Livermore National Laboratory, http://www.computer-history.info/Page4.dir/pages/PDP.1.dir/

● 图 1-9：这些电影片段由斯坦福图书馆特殊藏品馆（Stanford Libraries Special Collections）重新制作母板，并重新编排，现在保存于 Engelbart 视频收藏馆（Engelbart Video Collection）的互联网档案中，© SRI International。

● 图 1-10：Stewart Brand, Whole Earth Catalog, (1968-1972), http://www.wholeearth.com

● 图 2-1：http://cds.cern.ch/record/39437?ln=sv 和 http://info.cern.ch/Proposal.html © CERN。

● 图 2-2：Paul Otlet, Traité de documentation, Bruxelles, D. Van Kerbenghen, 1934, p.41; le Répertoire Bibliographique Universel vers 1900, Centre d'archives de la FédérationWallonie Bruxelles, Mons, www.mundaneum.org © Mundaneum.

● 图 2-3：McBee Systems, «Royal Typewriter Company», dans Mina Johnson, Norman Kallaus, Records Management: A Collegiate Course in Filing Systems and Procedures, Cincinnati(Ohio), South-Western Publishing Co., 1967.

● 图 2-4：Centre d'archives de la Fédération Wallonie-Bruxelles(Mons)，www. mundaneum. org © Mundaneum。

● 图 2-5：http://info. cern. ch/hypertext/www/theproject. html © CERN 和 http://www. ncsa. illinois. edu/enabling/mosaic © NCSA。

● 图 2-6：d'après le Baromètre du numérique 2018, ARCEP, CGE, Mission Société Numérique, https://labo. societenumerique. gouv. fr/wp-content/uploads/2018/12/barometredunumerique2018. pdf

● 图 2-8：© Wikimedia Foundation 和 © Facebook。

● 图 2-9：Chris Messina, © Twitter, https://twitter. com/chrismessina/status/223115412

● 图 2-10：Dominique Cardon, «L'Innovation par l'usage», in Alain Ambrosi, Valérie Peugeot, Daniel Pimienta (dir.), *Enjeux de mots*, Paris, C&F éditions, 2005, https://vecam. org/archives/article588. html

● 表 2-1：d'après https://fr. wikipedia. org/wiki/Licence-Creative-Commons

● 图 2-11：d'après Dominique Cardon, Julien Levrel, «La vigilance participative: Une interprétation de la gouvernance de Wikipédia», *Réseaux*, 154, 2009, p. 51-89.

● 图 3-8：«WoW», 2006-2009, workshop, public intervention, © Aram Bartholl, https://arambartholl. com/wow/

● 图 3-9：«The selfiexploratory» © selfiecity, http://selfiecity. net/#selfiexploratory

● 图 3-10：对碧昂丝的歌曲《倒数》（Countdown）的视频截屏，2011年；对罗莎公司录制的《罗莎之舞》（Rosas danst Rosas）的视频截屏，该舞蹈由安娜·特蕾莎·德·姬尔斯美可于1983年编制。

资料来源和版权

● 图 3 - 11：People matching Artworks tumblr, 29 août 2016 © Stefan Draschan, https://stefandraschan.com/ 和 https://peoplematchingartworks.tumblr.com/

● 图 4 - 4：d'après © Reuters Institute Digital Market, 2017.

● 图 4 - 5：Sylvain Parasie, «L'info qui compte: Politiques de la quantification dans la presse américaine et française (1967 - 2015)», Habilitation à diriger des recherches, EHESS, 2017.

● 图 4 - 6：© CBS ; New York Times, 31 octobre 1938, © New York-Times.

● 图 4 - 8：Yochai Benkler, Robert Faris, Hal Roberts, *Network Propaganda: Manipulation, Disinformation and Radicalization in American Politics*, New York (N. Y.), Oxford University Press, 2018.

● 图 4 - 9：https://www.lafabriquedelaloi.fr/articles.html?loi＝pjl17-464&article＝6&etape＝8

● 图 4 - 10：d'après «The Rise of the Superstars», *The Economist*, 17 septembre 2016.

● 图 5 - 1：d'après Statista, https://fr.statista.com/infographie/9198/les-gafa-toujoursplus-riches/

● 图 5 - 2：d'après «Comprendre l'économie des plateformes numériques», Xerfi |Canal, https://www.xerficanal.com/strategie-management/emission/Philippe-GattetComprendre-l-economiedes-plateformesnumeriques-3744470.html

● 图 5 - 4：d'après Warc, Global Ad Trends, novembre 2017.

● 图 5 - 6：«Nosedive», *Black Mirror*, Saison 3, épisode 1, 2016, © Netflix.

● 图 5 - 7：extrait du livre de Joseph Friedrich Freiherr zu Racknitz, *Ueber den Schachspieler des Herrn von Kempelen*, Leipzig and Dresden, Johann Gottlob Immanuel Breitkopf, 1789; d'après C|netfrance. fr

● 表6-1：Dominique Cardon, *À quoi rêvent les algorithmes*, Paris, Seuil, 2015.

● 图6-2：根据维基百科。

● 图6-4：© Twitter.

● 图6-5：d'après https://www.infodocket.com/2014/04/27/analytics-how-we-read-jane-austens-pride-and-prejudice/

● 图6-6：Dominique Cardon, Jean-Philippe Cointet, Antoine Mazières, «La revanche des neurones», *Réseaux*, 211, 2018, p. 173-220.

● 图6-7：1791年杰里米·边沁和威利·莱维利（Willey Reveley）绘制的环形监狱草图。*The Works of Jeremy Bentham*, volume 4, Édimbourg, William Tait, 1843.

● 图6-8：d'après *Le Monde*, 21 mars 1974.

Originally published in France as:
Culture numérique by Dominique Cardon
© Presses de Sciences Po 2019
Current Chinese translation rights arranged through Divas International，Paris
巴黎迪法国际版权代理（www. divas-books. com）
Simplified Chinese edition © 2025 by China Renmin University Press.
All Rights Reserved.

图书在版编目（CIP）数据

数字文化：公共空间、平台与算法／（法）多米尼克·卡尔东著；马爱芳译 . -- 北京：中国人民大学出版社，2025.3. -- ISBN 978-7-300-33553-7

Ⅰ.G201

中国国家版本馆CIP数据核字第2025P5X359号

数字文化
公共空间、平台与算法
〔法〕多米尼克·卡尔东（Dominique Cardon） 著
马爱芳 译
Shuzi Wenhua

出版发行	中国人民大学出版社		
社　　址	北京中关村大街31号	邮政编码	100080
电　　话	010-62511242（总编室）		010-62511770（质管部）
	010-82501766（邮购部）		010-62514148（门市部）
	010-62515195（发行公司）		010-62515275（盗版举报）
网　　址	http://www.crup.com.cn		
经　　销	新华书店		
印　　刷	涿州市星河印刷有限公司		
开　　本	890 mm×1240 mm　1/32	版　次	2025年3月第1版
印　　张	11.125 插页4	印　次	2025年3月第1次印刷
字　　数	244 000	定　价	99.00元

版权所有　侵权必究　　印装差错　负责调换